Mit sehr herzlichen Grüßen
und guten Wünschen!

Martina Wagner-Egelhaaf

2. 3. 21

Martina Wagner-Egelhaaf

Sich entscheiden
Momente der Autobiographie bei Goethe

Martina Wagner-Egelhaaf

Sich entscheiden

Momente der Autobiographie
bei Goethe

Wallstein Verlag

Bibliografische Information der Deutschen Nationalbibliothek
Die Deutsche Nationalbibliothek verzeichnet diese Publikation in der
Deutschen Nationalbibliografie; detaillierte bibliografische Daten sind
im Internet über http://dnb.d-nb.de abrufbar.

© Wallstein Verlag, Göttingen 2020
www.wallstein-verlag.de
vom Verlag gesetzt aus der Adobe Garamond und der Frutiger
Umschlaggestaltung: Wallstein Verlag, Marion Wiebel
unter Verwendung eines Goethe-Porträts von Johann Heinrich Lips, 1791
und dem Holzschnitt einer Waaguhr mit Zünglein von Johann Ulrich Müller, 1694
Druck und Verarbeitung: Hubert & Co, Göttingen
Gedruckt auf alterungsbeständigem Papier
ISBN 978-3-8353-3813-5

Inhalt

Vorwort: Irrational Choice?

Entscheide lieber ungefähr richtig als genau falsch.

angeblich: Johann Wolfgang von Goethe

Im Blick der Sozialwissenschaften ist die Moderne bestimmt durch Rationalisierung, Säkularisierung, funktionale Differenzierung und Individualisierung. Der Soziologe und Systemtheoretiker Niklas Luhmann begründet den Zusammenhang von Säkularisierung und gesellschaftlicher Differenzierung folgendermaßen: »Zu den wichtigsten und für das Thema Säkularisierung folgenreichen Auswirkungen funktionaler Differenzierung gehört, dass nun nahezu alle Strukturen und Operationen auf Entscheidungen zurückgeführt werden. […] Was auf Entscheidungen zugerechnet wird, kann aber nicht gut […] auf eine religiöse Weltordnung zurückgeführt werden.«[1] Die moderne Gesellschaft ist entsprechend als ›Multioptionsgesellschaft‹ beschrieben worden (Peter Gross), und Uwe Schimank spricht gar von der ›Entscheidungsgesellschaft‹. Damit verbindet sich die Vorstellung, dass der Mensch heute sehr viel mehr Optionen hat und Entscheidungen treffen muss als dies in traditionalen Gesellschaften der Fall war. Da ist es nicht weiter erstaunlich, dass es inzwischen einen ganzen Forschungszweig gibt, der sich mit der Problematik des Entscheidens beschäftigt, die sogenannten Entscheidungswissenschaften, deren prominentes Paradigma die Rational Choice-Theorie ist. Rationales Kalkül und vorausschauendes Entscheiden erscheinen besonders im Bereich von Ökonomie und Politik unerlässlich. Den Vertretern des Rational Choice-Ansatzes geht es darum herauszufinden, wie Menschen (möglichst gute) rationale Entscheidungen treffen – auch wenn der Glaube an die Rationalität menschlicher Entscheidungsfindung heute keinesfalls mehr ungebrochen ist, wie etwa die Arbeit des Psychologen und Nobelpreisträgers für Wirtschaft Daniel Kahnemann zeigt.

Die Literaturwissenschaft hat immer mit etwas anderen Augen auf die Moderne geblickt als es die Sozialwissenschaften tun, und sie hat nicht

---

1 Niklas Luhmann, *Die Religion der Gesellschaft*, Frankfurt a. M.: Suhrkamp, 2000, 288.

allein das mit der Moderne verbundene Fortschrittsnarrativ wahrgenommen, sondern insbesondere die kritische Reflexivität des modernen Subjekts thematisiert, die mit den Entwicklungen und Versprechen der Moderne einhergeht. Die Postmoderne hat gar die Möglichkeit und Legitimität ›großer Erzählungen‹ (Jean-François Lyotard) generell in Frage gestellt. Dieses Verdikt trifft natürlich auch die oben angeführten modernisierungstheoretischen Meistererzählungen im Kern und erklärt, warum das Verhältnis zwischen Sozialwissenschaften und postmodernem Denken häufig spannungsreich ist. Die Thematik des Entscheidens ist in der Literaturwissenschaft bislang nur wenig aufgegriffen worden.

Im vorliegenden Buch, das im Rahmen des Münsteraner Sonderforschungsbereichs ›Kulturen des Entscheidens‹ entstanden ist, wird der Entscheidensthematik in Bezug auf die zentralen Lebensentscheidungen des modernen Individuums nachgegangen. Dabei werden sozialwissenschaftliche und philosophische Zugänge mit literaturwissenschaftlicher Analyse verbunden. Beispielhaft in den Blick genommen wird Johann Wolfgang Goethes Autobiographie *Aus meinem Leben. Dichtung und Wahrheit*, die in den Jahren 1811 bis 1833 erschien und die in der Autobiographieforschung Modellcharakter erlangt hat. Weitere autobiographische Texte Goethes, dessen Modernität vielfach beschworen wurde, wie die *Italienische Reise* oder *Campagne in Frankreich*, werden ausblickshaft in die Untersuchung einbezogen. Die Studie fragt nach den zentralen Lebensentscheidungen wie sie sich in Goethes Autobiographie darstellen. Ganz offensichtlich steht Goethe, nimmt man das diesem Vorwort vorausgestellte Zitat, das sich ohne Quellenangabe vielfach im Internet findet,[2] ernst, für einen klugen Entscheider, der zu wissen scheint, dass es die hundertprozentig richtige Entscheidung nicht gibt. Die Autobiographieforschung weiß, dass das, was im autobiographischen Text zu lesen ist, nicht für bare Münze genommen werden kann; das autobiographisch Dargestellte hat aber auch nicht nichts mit der Wirklichkeit, d. h. dem gelebten Leben zu tun. Die folgenden Ausführungen betrachten den autobiographischen Text als ein kommunikatives Medium, über das der Autobiograph seinem Lesepublikum die Entscheidungen seines

---

2 Auch die Heidelberger Agentur Arts & Sciences druckt in ihrem Katalog zur Ausstellung »Entscheiden«, die seit 2014 in verschiedenen deutschen Städten gezeigt wurde, den Aphorismus als von Goethe stammend ab; vgl. *Entscheiden. Das Magazin zur Ausstellung. Essays und Expertengespräche, Interviews und Reportagen, Bildstrecken und Infographiken, Tipps und Tricks*, hrsg. von Arts & Sciences in Kooperation mit Stapferhaus Lenzburg, Heidelberg: Arts & Sciences, 2014, 59. – Trotz intensiver Suche konnte ich das Zitat bislang nicht in Goethes Werken, Schriften und Gesprächen nachweisen.

Lebens nicht unbedingt so vermittelt, wie sie sich ihm darstellen, aber so, wie es ihm angebracht erscheint, sie darzustellen. In jedem Fall gehen in den Text auch kulturelle Wahrnehmungen des Entscheidens sowie gesellschaftliche Erwartungen und Vorstellungen ein, so dass er Zeugnis einer spezifischen ›Kultur des Entscheidens‹ ist. Im Fall von Goethe und des frühen 19. Jahrhunderts handelt es sich um eine Entscheidenskultur, die dem Subjekt zunehmend die Autonomie über die eigene Lebensführung zuspricht. In *Dichtung und Wahrheit* heißt es an einer signifikanten Stelle: »Der Entschluß am Ende muß gefaßt werden und wer soll ihn fassen als der den er zuletzt angeht?«[3] Aber doch ist es, gerade weil die Moderne vielfache Optionen bietet, nicht immer leicht zu wissen, was man will und welches die richtige Entscheidung ist. Das entscheidende Subjekt ist eingebunden in soziale Kontexte mit eigenen Normen, Regeln und Werten, die in die Prozesse der Entscheidungsfindung eingehen. Und es steht in Relation mit anderen Subjekten, die sich einmischen oder auf die Rücksicht genommen werden muss, so dass das Entscheiden immer auch ein sozialer Prozess ist.

Dichtung und Wahrheit präsentiert sich über weite Strecken gar nicht entscheidensförmig, aber es gibt immer wieder Szenen, in denen das Entscheiden strukturbildend wird und in hochkomplexen literarischen Arrangements geradezu überkodiert erscheint. Diesen Szenarien des Entscheidens, die sich in auffallender Weise dramatisch gestalten, gilt die Aufmerksamkeit der vorliegenden Studie. Im Begriff des ›Szenarios‹ wird die Szene zum Schauplatz eines modellhaften Ausagierens von Entscheiden.

Für die besondere Dramatik dieser Entscheidensszenen zeichnet die spezifische Zeitstruktur der Autobiographie verantwortlich, in der ein autobiographischer Erzähler rückblickend und aus dem Wissen um die zukünftige Entwicklung heraus erzählt, während die autobiographische

---

3 Johann Wolfgang Goethe, *Aus meinem Leben. Dichtung und Wahrheit*, hrsg. von Klaus-Detlef Müller, in: Johann Wolfgang Goethe, *Sämtliche Werke. Briefe, Tagebücher und Gespräche*, 40 Bde. (in 45), hrsg. von Friedmar Apel u. a., Frankfurt a. M./ Berlin: Deutscher Klassiker Verlag, 1985–2013 [Frankfurter Ausgabe], Bd. 14, 851. Nicht zuletzt wegen ihrer ausführlichen Kommentare werden Goethes autobiographische Schriften nach der Frankfurter Ausgabe zitiert; andere Ausgaben von *Dichtung und Wahrheit*, die Hamburger und die Münchner, werden ergänzend konsultiert. Zitate aus der Frankfurter Ausgabe werden im Folgenden stets durch die Sigle FA mit Band- und Seitenangabe belegt. Abweichend davon werden Zitate aus den autobiographischen Schriften *Dichtung und Wahrheit*, *Italienische Reise* und *Campagne in Frankreich* mit den Siglen *DuW*, *ItR* und *CiF* nachgewiesen. Die vollständigen bibliographischen Angaben zur FA finden sich im Literaturverzeichnis.

Figur mit ihren aus der Vergangenheit stammenden Erfahrungen und Erwartungen vorwärts in die ihr ungewisse Zukunft schaut. So liest man bereits bei Søren Kierkegaard: »Es ist ganz wahr, was die Philosophie sagt, daß das Leben rückwärts verstanden werden muß. Aber darüber vergißt man den andern Satz, daß vorwärts gelebt werden muß.«[4] Beide Akteure, der autodiegetische Erzähler und die Figur, bilden gemeinsam das autobiographische Ich, aber doch sind sie Akteure eines narrativen Perspektivenwechsels, der, so die Grundthese der folgenden Argumentation, die dramatische Spannung der analysierten Entscheidensszenen erzeugt. δρᾶμα *dráma* heißt in wörtlicher Übersetzung ›Handlung‹ und wenn im Folgenden ›Momente der Autobiographie‹ in den Fokus rücken, so sind dies jene zeitlichen Momente, in denen ein rückblickender Erzähler eine in die Zukunft schauende Figur in einer entscheidenden Lebenssituation präsentiert und das Handeln beider, das Lebenshandeln der Figur und das Schreibhandeln des Erzählers, gemeinsam ›Entscheiden‹ allererst hervorbringen. Dabei geht es keineswegs immer rational zu. Das ausschlaggebende Moment in diesen Entscheidenskrisen[5] lässt sich im Einzelfall nur annäherungsweise inhaltlich qualifizieren, bleibt gewissermaßen immer Bild, resultiert es doch als ›Moment‹ im Sinne eines Beweggrunds aus der Spannung zwischen Erzähler- und Figurenperspektive und ist im Grunde mit diesem Spannungsmoment identisch.[6]

4 Søren Kierkegaard, *Die Tagebücher*, in zwei Bänden ausgewählt und übersetzt von Theodor Haecker, Innsbruck: Brenner Verlag, 1923, Bd. 1: 1834–1848, 203.

5 Das griechische Wort ›κρίσις‹ bedeutet ›Entscheidung‹, ›Zwiespalt‹, ›Streit‹; vgl. Reinhart Koselleck, »Krise«, in: *Geschichtliche Grundbegriffe. Historisches Lexikon zur politisch-sozialen Sprache in Deutschland*, hrsg. von Otto Brunner, Werner Conze und Reinhart Koselleck, Bd. 3, Stuttgart: Klett-Cotta, 1982, 617–650, 618.

6 Teile aus diesem Buch wurden zwischen 2015 und 2020 an den Universitäten Münster, Köln, München, Bonn, Duisburg-Essen, Jena, Freiburg i. B., Tübingen, Zürich, Seattle und Amsterdam vorgetragen. Ich danke allen Diskutant*innen für Kritik und Anregung; ebenso danke ich Jane K. Brown, David Ginnuttis, Lut Missinne, Sarah Nienhaus und Inga Schwemin für ihr kritisches und konstruktives Feedback zu früheren Fassungen des Manuskripts. Dirk von Petersdorff danke ich für anregende Diskussionen während der gemeinsamen Zeit am Internationalen Kolleg Morphomata in Köln. Für Hilfe bei der Literaturrecherche und der Manuskripterstellung gilt mein Dank Insa Conradi, Elena Göbel, Wiebke Holin, Hanna Charlotte Jansen, Leona Lucas, Henning-Gismor Podulski, Zarah Rietschel, Paula Stevens und Nadine Willamowski. Dankbar bin ich auch Markus Ciupke vom Wallstein-Verlag für sein sorgfältiges und kritisches Lektorat.

Entscheiden

In der Einleitung seines Buchs *Die Entscheidungsgesellschaft* (2005) schildert Uwe Schimank den Tagesablauf eines Professors, der am Tag unzählige kleine und große Entscheidungen treffen muss, angefangen von der Frage am Morgen, welches Hemd er anziehen und ob er auf den Schlips verzichten soll, über die Wahl des Mittagessens in der Mensa bis hin zu den Entscheidungen, die er in seiner Funktion als Dekan, als Unterschriftleistender, in Beratung mit Mitarbeiter*innen oder in Gremiensitzungen, zu treffen hat. Manches ist Routine, manche Entscheidungen sind weniger relevant, andere haben Folgen und ziehen weitere Entscheidungen nach sich.[1] Der Soziologe geht von der »*Zumutung rationalen Entscheidens unter Bedingungen hoher Komplexität*«[2] in der Moderne aus, stellt aber fest, dass »[i]ndividuelle ebenso wie korporative Akteure […] in ihrem Entscheidungshandeln aus vielerlei Gründen nicht in der Lage [sind], jener Logik zu entsprechen, die von den mathematischen und philosophischen sowie von den daran anschließenden wirtschaftswissenschaftlichen Entscheidungstheorien konzipiert wird.«[3] Gemeint sind die klassischen Rational Choice-Theorien, die ihren Rationalitätsanspruch zu ›bounded rationality‹-Konzepten modifiziert haben, also zu Ansätzen, die von »begrenzter Rationalität« menschlichen Handelns ausgehen.[4]

Wo Entscheiden nicht einem ausschließlich rationalen Kalkül, manchmal vielleicht gar keinem Kalkül folgt, tut sich ein neues Forschungsfeld für die Kulturwissenschaften auf, die nach historisch und kulturell wandelbaren Voraussetzungen, Bedingungen und Prozessen des Entscheidens fragen.[5] »[D]ecision-making is a cultural technique that is shaped and

---

1 Vgl. Uwe Schimank, *Die Entscheidungsgesellschaft. Komplexität und Rationalität der Moderne*, Wiesbaden: VS Verlag für Sozialwissenschaften, 2005, 12–20.

2 Ebd., [11].

3 Ebd., 24.

4 Vgl. ebd., 34. Vgl. auch Hartmut Esser, »Die Rationalität des Alltagshandelns. Eine Rekonstruktion der Handlungstheorie von Alfred Schütz«, *Zeitschrift für Soziologie* 20/6 (1991), 430–445, 440.

5 Der Münsteraner Sonderforschungsbereich 1150 »Kulturen des Entscheidens«, aus dem die vorliegende Studie hervorgegangen ist, setzte hier an, indem er die soziale

managed differently over time«, schreibt Barbara Stollberg-Rilinger.[6] Dabei eröffnen sich auf den ersten Blick zwei Frageperspektiven: die Frage nach dem Entscheiden von Individuen und diejenige nach dem Entscheiden von Institutionen oder Organisationen. Günther Ortmann weist darauf hin, »dass einsame Entscheidungen ein Spezialfall sind und Kommunikation – zumal in Organisationen – konstitutiv für jedwedes decision-making« ist.[7] Schimank spricht von »Psycho-Logik« und »Sozio-Logik« des Entscheidens, schränkt aber ein, dass individuelles Entscheiden zumeist in Interaktion eingebunden ist und daher immer die soziale Dimension mitführt.[8] Daher ist von einer strukturellen Verbindung zwischen biographischer und sozialkonstruktiver Paradigmatik des Entscheidens auszugehen. Dass jedoch biographische Entscheidungen bislang nicht entscheidungstheoretisch untersucht wurden, liegt in der Tat daran, dass Biographie- und Entscheidungstheorie kaum Kontakt miteinander haben, weil sie, so Schimank, in unterschiedlichen wissenschaftlichen Paradigmen verankert sind, die Biographietheorie im interpretativen, die Entscheidungstheorie im Rational Choice-Paradigma.[9]

Entscheiden dient, darin ist sich die Theorie des Entscheidens einig, der Bewältigung von Kontingenz. Jede soziale Situation ist prinzipiell kontingent, d. h. sie kann von den Beteiligten auf verschiedene Weise wahrgenommen und interpretiert werden.[10] Und es gibt unterschiedliche Möglichkeiten auf eine Situation handelnd zu reagieren. Im Alltag folgen

Praxis und die kulturellen Grundlagen des Entscheidens in historisch vergleichender und interdisziplinärer Perspektive untersuchte. Entsprechend verschob der SFB seine Aufmerksamkeit von der Entscheid*ung* zum Entscheid*en* als einer sozialen Praxis. Zwischen ›Entscheidung‹ und ›Entscheiden‹ unterscheidet auch die linguistische Studie von Katharina Jacob, in der ›Entscheiden‹ als Holonym, ›Entscheidung‹ als Meronym verwendet wird. Jacob fasst das Entscheiden als »kommunikative Praxis, in der sich verschiedene Sprechhandlungstypen vollziehen« (vgl. Katharina Jacob, *Linguistik des Entscheidens. Eine kommunikative Praxis in funktionalpragmatischer und diskurslinguistischer Perspektive*, Berlin/Boston: de Gruyter, 2017, 440).

6 Barbara Stollberg-Rilinger, *Cultures of Decision Making*, The 2015 Annual Lecture, London: German Historical Institute London, 2016, 5.

7 Günther Ortmann, »Eine Phänomenologie des Entscheidens, organisationstheoretisch genutzt und ergänzt«, in: *Kommunikativer Konstruktivismus. Theoretische und empirische Arbeiten zu einem neuen wissenssoziologischen Ansatz*, hrsg. von Reiner Keller, Hubert Knoblauch und Jo Reichertz, Wiesbaden: Springer, 2013, 121–149, 122.

8 Schimank, *Entscheidungsgesellschaft*, 22; vgl. ebd., 25.

9 Vgl. ebd., 24.

10 Vgl. ebd., 42; vgl. ebd. 67 f.

die Akteure vielfach habitualisierten Routinen, Traditionen und Gefühlen, um die Kontingenz sozialer Situationen zu bewältigen. Entscheiden wird jedoch dann virulent, »wenn die gewohnten Daumenregeln (und Relevanzstrukturen) nicht mehr den Erwartungen entsprechen«.[11] Der Philosoph Hermann Lübbe fasst Entscheiden im Anschluss an Carl Schmitt als »Ausnahmesituation«.[12] Zudem verweist er auf die Rolle des Faktors ›Zeit‹ in Prozessen des Entscheidens:

> In erster Linie interessiert philosophisch die Zeitlichkeitsstruktur der Entscheidungssituation. »Entscheidung« heißt nicht ohne weiteres der Akt, sich auf eine unter sich ausschließenden Möglichkeiten, deren Vorzüge und Nachteile nicht völlig durchschaubar sind, festzulegen; ein solcher Akt hieße eher eine »Wahl«. Zur Entscheidung wird die Wahl erst unter den Wirkungen eines Zwangs, der sie unumgänglich macht. Die Entscheidungssituation hat ihre Schärfe darin, daß in ihr die Entscheidung selbst nur für eine gewisse Zeit hinausgeschoben werden kann: Die Entscheidungssituation ist befristet. Es ist leichter, eine Entscheidung zu treffen, wenn faktisch gar keine Aussicht besteht, sich die Möglichkeiten, zwischen denen sie fallen muß, in ihrem Für und Wider völlig durchsichtig zu machen.[13]

Lübbe unterscheidet also zwischen ›Wahl‹ und ›Entscheidung‹. Zur Entscheidung gehört, Lübbe zufolge, der Zeitdruck, und man entscheidet unter Zeitdruck in gewisser Weise blind, ohne alle Prämissen und Folgen der Entscheidung abschätzen zu können. Dies impliziert, dass Entscheidungen nicht oder nur bedingt rational sind: »Die Entscheidung überspringt einen Mangel an rationalen Bestimmungsgründen des Handelns.«[14] Schimank zufolge erübrigt ein Kalkül, das manchmal auf einem

11 Esser, »Die Rationalität des Alltagshandelns«, 436.
12 Hermann Lübbe, »Zur Theorie der Entscheidung«, in: *Collegium Philosophicum. Studien Joachim Ritter zum 60. Geburtstag*, hrsg. von Ernst-Wolfgang Böckenförde u. a., Basel/Stuttgart: Schwabe & Co., 1965, 118–140, 119; vgl. 128: »die Entscheidungssituation ist auch in den harmlosen Fällen stets eine Ausnahmesituation insofern, als die Regeln, Gesetze, Meinungen, Traditionen, an denen man sich normalerweise orientieren kann, nicht mehr weiterhelfen: man ist auf sich selbst verwiesen.«
13 Ebd., 130; zur Zeitdimension vgl. auch Schimank, *Entscheidungsgesellschaft*, 165–171. Die Komplexität von Entscheidenssituationen, so Schimank, manifestiere sich als Zeitknappheit (vgl. 165).
14 Lübbe, »Theorie der Entscheidung«, 131. Zwischen ›Wahl‹ und ›Entscheidung‹ unterscheidet auch Walter Benjamin in seinem *Wahlverwandtschaften*-Essay, wenn er schreibt: »nur die Entscheidung, nicht die Wahl ist im Buche des Lebens verzeichnet. Denn Wahl ist natürlich und mag sogar den Elementen eignen; die Ent-

komplizierten Algorithmus beruht, eine Entscheidung.[15] Das heißt, was genau vorausberechnet werden kann, ist am Ende keine Entscheidung. Dieser Gedanke findet sich auch bei Jacques Derrida, der in *Gesetzeskraft. Der »mystische Grund der Autorität«* festhält, dass eine Entscheidung nicht aus Regeln ableitbar ist:

> Das Unentscheidbare ist nicht einfach das Schwanken oder die Spannung zwischen zwei Entscheidungen, es ist die Erfahrung dessen, was dem Berechenbaren, der Regel nicht zugeordnet werden kann, weil es ihnen fremd ist und ihnen gegenüber ungleichartig bleibt, was dennoch aber – dies ist eine Pflicht – der unmöglichen Entscheidung sich ausliefern und das Recht und die Regel berücksichtigen muß. Eine Entscheidung, die sich nicht der Prüfung des Unentscheidbaren unterziehen würde, wäre keine freie Entscheidung, sie wäre eine programmierbare Anwendung oder ein berechenbares Vorgehen.[16]

Die Entscheidung ist nach Derrida immer an das Bewusstsein der Unentscheidbarkeit gebunden. »Jeder Entscheidung«, so argumentiert er weiter, »jeder sich ereignenden Entscheidung, jedem Entscheidungs-Ereignis wohnt das Unentscheidbare wie ein Gespenst inne, wie ein wesentliches Gespenst.«[17] Auch der Soziologe und Systemtheoretiker Niklas Luhmann stellt fest: »Was bereits voll determiniert ist, kann nicht mehr entschieden werden. Zur Entscheidung gehört daher auch ein Mindestmaß an Unvorhersehbarkeit, fast möchte man sagen: an Irrationalität.«[18] Und wenig später heißt es in unnachahmlicher Luhmann'scher Prägnanz: »Die Entscheidung verhüllt das Entscheidende.«[19] Dies ist freilich ein grundlegender systemtheoretischer Gedanke, insofern als in der Systemtheorie jede Beobachtung eine Unterscheidung trifft, die zugleich zweiseitig und einseitig ist. Genau diesen Tatbestand kann sie aber nicht selbst beobachten, d. h. sie ist, so formuliert Luhmann, »paradox fundiert, bleibt aber trotz-

---

scheidung ist transzendent« (Walter Benjamin, »Goethes Wahlverwandtschaften«, in: ders., *Gesammelte Schriften*, unter Mitwirkung von Theodor W. Adorno und Gershom Scholem hrsg. von Rolf Tiedemann und Hermann Schweppenhäuser, Frankfurt a. M.: Suhrkamp, 1991, Bd. I.1: *Abhandlungen*, 123–201, Bd. I.3, 811–867, I.1, 189).

15 Vgl. Schimank, *Entscheidungsgesellschaft*, 75.

16 Jacques Derrida, *Gesetzeskraft. Der »mystische Grund der Autorität«*, aus dem Französischen von Alexander García Düttmann, Frankfurt a. M.: Suhrkamp, 1991, 49 f.

17 Ebd., 50 f.

18 Niklas Luhmann, »Die Paradoxie des Entscheidens«, *Verwaltungs-Archiv* 84/3 (1993), 287–310, 287.

19 Ebd., 288.

dem operationsfähig, weil sie ihre Paradoxie durch die Faktizität ihres Vollzugs verdeckt«.[20] Das bedeutet, dass wer vor einer Entscheidung steht, nicht mehr mitreflektiert, wie es zu dieser Entscheidungssituation und ihren vermeintlichen Optionen gekommen ist. Luhmann spricht hier auch vom »integumentum« der Entscheidung, d. i. ein »unformulierbares Moment«, das im Jenseits der Beobachtung liegt und im Fall der Entscheidung »ein Moment der ›subjektiven‹ Willkür [darstellt], das erst die Entscheidung zur Entscheidung macht.«[21] In diesem Zusammenhang ist es bemerkenswert, dass Lübbe zwischen ›Entscheidung‹ und ›Entschluss‹ unterscheidet und dabei den Entschluss als integralen Teil des Entscheidungsgeschehens fasst:

> Die Entscheidung ist […] der Akt, dem unvermeidlichen Handeln seine Regel und Richtung zu geben. Der Entschluß verhält sich dabei zur Entscheidung als die Kraft, die zu ihr fähig macht, während die Entscheidung ihrerseits im inhaltlichen Sinne jene Regel und Richtung bestimmt.[22]

Die ideale Entscheidung stellt also, Lübbe zufolge, ein Wechselspiel zwischen vernünftig-rationaler Rahmensetzung und gewissermaßen irrationalem Entschluss dar. Auch Schütz/Luckmann fassen den Entschluss als den Beginn des Handelns, begreifen ihn aber im Unterschied zu Lübbe eher als »Willensakt«[23] und damit im Paradigma des Rationalen:

> Jedenfalls kommt aber zwischen den Entschluß zu handeln und das Handeln selbst nichts mehr. Was könnte denn noch kommen, wenn es wirklich ein Entschluß zu handeln und nicht ein Entschluß zu verschieben oder ein Entschluß, nicht zu handeln, war? Der Zweifel ist beseitigt, das Zögern ist beendet: Es geht los.[24]

---

20 Ebd., 293.
21 Ebd., 295. Das ›integumentum‹ (dt. ›Verhüllung‹, ›Einkleidung‹) ist eine rhetorische Figur, d. h. »eine Rede, die in eine mythische Erzählung einen wahren Sinn einschließt« (B. K. Stengl, »Integumentum«, in: *Historisches Wörterbuch der Rhetorik*, hrsg. von Gerd Ueding, Bd. 4: Hu–K, Tübingen: Niemeyer, 1998, 446–448, 446). Luhmanns Begriffsgebrauch von ›integumentum‹ ist also durchaus unkonventionell.
22 Lübbe, »Zur Theorie der Entscheidung«, 128.
23 Alfred Schütz, Thomas Luckmann, *Strukturen der Lebenswelt*, Konstanz: UTB, 2003, 514.
24 Ebd., 516 f.

Entscheiden ist »von Paradoxien und Kontingenz belastet«;[25] es birgt Risiken, weil es, nicht nur wegen des genannten Zeitdrucks, sondern auch wegen der Komplexität der bedingenden Faktoren nicht möglich ist, alle Folgen der sich stellenden Optionen abzuschätzen. Es stellt daher eine »Zumutung«[26] dar: Man muss entscheiden, ohne die Folgen des Entscheidens absehen zu können. Weil Entscheiden zeitaufwendig und mit der Gefahr verbunden ist, dass es zu Konflikten führt, neigen Akteure, wie Schimank herausstellt, eher dazu, traditionalen Vorgaben und Routinen zu folgen oder Situationen gefühlsgeleitet zu begegnen als sich auf Entscheidensprozesse einzulassen.[27]

Da der Moment des Entscheidens notwendig unzugänglich bleibt,[28] wird oftmals erst im Rückblick als Entscheiden dargestellt, was im erlebten Zusammenhang nicht als solches wahrgenommen wurde. Die Entscheidenstheorie spricht hier von »*retrospektive[r] Sinngebung*«[29] oder auch von ›Nachrationalisierung‹[30]. Wer nachrationalisiert, erklärt rückwirkend, wie und warum es zu einer Entscheidung gekommen ist und warum eine Entscheidung in der entsprechenden Situation die richtige oder einzig mögliche war. Wo es nicht darum geht, psychologische Prozesse nachzuvollziehen, sondern die soziale Dimension von Kulturen des Entscheidens in den Blick zu nehmen, kommt Berichten und Erzählungen von Entscheidungen eine zentrale Rolle zu.[31] Das heißt, in welcher Weise

25 André Krischer, »Das Problem des Entscheidens in systematischer und historischer Perspektive«, in: *Herstellung und Darstellung von Entscheidungen. Verfahren, Verwalten und Verhandeln in der Vormoderne, Zeitschrift für historische Forschung,* Beiheft 44, hrsg. von Barbara Stollberg-Rilinger und André Krischer, Berlin: Duncker & Humblot, 2010, [35]-64, 36.

26 Ebd., [35].

27 Vgl. Schimank, *Entscheidungsgesellschaft,* 76.

28 Die Entscheidungsforschung spricht daher auch gern von der »black box« menschlicher Entscheidensprozesse, so etwa mit Blick auf Reinhard Selten Ortmann, »Eine Phänomenologie des Entscheidens«, [121].

29 Niklas Luhmann, *Die Politik der Gesellschaft,* hrsg. von André Kieserling, Frankfurt a. M.: Suhrkamp, 2000, 154.

30 Vgl. Krischer, »Das Problem des Entscheidens«, 45; vgl. aber auch Ortmann, »Eine Phänomenologie des Entscheidens«, 139 f.

31 Michael Quante und Tim Rojek haben für eine kulturwissenschaftliche Theorie des Entscheidens (im Unterschied zu den sogenannten ›decision sciences‹) die hermeneutische Teilnehmerperspektive geltend gemacht, die »eine geteilte Lebensform und das handelnde In-der-Welt-Sein des Menschen zum Ausgangspunkt« nimmt; vgl. Michael Quante und Tim Rojek, »Entscheidungen als Vollzug und im Bericht. Innen- und Außenansichten praktischer Vernunft«, in: *Kulturen des Entscheidens. Narrative – Praktiken – Ressourcen,* hrsg. von Ulrich Pfister, Göttingen: Vandenhoeck & Ruprecht, 2019, 37–51, 47.

Entscheiden nachträglich (re-)konstruiert und nachrationalisiert wird, kann Aufschluss darüber geben, wie Kulturen des Entscheidens organisiert sind. Paradoxerweise kann auch eine im Rückblick ›nachemotionalisierte‹ Entscheidung, d. h. eine Entscheidung, die mit einem Gefühl oder einem Affekt erklärt wird, als ›Nachrationalisierung‹ verstanden werden, insofern als der Rekurs auf ein Gefühl, das im Moment der Entscheidung wirksam war, die Entscheidung ebenfalls erklärt oder begründet.

Kulturen verfügen über spezifische Narrative des Entscheidens, d. h. tradierte Erzählungen bzw. Erzählmuster, die immer wieder aufgerufen werden und die selbstverständlich auch die Wahrnehmung individuellen Entscheidens, nicht zuletzt die Selbstwahrnehmung der Akteure, prägen. Narrative folgen einer temporalen Logik der Folge (›vorher – nachher‹); im Unterschied zu Narrationen handelt es sich um festgefügte, zeitlich gerichtete und axiologisch besetzte Erzählmuster.[32] Narrative sind, so kann man sagen, kulturreflexiv, weil sie Grundmuster der kulturellen Semiose aktivieren und zur Anschauung bringen.[33] Wirkmächtige Narrative des Entscheidens sind etwa die Erzählung von Adam und Eva im Paradies, in der sich das erste Menschenpaar dafür entscheidet, das göttliche Gebot zu übertreten (mit erheblichen Konsequenzen für die Menschheit),[34] das in Kunst- und Kulturgeschichte vielfach gestaltete Narrativ von Herakles am Scheideweg,[35] das Urteil des Paris, das in seinen Konsequenzen zum

---

32 Vgl. Martina Wagner-Egelhaaf, Bruno Quast, Helene Basu, »Einleitung«, in: *Mythen und Narrative des Entscheidens*, hrsg. von dens., Göttingen: Vandenhoeck & Ruprecht, 2019, [7]-20, 8.

33 Zur kulturellen Funktion von Narrativen vgl. Wolfgang Müller-Funk, *Die Kultur und ihre Narrative. Eine Einführung*, Wien/New York: Springer 2002; Albrecht Koschorke, »Codes und Narrative. Überlegungen zur Poetik der funktionalen Differenzierung«, in: *Grenzen der Germanistik. Rephilologisierung oder Erweiterung*, hrsg. von Walter Erhart, DFG-Symposion 2003, Stuttgart/Weimar: Metzler, 2004, 174–185.

34 Vgl. Stollberg-Rilinger, *Cultures of Decision Making*, 8 f. Christian Graf von Krockow sieht im Sündenfall den Eintritt des Menschen in die Welt der Entscheidung: »Indem der Mensch vom Baum der Erkenntnis ißt und das Wissen um Gut und Böse erlangt (sich in die Entscheidung gestellt sieht), wird er vertrieben aus dem Paradiese, muß er eintreten in eine Welt, die ihn mit Arbeit und Angst, mit dem Schmerz und der Sorge, mit dem Tode konfrontiert« (Christian Graf von Krockow, *Die Entscheidung. Eine Untersuchung über Ernst Jünger, Carl Schmitt, Martin Heidegger*, Stuttgart: Ferdinand Enke Verlag, 1958, 3).

35 Vgl. Martina Wagner-Egelhaaf, »Herakles – (k)ein Entscheider?«, in: *Semantiken und Narrative des Entscheidens*, hrsg. von Matthias Pohlig, Philip Hofmann-Rehnitz, Tim Rojek und Susanne Spreckelmeier, Göttingen: Vandenhoeck & Ruprecht, 2020 (im Druck); vgl. Erwin Panofsky, *Hercules am Scheidewege und andere antike Bildstoffe in der neueren Kunst*, Berlin/Leipzig: B. G. Teubner, 1930.

Auslöser des Trojanischen Kriegs wurde,[36] oder aber die Geschichte von Buridans Esel, der verhungerte, weil er sich nicht zwischen zwei gleich großen Heuhaufen entscheiden konnte.[37]

Die Thematik des Entscheidens ist in der Literaturwissenschaft nicht allzu prominent. Sie wurde vor allem im Zusammenhang mit der antiken Tragödie aufgegriffen, wo die Entscheidung des Helden im Spannungsverhältnis von göttlicher Fügung und menschlicher Autonomie steht. Wie etwa Arbogast Schmitt dargelegt hat, bedeutet die Tatsache, dass das Schicksal der Menschen durch die Götter gesteuert wird, nicht, dass die Menschen keine eigenständigen Entscheidungen treffen können. Vielmehr gebe es eine »relative Freiheit der Menschen gegenüber göttlicher Schicksalslenkung« und gerade die mehr oder weniger intensive göttliche Einflussnahme mache »ein Ausleuchten des Bereichs möglich, in dem der Mensch wirklich von sich aus handeln kann.«[38] Das heißt, die Götter bringen den Menschen keineswegs um seine Mündigkeit, sondern durch die Darstellung ihres Eingreifens wird »der besondere subjektive Anteil eines Menschen an seinen Entscheidungen erst aufgedeckt.«[39] Alexander Honold hat sich mit dilemmatischen Entscheidensstrukturen und der Frage des Dezisionismus in Kleists Komödien auseinandergesetzt und das Problem der sprachlichen Unentscheidbarkeit fokussiert.[40] Vereinzelt ist

36 Vgl. Michael Grünbart, »Das Paris-Urteil im griechischen Mittelalter«, in: *Mythen und Narrative des Entscheidens*, hrsg. von Wagner-Egelhaaf/Quast/Basu, 73–92; Antonius Baehr-Oliva, »Die Aufwertung des Paris-Urteils in barocken Musikdramen«, in: ebd., 93–111.

37 Vgl. Jan Keupp, »Unentwegtes Entscheiden? Buridans Esel als zoon politikon der Wissenschaft«, in: ebd., 155–170.

38 Arbogast Schmitt, »Wesenszüge der griechischen Tragödie. Schicksal, Schuld, Tragik«, in: *Tragödie. Idee und Transformation*, hrsg. von Hellmut Flashar, Stuttgart/Leipzig: B. G. Teubner, 1997, 5–49, 14.

39 Ebd., 17; vgl. auch ders., »Freiheit und Subjektivität in der griechischen Tragödie?«, in: *Geschichte und Vorgeschichte der modernen Subjektivität*, hrsg. von Reto Luzius Fetz, Roland Hagenbüchle und Peter Schulz, Bd. 1, Berlin/New York: de Gruyter, 1998, 91–118. Vgl. Bernhard Zimmermann, »Entscheidungen im griechischen Mythos«, in: *Mythen und Narrative des Entscheidens*, hrsg. von Wagner-Egelhaaf/Quast/Basu, 63–72. Die Rechts- und Kulturwissenshaftlerin Cornelia Vismann hat die These vertreten, dass in den *Eumeniden* des Aischylos das Übergehen göttlicher Entscheidungsmacht auf menschliches Rechtsentscheiden dargestellt wird; vgl. Cornelia Vismann, »Das Drama des Entscheidens«, in: *Urteilen/Entscheiden*, hrsg. von Cornelia Vismann und Thomas Weitin, München: Fink, 2006, 91–100, 99.

40 Vgl. Alexander Honold, »›Entscheide Du‹. Kleists Komödie der Dezision«, *Deutsche Vierteljahrsschrift für Literaturwissenschaft und Geistesgeschichte* 87/4 (2013), 502–532.

auch dem Entscheiden in Prosatexten Rechnung getragen worden. So hat Penny Fielding den Blick darauf gerichtet, dass Romanfiguren Entscheidungen zu treffen haben und gerade ihr Entscheiden die Romanhandlung vorantreibt.[41] Wenn sie am Beispiel von William Godwin zeigt, wie die Entscheidungen seines Protagonisten Caleb Williams im gleichnamigen Roman auf Gründen basieren, die alles andere als rational sind, nähert sie sich durchaus den oben skizzierten Positionen von Lübbe und Luhmann:

> in the second edition, Godwin admits that most actions are rooted in decisions that are a good deal messier than this schema [welches Godwin in seiner Schrift *Political Justice* über willentliche und unwillentliche Handlungen entwickelte] would suggest. When we make a decision, we judge by means of premises of which we are only imperfectly aware, habits of mind that we have naturalized, and assumptions that we only partially reason out. In this condition we cannot be sure if we have made a free decision or not, and even if we could look back to that crucial act of deciding we would find that it was not one event but a confusion of an incalculable number of motives.[42]

Generell zeigt sich, dass Literatur sich selbst nicht als dezisionistisch versteht und in ihrem Selbstverständnis eher zu Ambiguität und produktiver Mehrdeutigkeit neigt.[43] Und doch: Wenn man davon ausgeht, dass Lite-

---

41 Vgl. Penny Fielding, »›No Such Thing as Action‹: William Godwin, the Decision, and the Secret«, *Novel. A Forum on Fiction* 42/3 (2009), 380–386 (DOI 10.1215/00295132-2009-031). Ebenfalls Alexander Honold hat das Verhältnis von Dilemma und Dezision in Kleists Erzählung »Der Zweikampf« differenziert analysiert; vgl. Alexander Honold, »Das Gottesurteil und sein Publikum: Kleists dramatischer Dezisionismus in ›Der Zweikampf‹«, in: *Kleist. Vom Schreiben in der Moderne*, hrsg. von Dieter Heimböckel, Bielefeld: Aisthesis, 2013, 95–126.

42 Fielding, »›No Such Thing as Action‹«, 383 f.

43 Vgl. Brigitte Kronauer, »Ein Augenzwinkern des Jenseits. Die Zweideutigkeiten der Literatur«, in: *Zweideutigkeit. Essays und Skizzen*, hrsg. von ders., Stuttgart: Klett-Cotta 2002, 309–318; vgl. auch Joseph Vogl, *Über das Zaudern*, Zürich/Berlin: diaphanes, ²2008. Und doch oder gerade deswegen hat im Jahr 2010 der Schriftsteller und Unternehmer Ernst-Wilhelm Händler mehr Dezisionismus in der Gegenwartsliteratur eingefordert; vgl. Ernst-Wilhelm Händler, »Bitte ein Roman über Banker. Macht und Geld sind elementare menschliche Triebfedern. Warum werden sie in der deutschen Gegenwartsliteratur ausgeblendet? Ein Gespräch mit dem Schriftsteller Ernst-Wilhelm Händler«, in: *Die Zeit* 65/44 (2010), 51. Zu dieser Debatte vgl. Carolin Rocks, Martina Wagner-Egelhaaf, »Entscheiden oder nicht entscheiden. Zu einer Ästhetik des Dezisionismus in der Literatur«, in: *Entscheidungen. Geistes- und sozialwissenschaftliche Beiträge zu Theorie und Praxis*, hrsg. von Armin Glatzmeier und Hendrik Hilgert, Wiesbaden: Springer, 2015, 115–142.

ratur die menschliche Lebensrealität umfassend darstellt, dann muss sie auch Modi für die Beobachtung und Reflexion von Entscheidungen finden, die im Leben eines jeden Menschen getroffen werden und oftmals zu Entscheidenskrisen führen. In diesem Sinn schreibt auch Schimank: »Vor allem Schriftsteller reflektieren in ihren Werken gesellschaftliche Verhältnisse, also auch die Entscheidungsgesellschaft.«[44] Es lässt sich also fragen, ob und inwiefern in literarischen Texten dargestelltes Entscheiden einen Beitrag zur Problematik des Entscheidens als sozialem Prozess zu leisten vermag.

Wenn man literarische Texte als Verfahren begreift,[45] könnte man davon ausgehen, dass in der Prozesshaftigkeit des Textes sich jene Entscheidungen abbilden, die der Autor bzw. die Autorin getroffen hat, um eben den vorliegenden Text in seiner vorliegenden Form hervorzubringen – künstlerische Entscheidungen, die auch anders hätten ausfallen können, die aber als nicht verwirklichte Möglichkeiten gleichwohl im realisierten Text als Denkmöglichkeiten präsent bleiben. Dies wäre aber ein weiter gefasster, ein supponierter Entscheidensbegriff, der im Text in der Regel nicht als Entscheiden reflektiert wird und daher analytisch nicht valide ist. Die Vorstellung vom ›Text als Verfahren‹, wie sie der Russische Formalismus ausgeprägt hat, impliziert selbstredend einen anderen Verfahrensbegriff als derjenige, der Niklas Luhmann davon sprechen ließ, dass rechtlich verbindliche Entscheidungen maßgeblich durch geordnete Verfahren legitimiert werden.[46] Aber doch bestehen signifikante Gemeinsamkeiten darin, dass den Operationen des Verfahrens eine überindividuelle konstruktive Funktion zukommt. Erzeugt ein Gerichtsverfahren Akzeptanz unter den beteiligten Parteien, stellen mit Roman Jakobson[47] die Textverfahren der Selektion und der Kombination literarische Verbindlichkeit her. Beide Verfahren basieren auf Verfahrensschritten, die teilweise entscheidungsförmig, teilweise aber auch konventionalisiert sind. Seymour Chatman geht in seiner Analyse der narrativen Strukturen von einer We-

---

44 Schimank, *Entscheidungsgesellschaft*, 39.

45 Vgl. Viktor Šklovskij, »Die Kunst als Verfahren«, in: *Russischer Formalismus. Texte zur allgemeinen Literaturtheorie und zur Theorie der Prosa*, hrsg. von Jurij Striedter, München: Fink, ⁵1994, 3–35.

46 Vgl. Niklas Luhmann, *Legitimation durch Verfahren*, Frankfurt a. M.: Suhrkamp, ³1993; vgl. auch Michael Sikora, »Der Sinn des Verfahrens. Soziologische Deutungsangebote«, in: *Herstellung und Darstellung von Entscheidungen*, hrsg. von Stollberg-Rilinger/Krischer, 25–51.

47 Vgl. Roman Jakobson, »Linguistik und Poetik [1960]«, in: ders., *Poetik. Ausgewählte Aufsätze 1921–1971*, hrsg. von Elmar Holenstein und Tarcisius Schelbert, Frankfurt a. M.: Suhrkamp, ³1993, 83–121.

gemetaphorik aus: Erzähltexte verfügen über Knotenpunkte (und auch das ist natürlich eine Metapher),

> which force a movement into one of two (or more) possible paths. Achilles can give up his girl or refuse; Huck Finn can remain at home or set off down the river; Lambart Strether can advise Chad to remain in Paris or to return; Miss Emily can pay the taxes or send the collector packing; and so on. Kernels cannot be deleted without destroying the narrative logic. In the classical narrative text, proper interpretation of events at any given point is a function of the ability to follow these ongoing selections, to see later kernels as consequences of earlier.[48]

Bemerkenswerterweise schließt Chatman Erzähler- und Figurenentscheidungen an dieser Stelle zusammen.

Die literarische (Re-)Konstruktion des Entscheidens hat den Blick darauf zu richten, in welcher Weise Textförmigkeit und Entscheidensförmigkeit interagieren. Sie eröffnet zweifellos einen Reflexionshorizont für soziokulturelle Entscheidenskonstellationen wie umgekehrt die in der Literaturwissenschaft und speziell in der Autobiographieforschung noch nicht verfolgte Perspektive des Entscheidens Textfigurationen ins Licht rückt, die bislang unbeobachtet geblieben sind. Ihnen gilt im Folgenden die Aufmerksamkeit.

48 Seymour Chatman, *Story and Discourse. Narrative Structure in Fiction and Film*, Ithaca/London: Cornell University Press, 1989, 53. Jiří Levý hat vorgeschlagen, Übersetzung als formalen Entscheidungsprozess zu denken; vgl. Jiří Levý, »Translation as a Decision Process«, in: *To Honor Roman Jakobson. Essays on the Occasion of his Seventieth Birthday, 11 October 1966*, vol. 2, The Hague/Paris: Mouton, 1967, 1171–1182 (auf diesen Text hat mich Lut Missinne aufmerksam gemacht).

Sich entscheiden. Autobiographie

Die Vorstellung von einem Subjekt, das in Lebenskrisen gerät und Entscheidungen treffen muss, ist zweifellos eine moderne, gelten doch Rationalität und Subjektivität gemeinhin als Merkmale der Moderne.[1] Und es herrscht die Vorstellung, dass Menschen heute in der sogenannten ›Multioptionsgesellschaft‹[2] viel mehr Entscheidungen treffen müssen als die Menschen früherer Zeiten, deren Leben sehr viel stärker in traditionalen Verhältnissen festgelegt war:

> die Welt, in der Entscheidungen gefällt werden, hat sich verändert: Riskierten unsere Vorfahren Kopf und Kragen für größere Entscheidungsspielräume, stehen wir heute im Supermarkt der Möglichkeiten und haben die Wahl.[3]

Der moderne Mensch hat offensichtlich eine große Zahl an Wahlmöglichkeiten und er muss sich gleichsam permanent entscheiden. Philip Hoffmann-Rehnitz, André Krischer und Matthias Pohlig bezeichnen es als eine »Meistererzählung«,[4] dass in der Moderne mehr als in der Vormoderne und vor allem rationaler entschieden würde. »Die moderne Gesellschaft ist unter anderem deshalb eine Entscheidungsgesellschaft, weil sie sich selbst als solche sieht und gar nicht anders kann, als individuelle wie kollektive Probleme als Probleme des Entscheidens zu modellieren.«[5] Wenn man wissen möchte, welches die zentralen Lebensentscheidungen des modernen Subjekts sind, liegt es nahe, sich autobiographischen Zeugnissen zuzuwenden, zumal die Autobiographie, die sich auf der Grundlage älterer Textformen wie Gerichtsreden, Bekenntnissen oder Rechnungsbüchern im 18. Jahrhundert ausbildete, als jenes Genre gilt, das in besonderer Weise mit dem auf sich selbst reflektierenden modernen Indivi-

---

1 Vgl. Schimank, *Entscheidungsgesellschaft*, 79.
2 Vgl. Gross, *Multioptionsgesellschaft*.
3 *Entscheiden. Das Magazin zur Ausstellung*, 16.
4 Philip Hoffmann-Rehnitz, André-Krischer, Matthias Pohlig, »Entscheiden als Problem der Geschichtswissenschaft«, *Zeitschrift für Historische Forschung* 45 (2018), 217–281, 252.
5 Vgl. ebd., 264.

duum in Verbindung gebracht wird.[6] Nicht zufällig führt Uwe Schimank in sein Thema der Entscheidungsgesellschaft modellhaft mittels der (auto-) biographischen Erzählung eines Universitätsprofessors ein, der zahlreiche Entscheidungen an einem Tag zu treffen hat.[7] Nun hat die Autobiographieforschung schon früh darauf hingewiesen, dass Autobiographien keine objektiven Wahrheiten wiedergeben, sondern das beschriebene Leben aus einer subjektiven Sicht präsentieren, und dies impliziert Selektion, Vergessen, Verschweigen, Stilisierung.[8] Schon der Titel von Goethes Lebensbericht, *Dichtung und Wahrheit*, bringt die Gattungsproblematik, aber auch den Reiz des Genres, anschaulich und modellhaft zum Ausdruck. Allerdings ist die Autobiographie nicht nur Ausdrucksmedium subjektiven Selbstausdrucks, sondern sie orientiert sich immer auch an literarischen Vorbildern und Gattungskonventionen, selbst wenn sie sich von ihnen abzusetzen sucht. Gattungen sind sozialkonstruktive Kommunikationsmedien. Wilhelm Voßkamp bezeichnet sie gar als ›Institutionen‹: »Unter dem Blickwinkel ihres Institutionencharakters lassen sich Gattungen generell als geschichtliche Bedürfnissynthesen bezeichnen, in denen bestimmte historische Problemstellungen bzw. Problemlösungen oder gesellschaftliche Widersprüche artikuliert und aufbewahrt sind.«[9] Früh schon hat die Autobiographieforschung sozialgeschichtliche Perspektiven eingenommen.[10] In ihrer soziokulturellen Topik[11] ermöglicht die Autobiographie als Gattung autobiographische Selbstentwürfe ebenso wie sie Modelle kulturellen und sozialen Handelns bereitstellt.

6 Vgl. Martina Wagner-Egelhaaf, »Frühe Neuzeit: Die Erfindung des Individuums«, in: dies., *Autobiographie*, Stuttgart/Weimar: Metzler, [2]2005, 132–145; Michaela Holdenried, *Autobiographie*, Stuttgart: Reclam, 2000, 101 f., 114; Karl A. E. Enenkel, *Die Erfindung des Menschen. Die Autobiographik des frühneuzeitlichen Humanismus von Petrarca bis Lipsius*, Berlin: de Gruyter, 2008.

7 Schimank, *Entscheidungsgesellschaft*, 24 führt aus, dass die »Untersuchungen zum biographischen Entscheiden […] in ihrer Grundtendenz sehr nahe bei den Forschungen über Entscheidungen in und von Organisationen« liegen.

8 Vgl. Wagner-Egelhaaf, *Autobiographie*, 2–5.

9 Wilhelm Voßkamp, »Gattungen«, in: *Literaturwissenschaft. Ein Grundkurs*, hrsg. von Helmut Brackert, Jörn Stückrath, Reinbek b. Hamburg: Rowohlt, [8]2004, 253–269, 258.

10 Vgl. Bernd Neumann, *Identität und Rollenzwang. Zur Theorie der Autobiographie*, Frankfurt a. M.: Athenäum, 1970 (Neuauflage unter dem Titel *Von Augustinus zu Facebook. Zur Geschichte und Theorie der Autobiographie*, Würzburg: Königshausen & Neumann, 2013).

11 Vgl. Stefan Goldmann, »Topos und Erinnerung. Rahmenbedingungen der Autobiographie«, in: *Der ganze Mensch. Anthropologie und Literatur im 18. Jahrhundert*, hrsg. von Hans Jürgen Schings, Stuttgart/Weimar: Metzler, 1994, 660–675.

Im Rückblick

Dass der Moment des Entscheidens *in actu* unverfügbar ist und das Entscheiden im Prozess des Entscheidens von den Beteiligten oftmals nicht als solches wahrgenommen, sondern erst im Rückblick als solches identifiziert wird, ist der rückblickenden Perspektive autobiographischen Erzählens strukturanalog. Goethe formuliert in *Dichtung und Wahrheit* im Blick auf verspätete Erkenntnisse im Leben hellsichtig, »daß wir die Strategie gewöhnlich erst einsehn lernen, wenn der Feldzug vorbei ist.«[12] Und: »Es sind lauter Resultate meines Lebens« protokolliert Eckermann unter dem 30.3.1831 eine Äußerung Goethes zu seiner Autobiographie,[13] und in einem Brief an König Ludwig von Bayern vom Dezember 1829 spricht Goethe vom Resultatcharakter des in *Dichtung und Wahrheit* Dargestellten:

denn es war mein ernstestes Bestreben das eigentliche Grundwahre, das, insofern ich es einsah, in meinem Leben obgewaltet hatte, möglichst darzustellen und auszudrücken. Wenn aber ein solches in späteren Jahren nicht möglich ist, ohne die Rückerinnerung und also die Einbildungskraft wirken zu lassen, und man also immer in den Fall kommt gewissermaßen das dichterische Vermögen auszuüben, so ist es klar daß man mehr die Resultate und, wie wir uns das Vergangene jetzt denken, als die Einzelheiten, wie sie sich damals ereigneten, aufstellen und hervorheben werde.[14]

Tatsächlich lautet eine der geläufigsten Definitionen der Autobiographie, die des französischen Autobiographietheoretikers Philippe Lejeune, die Autobiographie sei eine

[r]ückblickende Prosaerzählung einer tatsächlichen Person über ihre eigene Existenz, wenn sie den Nachdruck auf ihr persönliches Leben und insbesondere auf die Geschichte ihrer Persönlichkeit legt.[15]

Alles Entscheiden ist auch ein »Sich Entscheiden«. Dieses reflexive ›Sich‹ wird möglicherweise in Entscheidensprozessen von Institutionen und Organisationen für die individuellen Akteure weniger spürbar, umso

---

12 *DuW* 847 (Nachweise aus *Dichtung und Wahrheit* im Folgenden im fortlaufenden Text).

13 FA 39, 479.

14 FA 38, 209.

15 Philippe Lejeune, *Der autobiographische Pakt*, aus dem Französischen von Wolfram Bayer und Dieter Hornig, Frankfurt a. M.: Suhrkamp, 1994, 14.

mehr jedoch für den oder die Einzelne/n, wenn es um Lebensentscheidungen geht, als deren zentrales Darstellungsmedium die Autobiographie erscheint. Eben das reflexive Moment des ›Sich Entscheidens‹ lässt sich mit dem autoreferenziellen Strukturmoment der Autobiographie kurzschließen, das darin besteht, dass der autobiographische Erzähler sein eigenes Leben erzählt, d.h. dass Erzähler und Figur identisch sind. Mit Lejeune, dem Begründer des in der Autobiographieforschung vielzitierten sogenannten ›autobiographischen Pakts‹, muss auch noch der Autor als mit Erzähler und Figur identisch gedacht werden, damit es auf der Seite des Lesers bzw. der Leserin zum Abschluss des autobiographischen Pakts kommt, d.h. damit der Text als autobiographisch gelesen wird.[16] Zwar lässt sich narratologisch zwischen Erzähler und Figur klar unterscheiden – und der Autor kann ohnedies außen vor bleiben, denn er stellt erzähltheoretisch kein Problem dar –, in der autobiographischen Praxis aber sind die Instanzen ›Erzähler‹ und ›Figur‹ nur schwer zu trennen, ist es einerseits doch der Erzähler, der die Figur erzählt, andererseits die Figur, die den Erzählanlass für den Erzähler bildet. In jedem Moment des autobiographischen Rückblicks, so kann man sagen, treffen Erzähler und Figur aufeinander, begegnen sie sich.[17] Wenn im Folgenden vom ›autobiographischen Ich‹ die Rede ist, dann ist eben diese spannungsreiche Dopplung von autobiographischem Erzähler und autobiographischer Figur impliziert.

Bezeichnenderweise reflektiert Arnaud Schmitt die narratologische Konstellation der Autobiographie als eine der Wahl, die den Autor bzw. die Autorin zwingt sich zu entscheiden:

The more sophisticated autobiographies display a constant interaction between these two I's [dem erzählenden Ich und dem erzählten Ich] but, more often than not, autobiographies tilt toward one side or the other: They either focus on the way particular events were experienced at the time they took place or on the way the author remembers them and how they have subsequently impacted her life. The two I's can be quite close for various reasons, but when they are not, it is up to the author *to decide* upon a strategy and this *choice* determines the tone of the text; conversely, autobiographers may not be aware of such a *choice*

---

16 Vgl. ebd. 15. Ausschlaggebend ist die Namensidentität zwischen Autor, Erzähler und Protagonist: »Der autobiographische Pakt ist die Behauptung dieser Identität im Text, die letztlich auf den Namen des Autors auf dem Umschlag verweist« (ebd. 27).

17 Vgl. Martina Wagner-Egelhaaf, »Trauerspiel und Autobiographie. Handeln und Entscheiden bei Goethe«, in: *Kulturen des Entscheidens. Institutionen, Ressourcen, Praktiken, Reflexionen*, hrsg. von Ulrich Pfister, Göttingen: Vandenhoeck & Ruprecht, 2019, 71–89, 73 f.

because they do not have enough perspective and the *choice* they make is the only one available. And yet, whether they *choose* it or not, tone is an authorial strategy guided by the will to recreate the original experience but also, in a fundamental manner, by the psychological profile of the author. In Didion's case [Schmitt spricht hier exemplarisch über Joan Didions *The Year of Magical Thinking*], when it comes to explaining the overall tone of the text [...] *two options* are available: The tone reflects her original psychological response to this tragedy or only the contours of the experience she is willing to *share* with her readers.[18]

Es ist die autobiographische Praxis, das Verfassen der Autobiographie in einem narratologisch-technischen Sinn, die hier in den Blick gerät. Auch für das Folgende sind die autobiographischen Darstellungsentscheidungen, auch und gerade wenn sie nicht explizit werden, für die Textanalyse im Blick zu behalten.

Momentum

Das im letzten Kapitel angesprochene Moment des doppelten autobiographischen Ichs hat auch eine zeitliche Dimension. Menschen erfahren ihre Lebenszeit als verfließend; sie leben nach vorne, in die Zukunft blickend.[19] Aber sie erinnern sich auch. Die Erinnerung ist, mit Marcel Proust gesprochen, auf der Suche nach der verlorenen Zeit; sie blickt zurück in der Zeit. Die Soziologie der Lebenswelt unterscheidet »Weil-Motive«, die im Rückblick gewonnen sind, und »Um-zu-Motive«, die zukunftsgerichtet sind. Günther Ortmann hält fest, dass sich »[e]chte Weil-Motive« nicht in »Um-zu-Motive übersetzen« lassen.[20] Zwischen zurückblickenden Weil-Motivationen und vorausschauenden Um-zu-Motivationen besteht also eine konstitutive Spannung. Während die autobiographische Figur nach ›vorwärts‹ lebt (was nicht ausschließt, dass sie sich auch nach ›rückwärts‹ erinnert – im Gegenteil: beides scheint sich zu bedingen) und um-zu-motiviert ist, blickt der weil-motivierte autobio-

18 Arnaud Schmitt, *The Phenomenology of Autobiography. Making It Real*, New York/London: Routledge, 2017, 141.
19 Vgl. dazu Schütz/Luckmann, *Strukturen der Lebenswelt*, 48.
20 Ortmann, »Eine Phänomenologie des Entscheidens«, 129; vgl. Schütz/Luckmann, *Strukturen der Lebenswelt*, passim.

graphische Erzähler zurück und nimmt dabei sein Wissen aus der späteren Zeit mit zurück in die dargestellte Vergangenheit.[21] Dies ist freilich eine idealtypische Konstellation. Wenn man davon ausgeht, dass der autobiographische Erzähler die Perspektive der autobiographischen Figur überschreibt und eigentlich überhaupt erst in seinem Schreiben hervorbringt, kommt dieser Unterschied nicht zum Tragen. Gleichwohl muss er, sei es im Interesse autobiographischer Aufrichtigkeit, sei es im Interesse einer glaubwürdigen oder auch literarisch reizvollen Darstellung diesen Unterschied beachten.[22] Philosophisch betrachtet teilt sich die Berichtsperspektive des autobiographischen Ichs in die Teilnehmerperspektive der autobiographischen Figur und die Beobachterperspektive des autobiographischen Erzählers.[23] Allerdings spielen die Perspektiven in der Praxis des Textvollzugs permanent ineinander, in dem Maß, in dem das autobiographische Ich Erzähler und Figur zugleich ist. Gleichwohl ist jeder autobiographische Augenblick ein spannungsvoller Moment unterschiedlicher Zeitperspektiven und Motivierungen: Erzählzeit und erzählte Zeit treffen ebenso aufeinander wie Rückblick und Vorausschau, Vergangenheit und Zukunft, Weil- und Um-zu-Motivation. Der gegenwärtig erzählte Augenblick ist ein Moment der Vermittlung von Vergangenheit und Zukunft wie der Trennung, mithin auch ein »Zwischenraum«.[24] Wenn von Entscheidungen gesagt wurde, dass sie Einschnitte (›decisio‹) im Zeitverlauf sind,[25] die eine eigene Zukunft und eine eigene Vergangenheit schaffen,[26]

21 Kierkegaards bereits zitierter Gedanke, dass das Leben rückwärts erinnert wird, aber vorwärts gelebt werden muss (vgl. S. 9 f.) findet sich auch in Salman Rushdies Autobiographie *Joseph Anton* von 2012 prägnant formuliert, wenn Rushdie schreibt: »Life was lived forward but was judged in reverse« (Salman Rushdie, *Joseph Anton. A Memoir*, London: Jonathan Cape, 2012, 488).

22 David Ginnuttis hat im Rahmen seiner Studien zu Politiker-Autobiographien darauf hingewiesen, dass Entscheidensszenen den eher eintönigen, institutionell-bürokratisch geprägten politischen Alltag durch dramatisch ausagierte Szenen des Entscheidens unterbrechen und die literarische Darstellung auf diese Weise bereichern und aufwerten.

23 Vgl. Quante/Rojek, »Entscheidungen als Vollzug und im Bericht«, 47.

24 Vgl. Vogl, *Über das Zaudern*, 28.

25 Vgl. Stollberg-Rilinger, *Cultures of Decision Making*, 7.

26 »Das vielleicht auffallendste Merkmal von Entscheidungen ist: daß sie etwas Neues in die Geschichte einführen. Sie müssen zu diesem Zweck zwischen Vergangenheit und Zukunft unterscheiden und für die Zukunft eine Komponente vorsehen, die sich nicht aus der Vergangenheit (sondern aus der Entscheidung) ergibt. […] Was die Entscheidung zusätzlich anstrebt, ist die Konstruktion einer *eigenen* Zukunft (etwa eines Zweckes, den sie erreichen will) und einer *eigenen* Vergangenheit (nämlich ausgewählter Bedingungen, von denen sie ausgeht)« (Niklas Luhmann, »Disziplinierung durch Kontingenz. Zu einer Theorie des politischen Ent-

dann bieten autobiographische Entscheidensmomente, d. h. in Autobiographien erzählte Momente des Entscheidens, eine strukturell brisante
wechselseitige Erhellung von Entscheidens- und autobiographischem
Strukturmoment. In autobiographischen Momenten des Entscheidens, so
lautet die hier vorzutragende These, kommt die Strukturproblematik der
Autobiographie, die ihrerseits, wie mit Arnaud Schmitt gezeigt, eine Frage
des künstlerischen Entscheidens ist, in besonderer Weise zum Austrag.
Zugleich bietet die Autobiographie in ihrer spezifischen Verschränkung
der Zeitperspektiven Aufschluss über die Zeitverhältnisse des Entscheidens. Wie dargestellt, hat der Philosoph Hermann Lübbe das Moment des
Zeitdrucks als konstitutiv für Entscheidungen erachtet.[27] Das heißt, dass
mit der Entscheidenssituation ein gesteigertes Zeitbewusstsein einhergeht
und zwar durchaus im ›nach vorwärts‹ gerichteten Sinn, der einen zukünf-
tigen Ereigniszusammenhang reflektiert.

Eben das reflexive ›Sich‹ des Sich-Entscheidens, das sich autobiogra-
phiesystematisch als »a constant interaction between the[se] two I's«,[28]
zwischen dem erzählenden Ich und dem erzählten Ich, darstellt, erzeugt
ein Spannungsmoment. Dieses spezifische ›Momentum‹ ist, da strukturell
bedingt, schwer zu fassen, kann aber ganz im Sinne seiner wortgeschicht-
lichen Bedeutung in Situationen des Entscheidens den Ausschlag geben.
Dem Grimm'schen Wörterbuch entsprechend bedeutet ›Moment‹ »augenblick, zeitpunkt; bewegendes, entscheidendes«; als aus dem Lateinischen
entlehntes Neutrum hat der Ausdruck in der philosophischen sowie juristischen Sprache des 18. Jahrhunderts die »bedeutung des beweggrundes,
oder wesentlichen, ausschlag gebenden umstandes«.[29] Die letztere Bedeutung
spezifiziert der Duden folgendermaßen:

> »ausschlaggebender Umstand; Merkmal; Gesichtspunkt«: Das Sub-
> stantiv wurde im 17. Jh. aus lat. momentum in dessen Bedeutung »be-
> wegende Kraft, Ausschlag« entlehnt. Lat. momentum (<*movimentum)
> gehört zu dem lat. Verb movere »bewegen« (vgl. ↑mobil) und bedeutet
> also eigentlich »Bewegung«. Es wurde dann speziell im Sinne von
> »Übergewicht, das bei gleich schwebendem Waagebalken den Aus-

---

scheidens«, in: Differenz und Integration. Die Zukunft moderner Gesellschaften. Verhandlungen des 28. Kongresses der Deutschen Gesellschaft für Soziologie in Dresden
1996, hrsg. von Stefan Hradil und Karl-Siegbert Rehberg, Frankfurt a. M.: VS Verlag für Sozialwissenschaften, 1997, 1075–1987, 1080).

27 Vgl. S. 13.

28 Schmitt, Phenomenology of Autobiography, 141.

29 »Moment«, in: Deutsches Wörterbuch von Jacob und Wilhelm Grimm, Bd. 12:
L–Mythisch, München: dtv, 1999, 2482.

schlag in der Bewegung gibt« und »ausschlaggebender Augenblick« verwendet.[30]

Der *Kluge* hält fest: »eigentlich ›Bewegung, Dauer einer Bewegung‹ [...] [i]m Sinne von ›Bewegkraft, ausschlaggebende Kraft‹«[31] und führt in der Bestimmung »Dauer einer Bewegung« Zeit- und Kraftmoment zusammen. Der Genuswechsel (›der‹ Moment und ›das Moment‹) begründet sich aus der Übernahme aus dem frz. ›le moment‹ in der Bedeutung von ›Zeitpunkt‹. Das Übergewicht, das beim Wiegen den Ausschlag gibt, überschreibt die rein temporale Bedeutung von ›Moment‹ in einer für die vorliegende Untersuchung produktiven entscheidenstheoretischen Lesart. Richard Vieweg verweist mit dem Spruch »Erst wäg's, dann wag's!« auf den Zusammenhang von abwägendem Entscheiden und Handeln[32] und er hebt hervor, dass die älteste bekannte Form der Waage, die Balkenwaage, ein »lebendiges Modell des Menschen selbst mit seinem Sinn für ›Gleichgewicht‹«[33] sei (Abb. 1).

Der Vernünftige wägt Gutes und Böses sorgfältig ab, so gibt Chodowieckis Kupferstich zu verstehen. Dabei, und dies ist die dahinterstehende Botschaft des Pädagogen Basedow, denkt der vernünftige Mensch sowohl an sich als auch an die anderen Menschen, die hier nicht ohne Grund mit im Bild sind.[34] Man könnte den kraft seiner Vernunft Abwägenden hier als einen frühen Vertreter der Rational Choice-Theorie betrachten; das Bild macht dabei aber auch deutlich, dass die rationale Wahl nicht absolut operiert, sondern stets in ein soziales Normen- und Wertesystem eingebunden ist.

---

30 »Moment«, in: *Duden. Das Herkunftswörterbuch. Etymologie der deutschen Sprache*, hrsg. von der Dudenredaktion auf der Grundlage der neuen amtlichen Rechtschreibregeln, Duden Bd. 7, Mannheim/Leipzig/Wien/Zürich: Dudenverlag, ⁵2014, 570.

31 »Moment«, in: *Kluge. Etymologisches Wörterbuch der deutschen Sprache*, bearb. von Elmar Seebold, Berlin/Boston: de Gruyter, ²⁵2011, 631: »eigentlich ›Bewegung, Dauer einer Bewegung‹ [...] [i]m Sinne von ›Bewegkraft, ausschlaggebende Kraft‹«.

32 Vgl. Richard Vieweg, *Aus der Kulturgeschichte der Waage*, Balingen: Bizerba-Werke, 1966, 9.

33 Vieweg, *Aus der Kulturgeschichte der Waage*, 10. Zur Balkenwaage vgl. auch W[olfgang]. Trapp, »1. Von den Anfängen der Massebestimmung zur elektromechanischen Waage«, in: *Handbuch des Wägens*, hrsg. von Manfred Kochsiek, Braunschweig/Wiesbaden: Friedr. Vieweg & Sohn, ²1989, 1–38, 1 f.

34 Vgl. Johann Bernhard Basedow, *Elementarwerk*, mit den Kupfertafeln Chodowieckis u. a., Kritische Bearbeitung in drei Bänden, mit Einleitungen, Anmerkungen und Anhängen, mit ungedruckten Briefen, Porträts, Faksimiles und verschiedenen Registern hrsg. von Theodor Fritzsch, Hildesheim: Olms, 1972, Bd. 1, 154 f.

Abb. 1: Die Vernunft. c) Vorstellung der Weisheit an einem Manne,
welcher Gutes und Böses, sowohl in Ansehung seiner selbst,
als andere Menschen gegeneinander abwiegt, 1774.

Das ›Momentum‹ ist also bewegende Kraft.[35] Eine Balkenwaage wie
die oben abgebildete hat drei Lager: das Lager des Balkens und die beiden
Lager der Waagschalen. Die Waage ist im Gleichgewicht, wenn die Drehmomente von Balken und Waagschalen gleich sind. Liegen diese Drehmomente auf einer Geraden, sinkt die Waagschale, die schwerer beladen
wird, auf den tiefsten Punkt. Um dies zu verhindern, wird der Balken üb-
licherweise oberhalb seines Schwerpunkts gelagert, während die Lager der
Waagschalen tiefer angebracht werden. Dies hat zur Folge, dass, wenn
eine Waagschale beladen wird, sich der Hebelarm auf der schwereren Seite
verkürzt und auf der anderen Seite länger wird, bis die Drehmomente wieder ausgeglichen sind.[36] Streng genommen hat eine Balkenwaage also

35 Zu den physikalischen Grundlagen vgl. R. Balhorn, M. Kochsiek, »2. Grundlagen
der Massebstimmung«, in: *Handbuch des Wägens*, hrsg. von Kochsiek, 39–64, insbes. die Ausführungen zu Masse, Gewichtskraft und Wägewert, 39–41.
36 Vgl. »Balkenwaage«, https://de.wikipedia.org/wiki/Balkenwaage (20.01.2020).

mehrere Momente, deren Zusammenspiel die Funktionsfähigkeit der Waage herstellt. Aber doch ist es so, dass bei ungleichem Gewicht, ein Momentum im wörtlichen Sinn ›den Ausschlag gibt‹. Das Momentum könnte nun ein ausschlaggebendes Argument im Prozess des Entscheidens, ein Gefühlsmoment, aber auch eine sich einmischende andere Person sein. Nicht zufällig hat Luhmann das »integumentum« der Entscheidung als ein »unformulierbares *Moment*« bezeichnet, das als solches nicht beobachtbar ist, aber als »Moment der ›subjektiven‹ Willkür« die Entscheidung erst zur Entscheidung macht.[37] Entscheidenstheoretisch lässt sich das Momentum aber auch mit dem engführen, was Lübbe als ›Entschluss‹ beschreibt, eine »Kraft«, die zur Entscheidung fähig macht.[38] Auch Schütz/Luckmann beschreiben den Entschluss mittels einer Kraft- bzw. Gewichtsmetaphorik als »*letzte[n]* Anstoß zur Verwirklichung des Entwurfs«.[39] Auch wenn sie darauf hinweisen, dass »es im Bewerten von Gewichten, in der Entscheidung zwischen verschiedenen Möglichkeiten Zögerer gibt, […] [aber] auch ›willensschwache‹ und ›willensstarke‹ Menschen«,[40] kommt die Metaphorik des Gewichts zum Tragen. In Goethes autobiographischem Entscheiden spielt die zum Handeln drängende Entschluss-Kraft, wie zu zeigen sein wird, oft genug die ausschlaggebende Rolle.

Ist der zeitliche Moment also auch ein Kraftmoment und umgekehrt – wie es das gemeinsame Wort nahelegt? In der Tat neigt sich die Waagschale in genau dem Augenblick, in dem das Gewicht auf sie trifft. Und jener gegenwärtige Augenblick, der durch seine ›decisio‹, sein ›Abschneiden‹ im wörtlichen Sinn, einen ›Einschnitt‹ schafft, Vergangenheit und Zukunft trennt und dadurch allererst erzeugt, stellt in jedem Fall ein höchst labiles, aber zugleich kraftvoll-bewegtes temporales Gleichgewicht dar. Wenn Jupiter in Kleists *Amphitryon* von der »Goldwaage der Empfindung«[41] spricht, ist der Bereich der Gefühle angesprochen, und der Gedanke legt sich nahe, dass das bewegende Momentum in Entscheidenskonstellationen oftmals ein Gefühlsmoment ist. Die »Goldwaage der

---

37 Luhmann, »Die Paradoxie des Entscheidens«, 295 (Hervorhebung M. W.-E.); vgl. diese Studie S. 15.

38 Lübbe, »Zur Theorie der Entscheidung«, 128; vgl. S. 15.

39 Schütz/Luckmann, *Strukturen der Lebenswelt*, 514.

40 Ebd., 515.

41 Heinrich von Kleist, »Amphitryon«, in: ders., *Dramen 1802–1807*, unter Mitwirkung von Hans Rudolf Barth hrsg. von Ilse-Marie Barth und Hinrich C. Seeba, Frankfurt a. M.: Deutscher Klassiker Verlag, 1991, 377–461, 858–990, 428; vgl. dazu Honold, »Entscheide Du«, 528 f. Honold bedient sich in seiner Entscheidensanalyse von Kleists Erzählung »Der Zweikampf« seinerseits der Waage-Metaphorik (vgl. Honold, »Das Gottesurteil und sein Publikum«, 105).

Abb. 2: Kleine Balkenwaage, so genannte Samenwaage;
Messing, Schalen aus Horn; Süddeutschland, Erstes Drittel des 19. Jahrhunderts.

Empfindung« ist freilich ebenso eine sprachlich-metaphorisch vermittelte Anschauung wie etwa auch das sprichwörtliche ›Zünglein an der Waage‹, das ›den Ausschlag gibt‹ und von dem man geneigt ist zu denken, dass es wie ein reales Gewicht wirkt, d. h. die Waagschale senkt.[42] Tatsächlich aber ist das Zünglein an der Waage nur »eine Art kleine[r] Zeiger in der Mitte des Waagebalkens, der anzeigt, nach welcher Seite sich die Waage neigt.«[43] Zwischen Zeiger und Gewicht, übertragener und wörtlicher Bedeutung besteht also eine metonymische Relation, die Ursache und Wirkung vertauscht (Abb. 2).

In der im Grimm'schen Wörterbuch zitierten Beschreibung »ein wag hat zwo schüszlen, uff jeglicher seiten eine, und hat oben ein zünglin, das

---

42 In der theoretischen Begründung seines praxeologischen Autobiographieansatzes schreibt etwa Barta, dass »kein geringerer Begriff als *die Wahrheit* als Differential und Zünglein an der Waage in Anspruch genommen [werde], um zwischen realistischer Autobiografie und fiktionaler Literatur zu unterscheiden« (Dominik Barta, *Autobiografieren. Erkenntnistheoretische Analyse einer literarischen Tätigkeit*, Paderborn: Fink 2015, 18).

43 Vgl. »Zünglein: das Zünglein an der Waage sein«, in: *Duden Redewendungen. Wörterbuch der deutschen Idiomatik*, Duden Bd. 2, Berlin: Dudenverlag, ⁴2012, 884.

Abb. 3: Kairos mit Waage.

neigt sich stetz dem schweren teil nach« (Stieler 2655)[44] bleibt die Ursache-Wirkung-Relation in der Schwebe. Die Anzeigefunktion des Züngleins, das nicht das Momentum ist, sich aber als solches präsentiert, ist indessen im Hinblick auf die Frage der Erzählbarkeit entscheidender Augenblicke ganz offensichtlich konstitutiv, wenn man das Anzeigen als ein Darstellen, als Repräsentation, fasst.

Schon die ägyptische Kunst kennt das Motiv der Seelenwägung, das auch in der griechischen wie in der christlichen Kultur bekannt ist. Der Mensch, der am Ende seines Lebens gewogen und nicht als ›zu leicht befunden‹ wird, hat ein gelungenes Leben geführt[45] – ein Motiv, das im autobiographischen Reflexionszusammenhang seine Bedeutung entfaltet, geht es in der Autobiographie doch häufig auch um Lebensbilanzen, wobei auch das Wort ›Bilanz‹ der Semantik des Wiegens entstammt.[46] Dass Zeit und Ewigkeit eine große Waage bilden, »deren Schalen durch die Zeit mit ihrem Auf und Nieder repräsentiert werden, während die Ewigkeit

---

44 »Zünglein«, in: *Deutsches Wörterbuch von Jacob Grimm und Wilhelm Grimm*, 16. Bd.: Zobel-Zypressenzweig, München: dtv, 1984, 618–620, 619.

45 Vgl. Vieweg, *Aus der Kulturgeschichte der Waage*, 11 f.

46 Vgl. Daniel 5,27 sowie »Bilanz«, in: *Duden. Das Herkunftswörterbuch*, 169: »vergleichende Gegenüberstellung von Gewinn und Verlust«, Ende des 15. Jhdts aus dem it. ›bilancio‹ entlehnt; ›bilanciare‹ heißt »abwägen, abschätzen, im Gleichgewicht halten«; it. ›bilancia‹ ist die ›Waage‹, lat. ›bilanx‹ bedeutet »zwei Waagschalen habend«.

Abb. 4: Kairos, Gott des rechten Augenblicks.

Lagerung und Aufhängung darstellt, ohne die die Schalen nicht wirksam sein könnten«, war die Auffassung des französischen Philosophen Louis Claude Marquis de Saint Martin (1743–1803).[47] Auch in Eduard Mörikes Gedicht »Um Mitternacht« werden Zeit und Waage miteinander verbunden, wenn es heißt:

> Gelassen stieg die Nacht an's Land,
> Lehnt träumend an der Berge Wand;
> Ihr Auge sieht die goldne Wage nun
> Der Zeit in gleichen Schalen stille ruhn [...].[48]

Das Gleichgewicht der Waage stellt den Augenblick still, figuriert gleichsam Gegenwart. Nicht zuletzt wird das Pendel der Waage auch als Orakel für zu treffende Zukunftsentscheidungen verwendet.[49]

Dass die Waage zum Symbol der Justitia, der Gerechtigkeit, wird, deren Schwert für ihre Entscheidungsgewalt steht, vervollständigt das im

47 Vieweg, *Aus der Kulturgeschichte der Waage*, 66.
48 Eduard Mörike, »Um Mitternacht«, in: ders., *Werke und Briefe*, Historisch-kritische Gesamtausgabe im Auftrag des Ministeriums für Wissenschaft, Forschung und Kunst Baden-Württemberg und in Zusammenarbeit mit dem Schiller-Nationalmuseum Marbach a. N. hrsg. von Hubert Arbogast u. a., Bd. 1: *Gedichte*, Ausgabe von 1867, erster Teil: Text, hrsg. von Hans-Henrik Krummacher, Stuttgart: Klett-Cotta, 2003, 155; vgl. Vieweg, *Aus der Kulturgeschichte der Waage*, 44.
49 Vgl. Vieweg, *Aus der Kulturgeschichte der Waage*, 64.

kulturellen Archiv gespeicherte Bild.⁵⁰ Kairos, der Gott des rechten Augenblicks, der mit einer Waage in der Hand dargestellt wird, bringt den zeitlichen Moment und das Gewicht der Waage zusammen. »Die Waage ist Symbol der noch ungewissen Entscheidung, über die mit ihr befunden wird.«⁵¹ Wem es gelingt, Kairos am Schopfe zu packen, bringt in dieser Lesart die Waage zum Ausschlag (Abb. 3 und 4).

Herkules – ein Heldenleben

Auf dem Deckenfresko der Melker Klosterbibliothek, gemalt von Paul Troger, findet sich eine Allegorie der Gerechtigkeit, die mit Waage und Schwert ausgestattet ist (Abb. 5). Die Waage scheint geradezu am Schwert aufgehängt, das Schwert gleichsam das Zünglein an der Waage zu sein. Auf dem Fresko ist auch ein Herkules Christianus als Allegorie des Starkmuts zu sehen. Sein tugendhaftes Erscheinungsbild ist im mythischen Narrativ von Herakles am Scheideweg vorgebildet und in Bildender Kunst, Literatur und Musik vielfach dargestellt und verarbeitet worden (Abb. 6).⁵²

Die Ursprungslegende findet sich in den *Memorabilien* des Xenophon. Dort erzählt Sokrates einem jungen Mann namens Aristippos eine Geschichte des Prodikos, die selbst nicht erhalten ist. Dieser Erzählung zufolge sei Herakles als junger Mann in die Einsamkeit gegangen, um sich zu überlegen, was für ein Leben er zu führen gedenke. Da seien ihm zwei Frauen erschienen, von denen die eine schön und edel, rein, sittsam und schamhaft anzusehen gewesen sei, die andere hingegen üppig, geschminkt und von aufreizender Haltung. Die Begegnung wird szenisch ausgestaltet: Die beiden Damen, Personifikationen der Tugend, Ἀρετή, und der Lasterhaftigkeit, Κακία, versuchen, den Jüngling für sich zu gewinnen, indem

---

50 Vieweg verweist darauf, dass in einem Glasfenster der Universität La Laguna auf Teneriffa, das die Symbole der Rechtswissenschaft zeigt, gar das Schwert zum Zünglein an der Waage wird; vgl. Vieweg, *Aus der Kulturgeschichte der Waage*, 24 f.

51 Vieweg, *Aus der Kulturgeschichte der Waage*, 13.

52 Vgl. Panofsky, *Hercules am Scheidewege*; Wagner-Egelhaaf, »Herakles – (k)ein Entscheider«. Frau Brigitte Kobler-Pimiskern (Stiftsbibliothek Melk) bin ich zu großem Dank für die Bereitstellung unterschiedlicher reproduktionsfähiger Aufnahmen des Deckenfreskos verpflichtet.

*Abb. 5: Deckenfresko von Paul Troger
aus der Stiftsbibliothek des Klosters Melk, 1731/32.*

*Abb. 6: Annibale Carracci,
Herkules am Scheideweg, 1596.*

sie ihre jeweiligen Vorzüge anpreisen.[53] Κακία verspricht dem jungen Mann Glückseligkeit und Genuss, Ἀρετή präsentiert ihm eher ein Pflichttugendprogramm: Es gäbe nichts ohne Mühe und Anstrengung, man müsse Gutes tun, dem Staat dienen, arbeiten und etwas lernen. Es kommt zu einem höchst dramatischen Wettstreit zwischen Tugend und Laster. Umso erstaunlicher ist es dann, dass Herakles sich völlig sang- und klanglos entscheidet. Das heißt, man erfährt überhaupt nichts von einem eventuellen Entscheidungskampf seinerseits, einem Abwägen oder Räsonnieren. Plötzlich hat er sich bereits entschieden. Es wird noch nicht einmal mitgeteilt, *dass* er sich entschieden hat. Der Moment des Entscheidens ist also ausgespart. Herakles hat sich gleichsam immer schon entschieden – vielleicht, weil er sich als tugendhafter Held gar nicht anders entscheiden kann als für die Tugend.[54] Der Disput zwischen Κακία und Ἀρετή endet einigermaßen abrupt mit den an Herakles gerichteten Worten von Ἀρετή: »Wenn du, Herakles, Sohn rechtschaffener Eltern, dich solchen Mühen unterzogen hast [den von ihr zuvor dargestellten], dann ist es dir möglich, die vollkommene Glückseligkeit zu gewinnen.«[55] Dann bricht die Erzählung ab und Sokrates wendet sich wieder an seinen Schüler Aristippos:

> So etwa schildert Prodikos die Belehrung des Herakles durch die Tugend; allerdings schmückte er seine Gedanken mit noch prächtigeren Worten aus als ich jetzt. Für dich aber, Aristippos, ist es nun wünschenswert, dies zu beherzigen und zu versuchen, auch für die Zukunft deines Lebens zu sorgen.[56]

Sokrates verwendet das Narrativ von Herakles am Scheideweg als Exempel, d.h. als Muster zur Nachahmung für einen jungen Mann.[57] Als solches ist die Wahl des Lebenswegs tatsächlich in die autobiographische Topik eingewandert. So setzt beispielsweise die Autobiographie Karls IV., die *Vita Caroli Quarti* aus der ersten Hälfte des 14. Jahrhunderts, mit einer christlich überformten Reflexion über das tugendhafte und das lasterhafte Leben ein und suggeriert damit, dass man sich im Leben grundsätzlich zu entscheiden habe, welchen Lebensweg man wählt. Das erste Kapitel der *Vita Caroli Quarti* beginnt folgendermaßen:

53 Vgl. Xenophon, *Erinnerungen an Sokrates*, Griechisch-deutsch hrsg. von Peter Jaerisch, München: Artemis, 1987, 91 (II 1, 21 f.).

54 Andrea Harbach, *Die Wahl des Lebens in der antiken Literatur*, Heidelberg: Winter, 2010, 114 vermutet, dass die Entscheidung selbst ausgespart sei, um das Publikum zu aktivieren und als Schiedsrichter interferieren zu lassen.

55 Xenophon, *Erinnerungen an Sokrates*, II, 1, 33, 90.

56 Ebd.

57 Vgl. J. Klein, »Exemplum«, in: *Historisches Wörterbuch der Rhetorik*, hrsg. von Gerd Ueding, Bd. 3: Eup – Hör, Tübingen: Niemeyer, 1996, 60–70.

[Ich widme dieses Werk] den Nachfolgern, die auf meinen zwei Thronen sitzen, damit sie die beiden Formen irdischen Lebens erkennen und die bessere wählen.

Wenn wir im Gleichnis den Doppelsinn wahrnehmen, werden uns die beiden Formen des Lebens bewußt. Wie ein Gesicht, das sich im Spiegel sieht, eitel und nichtig ist, so ist auch das Leben des Sünders nichtig. Deshalb sagt Johannes im Evangelium: »Und ohne Ihn ist das Geschaffene ein Nichts.« Wie aber ist ein Geschaffenes als Werk des Sünders ein Nichts, da dieser doch etwas hervorgebracht hat? – Er hat zwar Sünde hervorgebracht, aber nicht ein Werk. Den Begriff opus (Werk) leitet man zwar von optatio (Verlangen) ab, doch der Sünder begehrt ständig Genüsse und wird durch sie befleckt. Er betrügt sich selbst in seiner Begehrlichkeit, weil er Vergängliches begehrt, das zu Nichts zerfällt. Und so sinkt sein Leben mit ihm ins Grab, weil seine Begierden aufhören, wenn das Leibliche erlischt. Von dem zweiten Leben aber sagt Johannes: »Was in Ihm geschaffen, war das Leben, und das Leben war das Licht der Menschen.« Wie wir in Ihm das Leben gestalten sollen, daß es unser Licht ist, lehrt uns der Erlöser: »Wer mein Fleisch ißt und mein Blut trinkt, der bleibt in mir und ich in ihm.« Die von solcher geistigen Speise leben, bleiben in Ewigkeit.[58]

Die Wegstruktur,[59] die in der *Vita Caroli Quarti* in den Hintergrund tritt, zeigt sich umso deutlicher in dem bekannten pietistischen Erbauungsbild vom breiten und vom schmalen Weg (Abb. 7), in dem der breite Weg sehr bevölkert ist und in ein brennendes Inferno führt, während der schmale Weg, der im Bild auf der rechten Seite kaum zu erkennen ist, in einem strahlenden himmlischen Jerusalem endet.

In der Theoriebildung der Autobiographie stellt der mythische Held Herakles noch eine andere Referenz dar. Stefan Goldmann hat darauf

---

58 Vgl. *Vita Caroli Quarti. Die Autobiographie Karls IV.* Einführung, Übersetzung und Kommentar von Eugen Hillenbrand, Stuttgart: Fleischhauer & Spohn, 1979, 67–73, 67/69.

59 Zur Wegstruktur und -metaphorik in der Autobiographie vgl. Kerstin Wilhelms, *My Way. Der Chronotopos des Lebenswegs in der Autobiographie (Moritz, Fontane, Dürrenmatt und Facebook)*, Heidelberg: Winter, 2017. In Bezug auf das Narrativ von Buridans Esel kritisiert Ortmann die Vorstellung, dass dem Entscheider die Alternativen gegeben seien, »wie die zwei Bündel Heu vor Buridans Esel« (Ortmann, »Eine Phänomenologie des Entscheidens«, 134). Handlungsentwürfe seien mitnichten gegeben, sondern müssten vom Entscheider erst geschaffen werden und tauchen nicht gleichzeitig, sondern nur nacheinander in dessen Bewusstseinsfeld auf (vgl. ebd., 135). Dieser Einwand trifft natürlich auch das Zwei-Wege-Bild des Herakles.

hingewiesen, dass sich die Topik der Autobiographie von der antiken Personentopik herschreibt – und dem Modell der Taten des Herakles folgt. Die rhetorischen Topoi der Personendarstellung lassen sich etwa noch in Friedrich Andreas Hallbauers *Anweisung zur verbesserten Teutschen Oratorie* aus dem Jahr 1725 lesen, wo es heißt:

> Man beschreibet eine *Person, wenn man redet von ihren Namen, Geschlecht, Vaterlande, Auferziehung, Gaben des Gemüths, Leibes und Glückes, Verrichtungen* und *Thaten, Eigenschaften, Ort* und *Zeit, wo* und *wenn sie gelebet, Lebens=Art, Alter, Tod, Begräbniß, u. d.g.* Man muß eben nicht alles bey einer Person anbringen, es sey denn in Lebensläuffen.[60]

Das heißt, wer einen Lebenslauf schildert, muss auf die genannten Stationen eingehen. Goldmann führt dazu weiter aus:

> Wenn dem Autobiographen auch der gesamte Motivschatz der antiken Mythologie zur Disposition steht, so halte ich jedoch die Herakles-Mythologie, wie sie von Theokrit und Diodor überliefert wurde, für die eigentliche Matrix autobiographischer Kindheitsbeschreibung und heroischer Selbstdarstellung. Schon Theokrits Idyll vom kleinen Herakles enthält das rhetorisch vermittelte biographische Schema, das den Namen der Eltern, die herausragenden Kindertaten mit den an sie geknüpften Prophezeiungen, die Aufzählung der Lehrer und Erzieher mitsamt den auftauchenden Konflikten, aber auch die Erwähnung der eingehaltenen Diät verlangt, und später auch von Autobiographen in direkter Anspielung auf ihr eigenes Leben appliziert und wiedererzählt wird.[61]

In den Kindheitserinnerungen neuzeitlicher Autobiographen nimmt Goldmann ein Nachleben der antiken Mythologie des Kulturheros wahr.[62] Herakles ist nur einer dieser heroischen Kämpfer- und Erlöserfiguren der Kultur. Odysseus und Jesus Christus sind weitere Beispiele, deren Auftreten und Wirken Kultur schaffen. In der autobiographischen Erinnerungsarbeit, so argumentiert Goldmann, wird das Muster der von

60 Friedrich Andreas Hallbauer, *Anweisung zur verbesserten Teutschen Oratorie*, Jena 1725 (Nachdruck Kronberg 1974), 299.
61 Goldmann, »Topos und Erinnerung«, 670 f.; vgl. dazu auch Martina Wagner-Egelhaaf, *Autobiographieforschung. Alte Fragen – neue Perspektiven*, Nordrhein-Westfälische Akademie der Wissenschaften und der Künste, Geisteswissenschaften Vorträge G 452, Paderborn: Ferdinand Schöningh, 2017, 20 f.
62 Vgl. Stefan Goldmann, *Christoph Wilhelm Hufeland im Goethekreis. Eine psychoanalytische Studie zur Autobiographie und ihrer Topik*, Stuttgart: Metzler, 1993, 15.

Abb. 7: Der breite und der schmale Weg.
Bild nach Charlotte Reihlen, Ausführung Paul Beckmann, Original 1866.

den Kulturheroen vollbrachten Taten dem eigenen Wirken des Autobiographen unterlegt.

Was Herakles anbelangt, wird von Goldmann ein anderes mythisches Narrativ aufgerufen als das des am Scheideweg Zaudernden[63] und sich für

---

63 Zum Zaudern als einem reflexiven Innehalten und Einspruch gegen den dezisionistischen Kurzschluss vgl. Vogl, *Über das Zaudern*, 110: »Es mag souverän sein, wer die Unterscheidung aller Unterscheidungen trifft und etwa über den Ausnahmezustand entscheidet; das Zaudern aber, das aktive Innehalten zwischen Entscheidung und Nicht-Entscheidung hält eine Erinnerung daran fest, dass Evolutionen und komplexe Systeme selbst höchst unwahrscheinlich sind: Wie wäre es, wenn man die Folgen von Handlungen und die Folgen von Handlungsfolgen in diesen einzigen Augenblick zurücknehmen und aufwickeln würde?«

die Tugend Entscheidenden, das Narrativ der Arbeiten oder der Taten des Herakles. Herakles, der Sohn des Zeus und der Alkmene, sollte nach dem Willen seines Göttervaters Zeus als erstgeborener Enkel des Perseus der Beherrscher aller anderen Perseus-Nachkommen werden. Doch Zeus' Gattin Hera veranlasste aus Eifersucht, dass Eurystheus, der ebenfalls ein Enkel von Perseus war, *vor* Herakles das Licht der Welt erblickte. Daher wurde Eurystheus König von Mykene und Herakles musste sich in seinen Dienst beugen. Eurystheus erlegte Herakles zwölf Arbeiten auf, den berühmten Dodekathlos. Wie bei Theokrit und Diodor nachzulesen, war Herakles bereits in den Windeln übermäßig stark und erwürgte zwei Schlangen mit bloßen Händen. Gleichermaßen bravourös erledigte er auch später die ihm von Eurystheus aufgetragenen Taten: das Erlegen des nemeischen Löwen, die Tötung der Hydra, das Fangen der Hirschkuh Kerynitis, die Auslieferung des erymantischen Ebers, das Ausmisten des Augiasstalls, die Vertreibung der Stymphaliden, die Bändigung des minoischen Stiers, das Einfangen der diomedischen Stuten, den Raub von Hyppolitas, der Amazone, Wehrgehenk, das Herbeischaffen der Rinder des Riesen Geryones, der Erwerb der goldenen Äpfel der Hesperiden und schließlich die Entführung des Cerberus aus der Unterwelt. Mit dem Zauderer am Scheideweg scheint dieser Herakles nicht viel gemein zu haben – er ist ein Mann der Tat, der ohne zu zögern zuschlägt.

Die Zusammenschau der beiden Mythenstränge wirft die Frage nach dem Verhältnis von Entscheiden und Handeln auf, das auch in der Theorie des Entscheidens diskutiert wird. Geht dem Handeln notwendigerweise eine Entscheidung voraus? Und ist Entscheiden eine Form von Handeln?[64] Andrea Harbach sieht in der Lebenswahl-Geschichte des Helden das *Aition*, d. h. die Ursache seines späteren Gelingens oder Verderbens.[65] Das würde bedeuten, dass Herakles, weil er sich als junger Mann für die Tugend entschieden hat, auch in der Lage ist, seine späteren Taten so pflichtgetreu und erfolgreich zu bewältigen. Auch Gustav Schwab fügt in den *Schönsten Sagen des klassischen Altertums* die einzelnen Erzählungen des Herakles-Mythos zu einer kohärenten biographischen Erzählung zusammen. Der Hybridcharakter des biographischen Narrativs kommt dabei lediglich noch in der Überschrift, die Schwab dem vierten Buch des

---

64 Schimank, *Entscheidungsgesellschaft*, 41 spricht von »Entscheidungshandeln« und sieht Entscheidungen »als eine besonders leistungsfähige Form des Handelns«. Entscheidung heißt »Selektion einer Handlungsalternative« (42); als nicht entscheidungsförmig gilt »unbewusstes, mechanisches, reflexhaftes Handeln« (45). Entsprechend sind »Routinen« »fertige Handlungsprogramme«, »die den Handelnden von zeitaufwendiger Reflexionsarbeit entlasten« (47).

65 Vgl. Harbach, *Die Wahl des Lebens*, 5.

ersten Teils seiner Sammlung gibt, »Aus der Heraklessage«, zur Darstellung.[66] Schon am Ende des ersten Abschnitts, der dem Neugeborenen Herakles gewidmet ist, steht die das Leben des Helden als geschlossenes Narrativ vorwegnehmende Prophezeiung des Teiresias:

> Dieser weissagte dem König, der Königin und allen Anwesenden den Lebenslauf des Knaben, wie viele Ungeheuer auf Erden, wie viele Ungetüme des Meeres er hinwegräumen, wie er mit den Giganten selbst im Kampfe zusammenstoßen und sie besiegen werde und wie ihn am Ende seines mühevollen Erdenlebens das ewige Leben bei den Göttern und Hebe, die ewige Jugend, als himmlische Gemahlin erwarte.[67]

Wenn im Folgenden der ›Lebensweg‹ des Helden am Leitfaden der Erzählung von Schwab nachvollzogen wird, geschieht dies gerade wegen der aus dem Geist der ersten Hälfte des 19. Jahrhunderts erfolgten mythographischen Rekonstruktion. Schwabs ›Zähmung‹ und Begradigung des Mythos ist ein anschauliches Zeugnis für die bildungsbürgerliche Aneignung von mythischem Wissen.[68] Auch bei Schwab erfährt man nichts über eine innere Motivation Herakles', sich für die Tugend zu entscheiden. Nach einem langen abschließenden Redepart der Tugend, der an Deutlichkeit nichts zu wünschen übrig lässt und die verführerischen Argumente ihrer Vorrednerin herabsetzt, heißt es lapidar: »Er war entschlossen, den Weg

---

66 Vgl. Gustav Schwab, »Erster Teil. Viertes Buch: Aus der Heraklessage«, in: ders., *Die schönsten Sagen des klassischen Altertums*, Gesamtausgabe in drei Teilen, Stuttgart: Reclam, 1986, 169–223.

67 Ebd., 170.

68 Kurt Oesterle weist darauf hin, dass das Buch für Kinder, Jugendliche und Frauen geschrieben, aber auch von Erwachsenen rezipiert wurde. Und »gerade wer sie in frühen Jahren schätzen lernte, dürfte ihnen auch im fortgeschrittenen Alter treu geblieben sein« (Kurt Oesterle, »Der Mythos läßt sich nicht zähmen. Gustav Schwabs ›Sagen des klassischen Altertums‹: ein schwäbischer Beitrag zur deutschen Bildungsgeschichte«, in: ders., *Heimatsplitter im Weltgebäude. Essays zur deutschen Literatur 1992–2017*, o.O., o.J., http://www.kurt-oesterle.de/pdf/Kurt_Oesterle-Heimatsplitter_im_Weltgebaeude.pdf, 68–73, 68 (2.1.2020)). Oesterle bietet seinerseits ein Exempel biographischer Aneignung, wenn er Schwab selbst mit Herakles vergleicht: »Wenn ein Satz aus dem Textmeer des von ihm nacherzählten Antikenschatzes auf Schwab selbst zutrifft, dann vielleicht dieser: ›„Retten muß ich", sprach er zu sich selbst.‹ Herakles sagt das, der umtriebige Held, der sich am Ende durch seine vielen Rettungsaufgaben selbst zermürbt hat. Herakles-Aufgaben in der Zeitenwende des Vormärz mutete auch Gustav Schwab sich zu. Er soll ein wahrer Arbeitsheros gewesen sein, immer ruhelos und ohne Rücksicht gegen sich selbst« (ebd.).

der Tugend zu gehen.«[69] Aber doch weist der Lebensgang des strahlenden Helden auch dunkle bzw. blinde Flecken auf: Seinen Lehrer Linos, der ihn die Buchstabenschrift lehrt, tötet Herakles im Affekt, indem er ihm seine Zither an den Kopf wirft, weil Linos seinen Schüler »mit ungerechten Schlägen«[70] zurechtgewiesen hat. Herakles' überirdische Kraft geht gelegentlich mit ihm durch und der Kopf scheint nicht hinterher zu kommen. Im von Hera geschickten Wahnsinn bringt Herakles seine eigenen Kinder um, die ihm seine Gemahlin Megara geboren hat; und ebenfalls im Wahnsinn tötet er seinen Freund Iphitos.[71] Dass Herakles gelegentlich nicht ganz bei sich ist, lässt ihn als jemanden erscheinen, der sich und sein Leben trotz seiner ungewöhnlichen Gaben nicht vollständig im Griff hat. Herakles ist – auf's Ganze gesehen – kein souveräner Entscheider seiner selbst.[72] Irritation erzeugt nicht zuletzt die Episode, in der Herakles im Dienst der Omphale die »Lehren« vergisst, »die ihm die Tugend am Scheidewege seines Tugendlebens gegeben« hat, und »in weibische Wollust« versinkt.[73] Doch ermächtigt er sich wieder:

> Endlich, als seine Dienstjahre bei Omphale vorüber waren, erwachte Herakles aus seiner Verblendung. Mit Abscheu schüttelte er die Weiberkleider ab, und es kostete ihn nur das Wollen eines Augenblicks, so war er wieder der krafterfüllte Zeussohn, voll von Heldenentschlüssen. Der Freiheit zurückgegeben, beschloß er, zuallererst an seinen Feinden Rache zu nehmen.[74]

Hier liegt zweifelsohne ein Momentum des Herakles'schen Lebenslaufs vor: Der Augenblick wird zum Moment heroischer Entscheidungsfreiheit – ohne dass man auch hier wüsste, wie es zugegangen ist. Herakles' Ende ist so schmählich wie heldengemäß, stirbt er doch durch eine List. Der Kentaur Nessos belügt Deïaneira, Herakles' Frau, indem er behauptet, dass ihr Gatte ihr stets treu sein werde, wenn sie sein Unterkleid mit seinem, Nessos', Blut färbe. Stattdessen findet Herakles durch das von der

69 Schwab, »Aus der Heraklessage«, 174.

70 Ebd., 171.

71 Vgl. ebd., 180, 223.

72 Dass er dieses Schicksal mit anderen ›Helden‹ teilt, zeigt eindrücklich die Dissertation von Carolin Rocks, *Heldentaten. Heldenträume. Zur Analytik des Politischen im Drama um 1800 (Goethe – Schiller – Kleist)*, Berlin/Boston: de Gruyter, 2020.

73 Schwab, »Aus der Heraklessage«, 209. Vgl. dazu Dorothee Kimmich, »Herakles. Heldenposen und Narrenpossen. Stationen eines Männermythos«, in: *Wann ist der Mann ein Mann? Zur Geschichte der Männlichkeit*, hrsg. von Walter Erhart und Britta Herrmann, Stuttgart: Metzler 1997, 173–191.

74 Schwab, »Aus der Heraklessage«, 210.

Sich entscheiden. Autobiographie

eifersüchtigen Deïaneira mit dem Gift des Nessosbluts gefärbte Gewand den qualvollen Tod. Allerdings ermächtigt sich Herakles auch hier wieder, indem er die Regie seines Abgangs in die eigene Hand nimmt. Es

> ward auf seinen Befehl ein Scheiterhaufen errichtet; darauf nahm der kranke Held seinen Platz. Und nun befahl er den Seinigen, den Holz-stoß von unten anzuzünden. Aber niemand wollte ihm den traurigen Liebesdienst erweisen. Endlich entschloß sich, auf die eindringliche Bitte des vor Schmerzen bis zur Verzweiflung gequälten Helden, sein Freund Philoktetes, seinen Willen zu tun. Zum Dank für diese Bereit-willigkeit reichte Herakles ihm seine unüberwindlichen Pfeile, nebst dem siegreichen Bogen. Sobald der Scheiterhaufen angezündet war, schlugen Blitze vom Himmel darein und beschleunigten die Flammen. Da senkte sich eine Wolke herab auf den Holzstoß und trug den Un-sterblichen unter Donnerschlägen zum Olymp empor.[75]

Dass diese letzte Lebensentscheidung sowohl einen Willensakt darstellt als auch nur durch die Mitwirkung wohlgesinnter Anderer realisiert werden kann, verweist zum einen auf die soziale Geltung des heroischen Ent-scheidens, verbildlicht zum anderen aber auch den Akt des Entscheidens als eines Zusammenspiels von Aktivität und Passivität oder vielmehr als Suspension dieser Dichotomie. Das Heldenleben hat sich vollendet, die Prophezeiung des Teiresias erfüllt. Hera versöhnt sich im Olymp mit Herakles und gibt ihm ihre Tochter Hebe, die Göttin der ewigen Jugend, zur Frau, »und diese gebar ihm droben im Olymp unsterbliche Kinder.«[76]

75 Ebd., 222; vgl. 216.
76 Ebd., 223.

Sich / Für sich entscheiden. Goethe

Auch Goethe hat sich Herakles angeeignet und ihn in Dienst genommen. Mit seiner Farce »Götter Helden und Wieland« aus dem Jahr 1773 reagierte er auf Christoph Martin Wielands »lyrisches Drama« mit dem Titel *Die Wahl des Herkules* aus demselben Jahr, in dem sich der Titelheld ganz vorschriftsgemäß nach einem sich hinziehenden Entscheidungskampf für die Tugend entscheidet.[1] Dieser Herkules erschien Goethe allzu bieder-rokokohaft und er schickt in seiner Posse »*Götter, Helden und Wieland*« nun Herkules als Stürmer und Dränger ins Feld. Goethes Herkules verweigert sich dem Entscheidungsdilemma.[2] An Wieland, der in der Farce als Figur auftritt, richtet er die folgenden Worte:

Dadurch wird eben alles so halb bei euch daß ihr euch Tugend und Laster als zwei Extrema vorstellt zwischen denen ihr schwankt. Anstatt euern Mittelzustand als den positiven anzusehn und den besten, wies eure Bauern und Knechte und Mägde noch tun.
[…]
Will dir das nicht in Kopf. Aber des Prodikos Herkules, das ist dein Mann. Eines Schulmeisters Herkules. Ein unbärtiger Sylvio[3] am

---

1 Vgl. Christoph Martin Wieland, »Die Wahl des Herkules. Ein lyrisches Drama. In Musik gesetzt von Anton Schweitzer und am 17ten Geburtstage des damahligen Herrn Erbprinzen von Sachsen-Weimar und Eisenach auf dem Hoftheater zu Weimar im Jahre 1773 aufgeführt«, in: ders., *Sämmtliche Werke*, hrsg. von der Hamburger Stiftung zur Förderung von Wissenschaft und Kultur in Zusammenarbeit mit dem »Wieland Archiv«, Biberach / Riß, und Dr. Hans Radspieler, Neu-Ulm, VIII, Bd. 26: *Singspiele und Abhandlungen*, Hamburg: Greno, 1984, 155–186.

2 Dafür, dass sich Herakles auch einmal anders entscheidet, nämlich für das Laster, gibt es freilich parodistische Vorbilder, vgl. Harbach, *Die Wahl des Lebens*, 38. Zur Frage, ob die Nichtentscheidung auch eine Entscheidung ist, vgl. Eva Geulen, »Plädoyer für Entscheidungsverweigerung«, in: *Urteilen / Entscheiden*, hrsg. von Cornelia Vismann und Thomas Weitin, München: Fink, 2006, 51–55.

3 Dies ist eine Anspielung auf Wielands 1764 erschienenen satirischen, stilistisch dem Rokoko verhafteten Roman *Der Sieg der Natur über die Schwärmerey, oder die Abentheuer des Don Sylvio von Rosalva. Eine Geschichte worinn alles Wunderbare natürlich zugeht.*

Scheideweg. Wären mir die Weiber begegnet [gemeint sind Kakia und Arete], siehst du eine unter den Arm, eine unter den, und alle beide hätten mit fortgemußt.[4]

Da ist er wieder: Der Herkules der Tat und eben gerade nicht der reflektierende Entscheider. Indem sich Goethes Herkules kurz entschlossen beide Frauen schnappt, lässt er sich auf die Entscheidenssituation, d. h. den Zwang, sich entscheiden zu müssen, erst gar nicht ein. Entscheidenstheoretisch gesehen stellt er die Rahmung der Situation am Scheideweg als Entscheiden in Frage und setzt sie außer Kraft.[5]

Wie lässt sich nun Goethes Autobiographie vor diesem herkuleischen Hintergrund lesen? Zweifellos ist *Dichtung und Wahrheit* ein wirkmächtiges Paradigma, wenn nicht gar ein Modell der Autobiographieforschung. Es sei an dieser Stelle nur an Wilhelm Diltheys Ausführungen in seiner Schrift *Der Aufbau der geschichtlichen Welt in den Geisteswissenschaften* erinnert, der Augustinus, Rousseau und Goethe als die Marksteine der abendländischen Autobiographik präsentiert und zu Goethes *Dichtung und Wahrheit* mit zeittypischem geistesgeschichtlichen Pathos schreibt:

In Dichtung und Wahrheit verhält sich ein Mensch universalhistorisch zu seiner eigenen Existenz. Er sieht sich durchaus im Zusammenhang mit der literarischen Bewegung seiner Epoche. Er hat das ruhige, stolze Gefühl seiner Stellung in derselben. So ist dem Greis, der zurückschaut, jeder Moment seiner Existenz in doppeltem Sinn bedeutend: als genossene Lebensfülle und als in den Zusammenhang des Lebens hineinwirkende Kraft. Er fühlt jede Gegenwart, die in Leipzig, in Straßburg, in Frankfurt als erfüllt und bestimmt von Vergangenem, als sich ausstreckend zur Gestaltung der Zukunft – das heißt aber als Entwicklung. Hier blicken wir nun tiefer in die Relationen, die zwischen den Kategorien als Werkzeugen von Lebenserfassung bestehen. Der Sinn des Lebens liegt in der Gestaltung, in der Entwicklung; von hier aus bestimmt sich die Bedeutung der Lebensmomente auf eine eigene Weise; sie ist zugleich erlebter Eigenwert des Momentes und dessen wirkende Kraft.[6]

Dreimal ist in dieser kurzen Passage die Rede vom ›Moment‹, davon einmal in der Form des ›Lebensmoments‹. Dass er »in doppeltem Sinn be-

4 FA 4, 425–437, 436; vgl. 435.
5 Zur Bedeutung seiner Herkules-Dichtung für Goethes beruflichen Weg vgl. die ausführlichere Behandlung des Zusammenhangs unten S. 164–168 »Der neue Herkules«.
6 Wilhelm Dilthey, *Der Aufbau der geschichtlichen Welt in den Geisteswissenschaften*, Einleitung von Manfred Riedel, Frankfurt a. M.: Suhrkamp, 1970, 245 f.

deutend« ist, »als genossene Lebensfülle und als in den Zusammenhang des Lebens hineinwirkende Kraft«, reflektiert die oben besprochene Doppelperspektive der Autobiographie, die in jedem beschriebenen Moment als Augenblick den autobiographischen Erzähler und die autobiographische Figur zusammentreffen lässt. Es ist die Figur, die im Rückblick des Greises für »die genossene Lebensfülle« steht, während es die Aufgabe des greisen Erzählers ist, den Zusammenhang des Lebens herzustellen. Die Figur erlebt den Moment als zeitlichen Augenblick, während für den Erzähler der Moment eine Kraft ist, die in den Zusammenhang des Lebens hineinwirkt und diesen somit ins Werk setzt. Hier kommen also beide beschriebenen Bedeutungen des Moments zusammen, *der* Moment als Augenblick und *das* Moment als bewegende Kraft.[7] Der Gedanke wird im letzten Satz der zitierten Passage nochmals wiederholt und als »Bedeutung der Lebensmomente« bekräftigt: »erlebter Eigenwert des Momentes und dessen wirkende Kraft«.

Wie Dilthey ausführt, präsentiert Goethes Autobiographie *Aus meinem Leben. Dichtung und Wahrheit* ein sich seiner selbst bewusstes autobiographisches Ich, das seinen Weg gegangen ist und der Nachwelt ein bestimmtes Bild von sich vermittelt. Die folgenden Kapitel gehen der Frage nach, welche Rolle in dieser Selbstdarstellung Entscheidungen spielen, wie sie dargestellt werden und vor allem, wie das *Entscheiden* erfolgt. Dabei fällt zunächst auf, dass gar nicht so sehr viel von ›Entscheidung‹ und ›Entscheiden‹ die Rede ist. Sehr viel häufiger fällt die Vokabel ›Entschluss‹. Dass der ›Entschluss‹ der zur Tat drängende Teil des Entscheidensgeschehens ist, wurde mit Lübbe und Schütz bereits dargestellt. Im Entschluss kulminiert die Entscheidung. Allerdings besteht die Entscheidung nicht nur aus Entschluss; der Entschluss hat ein Umfeld, das es, gerade wenn es nicht explizit als Entscheiden markiert ist, zu rekonstruieren gilt. Ausgehend vom Entschluss werden im Folgenden also die Textumgebungen in den Blick genommen, um die Entscheidenskonstellationen und die mit ihnen verbundenen Textbewegungen zu erfassen. Es wird zu zeigen sein, dass im Entschluss die bewegende Kraft des Momentum wirksam wird und einen lebensgeschichtlichen Augenblick bezeichnet, der aus der Spannung von Erzähler und Figur seine autobiographische Bedeutsamkeit erhält. In bemerkenswerter Frequenz greift der autobiographische Erzähler zum Adjektiv ›entschieden‹, das eine rhetorische Funktion hat, indem es Aussagen verstärkt und mit Nachdruck versieht. Ein Straßburger Bekannter von Goethe, der Freiherr von Cronhjelm, zeigt beispielsweise »eine entschiedne Lust, ja Leidenschaft zum Nachdenken, ohne zum Denken ge-

---

7 Vgl. oben S. 29–36.

schickt zu sein« (*DuW* 412). Klopstock werden »entschiedene[] Eigenschaften« (*DuW* 436) und ›entscheidendes Sprechen‹ (vgl. *DuW* 435) attestiert, auch Klinger ist »ein unverkennbar entschiedener Charakter« und
hat »[e]ntschiedene natürliche Anlagen« (*DuW* 657). Zwischen Lenz und
Klinger besteht »ein entschiedener Gegensatz« (*DuW* 656).[8] Was auf diese
Weise in Form einer toten Metapher als ›entschieden‹ präsentiert wird, ist
unzweifelhaft und nicht verhandelbar. Wo etwas ›entschieden‹ ist, braucht
und kann nicht mehr entschieden werden. Paradoxerweise schließt das
Attribut ›entschieden‹ Entscheiden aus. Wo es freilich mit ironischem Unterton zum Einsatz kommt, wird gleichwohl Verhandelbarkeit bzw. die
mögliche Revision des entschiedenen Urteils signalisiert. Jedenfalls in-
stalliert die Zeichnung so auffallend vieler entschiedener Charaktere
Mit- und Rollenspieler im Theater des Lebens und insbesondere in dessen
Entscheidensszenen, die im autobiographischen Rückblick dramatisch
ausagiert werden.

Die Autobiographie-Entscheidung

Reine Autobiographien werden geschrieben: entweder von Nerven-
kranken, die immer an ihr Ich gebannt sind, wohin Rousseau mit
gehört; oder von einer derben künstlerischen oder abentheuerlichen
Eigenliebe, wie die des Benvenuto Cellini; oder von gebornen Ge-
schichtsschreibern, die sich selbst nur ein Stoff historischer Kunst sind;
oder von Frauen, die auch mit der Nachwelt kokettiren; oder von sorg-
lichen Gemüthern, die vor ihrem Tode noch das kleinste Stäubchen in

---

8 Weitere Beispiele für den Gebrauch des Attributs ›entschieden‹: Lavater zeichnen
der »entschiedene[n] Vorsatz« und der »entschiedenste[n] Trieb« aus, »seine Überzeugungen in der Welt auszubreiten« (*DuW* 661). Lenz indessen wird ein »entschiedene[r] Hang zur Intrige« (*DuW* 652) zugesprochen. Im 11. Buch ist ein Regen-
bogen ›entschieden‹ (vgl. *DuW* 509); im 13. Buch hält Herr von Laroche den Schein
der Empfindung »entschieden von sich« (*DuW* 609). Wenn man Goethe »entschieden« vorträgt, was er tun und lassen soll, reißt ihm »der Geduldsfaden« (*DuW* 678).
In den Frankfurter Jahren nach der Rückkehr aus Straßburg wird Goethe zum
»entschiedensten Verehrer« Spinozas (*DuW* 681). Auch ein Strom kann »einen entschieden beruhigenden Zauber […] verbreiten« (*DuW* 754). Die Rede ist zudem
von Lavaters »entschiedene[m] bibelbuchstäblichen Glauben« und davon, dass
»[j]edes Talent das sich auf eine entschiedene Naturanlage gründet, […] etwas
Magisches zu haben« scheint (*DuW* 820).

Ordnung bringen möchten, und sich selbst nicht ohne Erläuterungen aus der Welt gehen lassen können; oder sie sind ohne weiteres bloß als plaidoyers vor dem Publikum zu betrachten. Eine große Klasse unter den Autobiographen machen die Autopseusten aus.[9]

Angesichts dieses ironischen Verdikts, formuliert von Friedrich Schlegel in seinem 196. Athenäums-Fragment, muss man schon gute Gründe haben, seine Autobiographie in die Welt zu setzen. Gewiss hat, wer sich entscheidet, eine Autobiographie zu schreiben, seine Gründe. Von einer Entscheidung spricht Goethe zu Beginn von *Dichtung und Wahrheit* nicht, aber die Art und Weise des Einstiegs weist darauf hin, dass die Autobiographie keine Selbstverständlichkeit ist und wer sich entscheidet, seine Autobiographie zu veröffentlichen, seine Entscheidung rechtfertigen muss. In der Rechtfertigung wird ein Entscheiden lesbar. Der Anfang von *Dichtung und Wahrheit* lautet folgendermaßen:

Als Vorwort zu der gegenwärtigen Arbeit, welche desselben vielleicht mehr als eine andere bedürfen möchte, stehe hier der Brief eines Freundes, durch den ein solches, immer bedenkliches Unternehmen veranlaßt worden.

»Wir haben, teurer Freund, nunmehr die zwölf Teile Ihrer dichterischen Werke beisammen, und finden, indem wir sie durchlesen, manches Bekannte, manches Unbekannte; ja manches Vergessene wird durch diese Sammlung wieder angefrischt. Man kann sich nicht enthalten, diese zwölf Bände, welche in Einem Format vor uns stehen, als ein Ganzes zu betrachten, und man möchte sich daraus gern ein Bild des Autors und seines Talents entwerfen. Nun ist nicht zu leugnen, daß für die Lebhaftigkeit, womit derselbe seine schriftstellerische Laufbahn begonnen, für die lange Zeit die seit dem verflossen, ein Dutzend Bändchen zu wenig scheinen müssen. Eben so kann man sich bei den einzelnen Arbeiten nicht verhehlen, daß meistens besondere Veranlassungen dieselben hervorgebracht, und sowohl äußere bestimmte Gegenstände als innere entschiedene Bildungsstufen daraus hervorscheinen, nicht minder auch gewisse temporäre moralische und ästhetische Maximen und Überzeugungen darin obwalten. Im Ganzen aber bleiben diese

9 Friedrich Schlegel, »Fragmente, mit Beiträgen von August Wilhelm Schlegel, Friedrich Schleiermacher und Friedrich von Hardenberg (Novalis)«, *Athenaeum. Eine Zeitschrift von August Wilhelm Schlegel und Friedrich Schlegel*, Ersten Bandes Zweytes Stück. Berlin: Vieweg 1798, 3–146 (Digitale Edition von Jochen A. Bär, Vechta 2014) (Quellen zur Literatur- und Kunstreflexion des 18. und 19. Jahrhunderts, Reihe A, Nr. 60.) (http://www.zbk-online.de/texte/A0060.htm) (2.1.2020).

Produktionen immer unzusammenhängend; ja oft sollte man kaum glauben, daß sie von demselben Schriftsteller entsprungen seien.

Ihre Freunde haben indessen die Nachforschung nicht aufgegeben und suchen, als näher bekannt mit Ihrer Lebens- und Denkweise, manches Rätsel zu erraten, manches Problem aufzulösen; ja sie finden, da eine alte Neigung und ein verjährtes Verhältnis ihnen beisteht, selbst in den vorkommenden Schwierigkeiten einigen Reiz. Doch würde uns hie und da eine Nachhülfe nicht unangenehm sein, welche Sie unsern freundschaftlichen Gesinnungen nicht wohl versagen dürfen.

Das Erste also, warum wir Sie ersuchen, ist, daß Sie uns Ihre, bei der neuen Ausgabe nach gewissen innern Beziehungen geordneten Dichtwerke in einer chronologischen Folge aufführen und sowohl die Lebens- und Gemütszustände, die den Stoff dazu hergegeben, als auch die Beispiele, welche auf Sie gewirkt, nicht weniger die theoretischen Grundsätze, denen Sie gefolgt, in einem gewissen Zusammenhange vertrauen möchten. Widmen Sie diese Bemühung einem engern Kreise, vielleicht entspringt daraus etwas, was auch einem größern angenehm und nützlich werden kann. Der Schriftsteller soll bis in sein höchstes Alter den Vorteil nicht aufgeben, sich mit denen die eine Neigung zu ihm gefaßt, auch in die Ferne zu unterhalten; und wenn es nicht einem Jeden verliehen sein möchte, in gewissen Jahren mit unerwarteten, mächtig wirksamen Erzeugnissen von neuem aufzutreten: so sollte doch gerade zu *der* Zeit, wo die Erkenntnis vollständiger, das Bewußtsein deutlicher wird, das Geschäft sehr unterhaltend und neubelebend sein, jenes Hervorgebrachte wieder als Stoff zu behandeln und zu einem Letzten zu bearbeiten, welches denen abermals zur Bildung gereiche, die sich früher mit und an dem Künstler gebildet haben.« (*DuW* 11 f.)

Goethe erzählt also nicht einfach los, sondern liefert eine Begründung dafür, warum er seine Autobiographie vorlegt.[10] Und ganz offensichtlich, um nicht als selbstverliebt und kokett zu erscheinen, schiebt er den fiktiven Brief des Freundes ein, auf dessen Bitten er seine Lebensbeschreibung vorlege. Die Einschaltung des Briefs erzeugt den Effekt einer Entscheidenssituation: Autor erhält Brief, überlegt, zögert und entscheidet sich schließlich dafür, seine Autobiographie zu schreiben.[11] So ist es natürlich

---

10 Vorworte sind nach Gérard Genette »Paratexte« und damit »Schwellentexte«, die zum ›eigentlichen‹ Text hinführen; vgl. ders., *Paratexte. Das Buch vom Beiwerk des Buches*, mit einem Vorwort von Harald Weinrich, aus dem Französischen von Dieter Hornig, Frankfurt/New York: Campus Verlag, 1989, 10, 157–280.

11 Die Einfügung des Briefes unterstreicht den Befund von Sarah Nienhaus, die in ihrer im Rahmen des SFB 1150 »Kulturen des Entscheidens« entstandenen Disser-

Sich/Für sich entscheiden. Goethe

nicht gewesen.[12] Man könnte den Brief als Zeugnis der Externalisierung lesen, insofern als ein Räsonnement des Autobiographen, ob und wann er seine Lebensgeschichte verfassen solle, in den Brief des Freundes hineinverlegt wird. »*Externalisierung* bedeutet, die Entscheidung auf eine andere Handlungsebene zu verlagern«, schreiben Hoffmann-Rehnitz, Krischer und Pohlig.[13] Sie verweisen zudem auf den historischen Zusammenhang von Schriftlichkeit und Entscheiden, indem sie Schrift »als ein distanzierendes Medium« betrachten, das etwa im 16. Jahrhundert »dazu beitragen konnte, königliche Autoritätsentscheidungen unmittelbaren Erwartungen zu entziehen und damit als den souveränen Akt einer einzelnen Person erst möglich zu machen. Schrift erlaubt es zudem, komplexere Entscheidungsprobleme und Sachverhalte jenseits der Präsenz der Akteure über mehrere Episoden und wechselnde Teilnehmerkreise hinweg zu bearbeiten.«[14] Im Falle des von Goethe verfassten fiktiven Briefs, der im Text in seiner schriftlichen Materialität, d. h. in wörtlicher Wiedergabe erscheint, sieht es so aus, als diene das ›Dokument‹ eher dazu, eine souveräne Entscheidung des Autobiographen herabzustimmen und zu sozialisieren.[15]

Der freundschaftliche Briefschreiber offenbart gleich mit dem ersten Wort, dass er in Stellvertretung für eine ganze Gruppe von Freunden schreibt. Das »Wir« wird alsbald zu einem unpersönlichen »man«, und mit

---

tation unter dem Titel »Selbstarchivierung. Praxis und Theorie autobiographischen Entscheidens 1845–1933« festgestellt hat, dass in Konstellationen des Entscheidens vielfach autobiographische Dokumente wie Briefe oder Tagebuchpassagen in die Texte hineinmontiert werden. Gerade weil es nicht einfach ist, an das biographische Entscheiden nachträglich heranzukommen, muss sich die kritische Aufmerksamkeit auf das autobiographische Entscheiden als Textpraxis richten. Dies trifft sich mit dem Ansatz von Barta, *Autobiografieren*, der den »Handlungscharakter des Schreibens« betont und festhält, »dass die Entscheidung für den Akt des Schreibens eine Entscheidung gegen eine Vielzahl anderer Handlungen ist« (10).

12 Zur Entstehung von *Dichtung und Wahrheit* vgl. den Kommentar von Klaus-Detlef Müller in der Frankfurter Ausgabe, 1001–1005. Carsten Rohde, *Spiegeln und Schweben. Goethes autobiographisches Schreiben*, Göttingen: Wallstein, 2006, legt den Beginn von Goethes autobiographischer Reflexion in das erste Weimarer Jahrzehnt (vgl. 18, 20, 29 ff.).

13 Hoffmann-Rehnitz / Krischer / Pohlig, »Entscheiden als Problem der Geschichtswissenschaft«, 238.

14 Ebd., 244.

15 In Bezug auf die Fortsetzung seiner Lebensgeschichte nach *Dichtung und Wahrheit* schreibt Goethe an Cotta am 12.11.1812, dass er den »Entschluß«, diese zu seinen Lebzeiten erscheinen zu lassen, noch nicht gefasst habe (vgl. *DuW* 1015 [Anhang]).

Beginn des zweiten Absatzes heißt es dann »Ihre Freunde«, um dann rasch wieder zur 1. Person Plural zurückzukehren.[16] Die insinuierte Entscheidungssituation ist also eine Art Gespräch zwischen dem prospektiven autobiographischen Ich, das bislang noch nicht als solches aufgetreten ist, und den drängenden und ihre Gründe darlegenden Freunden.[17] Dieser inszenierte ›Gründungsmoment‹ der Goethe'schen Autobiographie gestaltet sich also als ein sozialer und sozialkommunikativer.[18] Gundolf spricht vom »Entschluß [...], den Wunsch seiner Freunde zu erfüllen.«[19] Der Briefschreiber, dem der autobiographische Erzähler die Feder führt, gibt dem Autobiographen gleich eine Produktionsanleitung und den künftigen Leserinnen und Lesern eine Leseanleitung mit auf den Weg: Geht es zum einen um die Herstellung eines Werk- und Lebenszusammenhangs, so steht zum anderen auch ein Bildungsprojekt zur Debatte. Die von diesem ›Gründungsmoment‹ ihren Ausgang nehmende Autobiographie erzählt nicht nur die Bildungsgeschichte des autobiographischen Ichs, sondern dient, indem sie das tut, auch der Bildung der lesenden Freunde, die, wie der schreibende Freund zu verstehen gibt, nicht auf einen »engern Kreis« beschränkt bleiben muss, sondern »auch einem größern angenehm und nützlich werden kann.« Dies sollte Rechtfertigung genug sein und den möglichen Verdacht der Eigenliebe zugunsten eines offensichtlich werdenden Dienstes an der Allgemeinheit zerstreuen. So geschen,

16 Jane K. Brown schlägt vor, die sich verschiebenden Personalpronomen als Ausweis der den Brief auszeichnenden ambivalenten Fiktionalität zu lesen (schriftliche Mitteilung vom 18. September 2019).

17 Auch in an Freunde gerichteten Briefen aus der Entstehungszeit von *Dichtung und Wahrheit* betont Goethe, dass er seine Lebensgeschichte für seine Freunde schreibe und dabei mit ihnen gewissermaßen Zwiesprache halte. Dabei bittet er auch um Unterstützung und Mithilfe, etwa durch Mitteilung von Erinnerungen und Auskünften zur Chronologie (vgl. die im Anhang der Frankfurter Ausgabe abgedruckten Briefe, insbes. 1009–1035). Auch bittet er manche seiner Freunde um »Prüfung« des Manuskripts (vgl. ebd., 1024). Vgl. auch Martina Wagner-Egelhaaf, »The Alibis of the Autobiographer. The Case of Goethe«, in: *Competing Perspectives. Figures of Image Control*, hrsg. von Günter Blamberger und Dietrich Boschung, Paderborn: Fink, 2019, 193–214.

18 Mit Blick auf Schimanks Unterscheidung zwischen Logik, Psycho-Logik und Sozio-Logik des Entscheidens (vgl. Schimank, *Entscheidungsgesellschaft*, 22) könnte man sagen, dass sich in der Autobiographie Psycho- und Sozio-Logik verbinden. Die vorliegende Szene, die sicher auch ihre hier nicht vordringlich interessierende psycho-logische Motivierung hat, präsentiert sich in ihrer sozio-logischen Dimension.

19 Friedrich Gundolf, *Goethe*, Darmstadt: Wissenschaftliche Buchgesellschaft, 1963, 606 (zuerst 1916).

steht der Entscheidung für das Schreiben der Autobiographie nichts mehr im Wege und tatsächlich ist sie ja auch bereits gefallen und auf dem Weg.

Indessen hat Goethe den Freundesbrief nicht frei erfunden. Tatsächlich hatte ihm sein Freund Friedrich Schiller am 17. Januar 1797 geschrieben:

> Ich wünschte besonders jetzt die Chronologie Ihrer Werke zu wißen, es sollte mich wundern, wenn sich an den Entwicklungen Ihres Wesens nicht ein gewißer nothwendiger Gang der Natur im Menschen überhaupt nachweisen liesse. Sie müssen eine gewiße, nicht sehr kurze, Epoche gehabt haben, die ich Ihre analytische Periode nennen möchte, wo Sie durch die Theilung und Trennung zu einem Ganzen strebten, wo ihre Natur gleichsam mit sich selbst zerfallen war und sich durch Kunst und Wißenschaft wieder herzustellen suchte. Jetzt däucht mir kehren Sie, ausgebildet und reif, zu Ihrer Jugend zurück, und werden die Frucht mit der Blüthe verbinden. Diese zweite Jugend ist die Jugend der Götter und unsterblich wie diese.
>
> Ihre kleine und große Idylle und noch neuerlich Ihre Elegie zeigen dieses, so wie die alten Elegien und Epigramme. Ich möchte aber von den früheren Werken, von Meister selber, die Geschichte wißen. Es ist keine verlorene Arbeit, dasjenige aufzuschreiben was Sie davon wißen. Man kann Sie ohne das nicht ganz kennen lernen. Thun Sie es also ja, und legen auch bey mir eine Copie davon nieder.[20]

Klaus-Detlef Müller verweist auf die Rolle, die Schiller für Goethes dichterisches Selbstverständnis spielte, und insbesondere auf die Bedeutung von Schillers Tod. Schiller war am 9. Mai 1805 in Weimar verstorben. Am 4. April 1806 schreibt Goethe in einem Brief an Philipp Hackert:

> Seit der großen Lücke, die durch Schillers Tod in mein Dasein gefallen ist, bin ich lebhafter auf das Andenken der Vergangenheit hingewiesen, und empfinde gewissermaßen leidenschaftlich, welche Pflicht es ist, das was für ewig verschwunden scheint, in der Erinnerung aufzubewahren.[21]

Einmal mehr erscheint das autobiographische Projekt in der Sozialität begründet. Wie vermerkt bittet Goethe Freunde um Mitteilungen, Erinnerungen, Materialien und lässt sie recherchieren. Involviert sind u. a. Christian Heinrich Schlosser, Friedrich von Klinger, Bettina von Arnim, Friedrich Heinrich Jacobi sowie Karl Ludwig von Knebel.[22] Goethe be-

---

20 Friedrich Schiller, Brief an J. W. Goethe, 17. Januar 1797, in: *Schillers Werke. Nationalausgabe. Briefwechsel*, 43 Bde., hrsg. von Norbert Oellers und Frithjof Stock, Bd. 29: *Schillers Briefe 1.1.1796 – 31.10.1798*, Weimar: Böhlau, 1977, 35 f., 35.
21 Zit. n. *DuW* 1000 (Kommentar).
22 Vgl. ebd., 1002.

gann im Oktober 1809 (sehr systematisch) mit den Vorarbeiten zu seiner Autobiographie. Schillers Brief datiert bereits von 1797. Innerhalb dieses Zeitraums wird das Autobiographie-Projekt gedanklich Gestalt angenommen haben. Der an den Anfang von *Dichtung und Wahrheit* gestellte Freundesbrief setzt einen fiktionalen Anfangspunkt und markiert den autobiographischen Moment des Beginns. Da in dem Brief Goethes Werkausgabe erwähnt wird – die 1806 bis 1808 bei Cotta erschienene zwölfbändige Ausgabe – enthält der Brief eine ungefähre Datierung. Weil Schiller bereits 1805 verstorben war, kann er nicht der ungenannte fiktionalisierte Briefschreiber sein,[23] vielmehr handelt es sich um einen fiktionalen Korrespondenten. Im Vergleich des Schiller'schen Briefes mit dem Freundesbrief am Beginn von *Dichtung und Wahrheit* fällt ins Auge, dass Schiller vor allem über den Freund spricht, seine Natur und die Entwicklung seines Talents, ja, sogar einen emphatischen Göttervergleich anbringt, während der Brief des Freundes weniger enthusiastisch Lob spendet als vielmehr pragmatisch um die Herstellung des Zusammenhangs von Werk und Leben bittet. Da in diesem Fall der Autobiograph selbst der Schreiber des Briefes ist, dem es als Autobiograph darum zu tun sein muss, etwaigen Verdacht eitlen Selbstverliebtseins zu zerstreuen, verbietet sich selbstredend jegliche Lobhudelei. Gemeinsam ist den beiden Briefen jedoch, dass sie mit dem individuellen Fall des Autors Goethe ein allgemeineres Erkenntnisinteresse im Blick haben: Schiller sieht in Goethes Entwicklung einen »nothwendige[n] Gang der Natur im Menschen«; der fiktive Briefschreiber verspricht sich von Goethes Lebensgeschichte einen auch für andere nützlichen Bildungsgewinn. Beiden geht es um die Chronologie von Goethes Werken. Im fiktiven Freundesbrief wird der »Zusammenhang« von Werk und Leben, der auch in der zitierten Dilthey-Passage prominent in den Vordergrund tritt, direkt angemahnt, weil die literarischen Produktionen, wie sie mit der Werkausgabe vorliegen, ohne die Lebensgeschichte des Autors »immer unzusammenhängend« blieben.[24]

---

23 Gleichwohl war Schiller offensichtlich, freilich neben anderen, ein Gesprächspartner in Sachen Autobiographie, schrieb Goethe doch am 19.1.1802 an Schiller: »Bei einiger Reflexion über die Unterhaltung fiel mir auf was man für ein interessantes Werk zusammenschreiben könnte, wenn man das was man erlebt hat, mit der Übersicht, die einem die Jahre geben, mit gutem Humor aufzeichnete« (zit. n. DuW 1007 [Kommentar]).

24 Im gleichen Sinn schrieb Goethe an Zelter unter dem Datum vom 22.6.1808: »Die Fragmente eines ganzen Lebens nehmen sich freilich wunderlich und inkohärent genug neben einander aus; deswegen die Rezensenten in einer gar eigenen Verlegenheit sind, wenn sie mit gutem oder bösem Willen das Zusammengedruckte als ein Zusammengehöriges betrachten wollen. Der freundschaftliche Sinn weiß

Die Autobiographie stiftet über die chronologische Lebensgeschichte des Autors erst den Zusammenhang des Werks bzw. macht aus den unzusammenhängenden »Produktionen« allererst ein Werk.[25] Und die auch von Schiller eingeforderte Chronologie der Werke ist das Regulativ, das den beiden Briefen zugrundeliegenden Bildungs- und Entwicklungsgedanken trägt. Die zu schreibende Autobiographie stellt eine Verbindung zwischen den in der Werkausgabe vorliegenden Texten als dokumentarischen Lebensereignissen und dem schriftlich hergestellten rückblickenden Lebenszusammenhang her, erzeugt also die bereits eingeführte Momentstruktur der Autobiographie, die gelebten und geschriebenen Moment, Zeitpunkt und Motiv, Figur und Erzähler zusammentreffen lässt. Im fiktiven Freundesbrief liegt der Moment des autobiographischen Einsatzes nach 1808, wo das fortgerückte Alter möglicherweise nicht mehr »mit unerwarteten, mächtig wirksamen Erzeugnissen« auftritt, dafür aber »die Erkenntnis vollständiger, das Bewußtsein deutlicher« wird – eben das ist der Moment der Autobiographie, in dem die rückblickende Erkenntnis den Lebensmoment überformt. In Schillers Brief ist die Zeitstruktur eine andere: Hier wird eher ein zyklisches Zeitmodell aufgerufen, das die fruchtbare Schaffensphase in der Mitte des Lebens im Rückblick mit der Produktivität der aufblühenden Jugend vergleicht und in einer analeptischen Verschränkung von Gegenwart und Vergangenheit eine zweite Jugend konstatiert. Dass Schiller hier von der »Jugend der Götter« und von ›Unsterblichkeit‹ spricht, ist Ausweis dieser anderen, der zyklischen Zeitstruktur, die er gleichwohl in Chronologie und Geschichte überführt wissen möchte. Es ist naheliegend, dass die in Schillers Brief angebotene produktive Götterjugend (noch) nicht zur sortierenden Linearität einer chronologischen autobiographischen Darstellung einlud.[26] Nun, nach 1808, aber ist der Moment gekommen und der Autobiograph integriert ihn als der Erzählung vorgängigen in seinen Text, gewissermaßen als

diese Bruchstücke am besten zu beleben« (Goethe an Zelter am 22. Juni 1808, FA 33, 326). Zu einer Kritik des Topos ›Leben und Werk‹ vgl. Gabriele Rippl, »Life and Work«, in: *Handbook of Autobiography/Autofiction*, ed. Martina Wagner-Egelhaaf, 3 vols., Berlin/Boston: de Gruyter, 2019, vol. 1: *Theory and Concepts*, 327–335.

25 Zu Goethes Werkpolitik vgl. Steffen Martus, *Werkpolitik. Zur Literaturgeschichte kritischer Kommunikation vom 17. bis ins 20. Jahrhundert*, Berlin/New York: de Gruyter, 2007, 461–495. Werk meine bei Goethe, so schreibt Martus, »in besonderem Maß ›Gesamtwerk‹« (461) und er verweist auf den Zusammenfall von Goethes Arbeit an der Cotta'schen Werkausgabe und dem Arbeitsbeginn an *Dichtung und Wahrheit* (vgl. 466).

26 Barta, *Autobiografieren*, 153 weist darauf hin, dass Goethe zwischen 1795 und 1803 Benvenuto Cellinis *Vita* übersetzte und diese Künstlerautobiographie mithin während Goethes »›klassischer‹ Produktionsphase« zu einem wichtigen Impuls wurde.

extradiegetischen Begründungsmoment des autobiographischen Projekts. Sein schriftliches Zeugnis, so zumindest die Fiktion, lässt einen anderen, nicht den Autobiographen selbst, *das* Moment der Begründung formulieren, das den Ausschlag für die Entscheidung gibt, die Autobiographie zu schreiben, und die Erzählung schließlich auf den Weg bringt: »Dieses so freundlich geäußerte Verlangen erweckte bei mir unmittelbar die Lust es zu befolgen« (*DuW* 12), heißt es denn auch nonchalant im Text. Es schließen sich die bekannten programmatischen Äußerungen zum autobiographischen Projekt an, die das Ich »in seinen Zeitverhältnissen« situieren und es als sowohl mit sich identisch als auch im Lauf der Zeit als veränderlich proklamieren.[27]

Als sollte der bzw. das mit dem Freundesbrief möglicherweise allzu konstruiert wirkende Moment des autobiographischen Einsatzes erzählerisch bekräftigt werden, setzt das erste Buch von *Dichtung und Wahrheit* dann mit einem Paukenschlag ein:

Am 28. August 1749, Mittags mit dem Glockenschlage zwölf, kam ich in *Frankfurt am Main* auf die Welt. Die Konstellation war glücklich; die Sonne stand im Zeichen der Jungfrau, und kulminierte für den Tag; Jupiter und Venus blickten sie freundlich an, Merkur nicht widerwärtig; Saturn und Mars verhielten sich gleichgültig: nur der Mond, der so eben voll ward, übte die Kraft seines Gegenscheins um so mehr, als zugleich seine Planetenstunde eingetreten war. Er widersetzte sich daher meiner Geburt, die nicht eher erfolgen konnte, als bis diese Stunde vorübergegangen. (*DuW* 15)

Dies ist natürlich ein markanter autobiographischer ›Moment‹, der Zeit und Ort des Geschehens, will sagen: des autobiographischen Beginns

---

27 »Denn dieses scheint die Hauptaufgabe der Biographie zu sein, den Menschen in seinen Zeitverhältnissen darzustellen, und zu zeigen, in wiefern ihm das Ganze widerstrebt, in wiefern es ihn begünstigt, wie er sich eine Welt- und Menschenansicht daraus gebildet, und wie er sie, wenn er Künstler, Dichter, Schriftsteller ist, wieder nach außen abgespiegelt. Hiezu wird aber ein kaum Erreichbares gefordert, daß nämlich das Individuum sich und sein Jahrhundert kenne, sich, in wiefern es unter allen Umständen dasselbe geblieben, das Jahrhundert, als welches sowohl den willigen als unwilligen mit sich fortreißt, bestimmt und bildet, dergestalt daß man wohl sagen kann, ein Jeder, nur zehn Jahre früher oder später geboren, dürfte, was seine eigene Bildung und die Wirkung nach außen betrifft, ein ganz anderer geworden sein« (*DuW* 13f.). In Goethes Bildungskonzept zeigt sich die gleiche Struktur, die Eva Geulen für Goethes Morphologie herausgearbeitet hat: eine doppelte Wirkung von außen und von innen, Veränderung und Kontinuität zugleich (vgl. Eva Geulen, *Aus dem Leben der Form. Goethes Morphologie und die Nager*, Berlin: August Verlag, 2016, insbes. 45 f., 57).

präzise benennt.[28] Dass Goethe hier im Anschluss an Geronimo Cardanos Lebensbeschreibung *De propria vita* (1643), die er 1808, Klaus-Detlef Müller zufolge, »erneut studiert hatte«,[29] mit der Nativitätsstellung einen autobiographischen Topos bedient, verweist zum einen auf die bereits vermerkte topische Verfasstheit der Autobiographie als Gattung, konterkariert zum anderen ironisch den chronotopischen[30] Moment des Beginns durch eine kosmologisch-mythologische Rahmung. Sie lässt an die Geburt eines Göttersohns, wenn nicht gar eines Herkules denken – freilich ganz im Sinne der dichterischen Behandlung der Lebensgeschichte, die der Titel *Dichtung und Wahrheit* zu verstehen gibt. Der Zeitpunkt der Geburt ist, wie gesagt, exakt benannt. Die Umstände sind glücklich und unglücklich zugleich, denn Goethe berichtet im Folgenden, dass er »durch Ungeschicklichkeit der Hebamme [...] für tot« (*DuW* 15) auf die Welt kam. Den Ausschlag für den Erhalt seines Lebens spricht der Autobiograph jedoch seinen guten astrologischen Aspekten zu.[31] Der entscheidende Moment des Lebensanfangs erscheint gleichsam bestimmt von einer Reihe unwägbarer Momente, die sich als Zusammentreffen von Glück und Unglück, Glück im Unglück gewissermaßen, beschreiben lassen. Die Kontingenz des Lebens wird im Anfangsbild von *Dichtung und Wahrheit* kosmologisch aufgefangen. Freilich hat der neugeborene Goethe hier selbst noch nichts zu entscheiden, aber die dramatischen Umstände seiner Geburt veranlassen seinen Großvater, den »Schultheiß *Johann Wolfgang Textor*«, einen Geburtshelfer anzustellen und Hebammenunterricht einzuführen.[32] Eine weitreichende sozialpolitische Entscheidung wird hier auf die Bühne eines durch Kontingenz oder Vorbestimmung gerahmten

28 Dies ist die einzige Stelle, an der Goethe ein genaues Datum angibt. Offensichtlich sollte der Zusammenhang seiner Biographie über den Text selbst hergestellt werden und nicht über die Bezugnahme auf Daten. Wenn hier gelegentlich doch Daten eingefügt werden, dann nur, um Leser*innen die Orientierung zu erleichtern.

29 *DuW* 1075 f. (Kommentar).

30 Zum Lebensweg als Chonotopos der Autobiographie vgl. Michail Bachtin, *Chronotopos*, Berlin: Suhrkamp, 2008, 57; Wilhelms, *My Way*, 10–13, 46–57.

31 Für die Goetheforschung ist klar, dass Goethe nicht an die Astrologie glaubte, das astrologische Bild am Beginn seiner Autobiographie vielmehr symbolisch zu verstehen ist; vgl. dazu etwa Angus Nicholls, *Goethe's Concept of the Daemonic. After the Ancients*, Rochester: Camden House, 2006, 242.

32 Goethe schildert sein Leben weitgehend im Imperfekt. In der Analyse der Goethe-Texte wird das analytische Präsens verwendet, um anzuzeigen, dass auf das im Text dargestellte und nicht auf das tatsächlich geführte Leben referiert wird, es sei denn, eine Inquit-Formel kommt zum Einsatz, die das Berichtete als in der Vergangenheit liegend qualifiziert. Auch in diesen Fällen wird der Textbezug nicht aufgegeben.

Moments gestellt. Wo unentscheidbar ist, ob das menschliche Leben durch absolute Kontingenz oder durch höhere Mächte bestimmt wird – das astrologische Bild trägt beiden Lesarten Rechnung –, erhält das menschliche Entscheiden seinen politischen und sozialen Stellenwert. Dass die eigene Geburt zur Entscheidung einer sozialen Reform führt, die auch anderen das Leben ermöglicht, ist allemal erzählenswert, denn: »the author is chosen by the experience and not the other way around. But of course, a choice is still involved: the choice to tell, or not.«[33]

Folgt man Niklas Luhmanns strenger systemtheoretischer Logik, wären alle im Weiteren berichteten ›Lebensentscheidungen‹ des Autobiographen Goethe Folge- oder Unterentscheidungen der ersten, auf so komplexe Weise erzählten und doch auch nicht erzählten Entscheidung, sein Leben aufzuschreiben, denn, wie Luhmann formuliert hat, bringen Entscheidungen weitere Entscheidungen hervor und begründen sich durch diese.[34] Das bedeutet: Entscheidungen lassen sich nur »in der Weise zerlegen, daß sie [wiederum] in Entscheidungen«[35] zerlegt werden. Für die weiteren Entscheidungen, die in *Dichtung und Wahrheit* erzählt werden, hieße dies, sie als autobiographische im präzisen Sinn, will sagen: als erzählenswert im Sinn der anfangs dargestellten Autobiographiekonzeption in den Blick zu nehmen und zu fragen, in welcher Weise sie das autobiographische Projekt motivieren und fortschreiben.

Entscheiden analysieren ist alles andere als einfach. Günther Ortmann hat Entscheiden als ein »strömendes Geschehen«[36] bezeichnet. Dies besagt, dass Entscheiden in der Praxis nicht immer explizit wird und dass es sich gerade nicht, wie es die Entscheidensanalytikerin gerne hätte, in nachvollziehbaren, klar voneinander getrennten Schritten darstellt. Das gilt umso mehr in autobiographischen Texten, in denen es zwar um gelebtes Leben geht, die aber nicht auf das Thema ›Entscheiden‹ fokussieren, auch wenn davon auszugehen ist, dass Leben Entscheiden impliziert. Diese Annahme verdankt sich der philosophischen Teilnehmerperspektive, die für eine kulturwissenschaftliche Entscheidensforschung die methodische Prämisse darstellt.[37] Entsprechend geht auch die Soziologie davon aus, dass es »*biographische[] Entscheidungen*« ›gibt‹, »die Personen immer wieder bei ihrer Lebensführung treffen«. Schimank nennt hier »etwa die Berufs- oder Studienwahl, eine Entscheidung zur Auswande-

33 Schmitt, *The Phenomenology of Autobiography*, 138.
34 Vgl. Luhmann, »Disziplinierung durch Kontingenz«, 1081.
35 Niklas Luhmann, *Soziologische Aufklärung 3. Soziales System, Gesellschaft, Organisation*, Opladen: Westdeutscher Verlag 1981, 344.
36 Ortmann, »Eine Phänomenologie des Entscheidens«, [121].
37 Vgl. Quante / Rojek, »Entscheidungen als Vollzug und im Bericht«, 47.

rung in ein anderes Land, die Entscheidung darüber, ob und gegebenenfalls wie man mit einem Partner zusammenlebt«.[38] Wenn im Folgenden der Goethe'sche Lebenstext, wie ihn die autobiographischen Schriften präsentieren, auseinandergenommen und nach zentralen biographischen Entscheidensfeldern gesondert wird, geschieht dies mit der Absicht, dem erzählten Entscheidenshandeln im jeweiligen Kontext in seiner Spezifik auf die Spur zu kommen. Das klarere Bild verfälscht aber auch, insofern als Entscheidenskonstellationen sich überlagern, entscheidenstheoretisch gesprochen, mehrfach gerahmt sind. Dies zeigt sich insbesondere in der Verschränkung von Berufs- und Partnerwahlentscheidungen, aber etwa auch darin, dass sich die Religionsentscheidung durch den ganzen Text von *Dichtung und Wahrheit* zieht und in unterschiedlichen Phasen mit anderen Entscheidensfeldern interagiert. In der Darstellung wird einerseits versucht, durch Querverweise Verbindungen, die zum Verständnis des Zusammenhangs erforderlich sind, wieder herzustellen, andererseits werden Entscheidensszenen, die mehrfach gerahmt sind, wiederholt aufgegriffen, wie etwa die Scheidewegszene auf dem St. Gotthard. Wenn es Goethe zufolge die Aufgabe seiner Autobiographie ist, Zusammenhang herzustellen, ist es die Aufgabe literaturwissenschaftlicher Autobiographieforschung, hinter diesen Zusammenhang zu schauen und seine konstruktiven Scharniere in den Blick zu nehmen.

Unentschieden: Ein neuer Paris

Neben Herkules am Scheideweg stellt der griechische Held Paris, der sich entscheiden muss, welcher von drei schönen Frauen er den Apfel als Auszeichnung für die Schönste zuspricht, ein weiteres vielfach rezipiertes mythologisches Entscheidensnarrativ dar (Abb. 8).[39] Paris ist der Sohn des trojanischen Königs Priamos und seiner Frau Hekabe. Weil Eris, die Göttin der Zwietracht, nicht zur olympischen Hochzeit der Thetis und des

---

38 Schimank, *Entscheidungsgesellschaft*, 23.
39 Zimmermann, »Krisis. Entscheidungen im griechischen Mythos«, bezeichnet das Paris-Urteil als »paradigmatische und vielfach nicht nur in der Literatur, sondern in gleicher Weise in der Kunst und Musik rezipierte Entscheidungssituation des griechischen Mythos« (63). Vgl. auch »Paris«, in: *Der kleine Pauly. Enzyklopädie der Antike*, hrsg. von Hubert Cancik und Helmut Schneider, Bd. 9, Stuttgart/Weimar: Metzler, 2000, 334–336.

Peleus eingeladen wurde, wirft die Beleidigte einen goldenen Apfel unter die Gäste, der die Aufschrift ›καλλίστῃ‹ (›der Schönsten‹) trägt. Die Göttinnen Athene, Aphrodite und Hera geraten darauf in Streit, weil jede der Meinung ist, dass der Apfel, ein wahrer Zankapfel also, ihr gebühre. Zeus drückt sich vor dieser schwierigen Entscheidung und schickt Hermes zu Paris, der den Auftrag mit den folgenden Worten (hier Gustav Schwabs) überbringt: »Lege alle Furcht ab; die Göttinnen kommen zu dir als zu ihrem Schiedsrichter; dich haben sie gewählt zu entscheiden, welche von ihnen dreien die schönste sei.«[40] Und die Entscheidung ist wirklich schwierig: »Der erste Anblick schien ihm zu sagen, daß eine wie die andere wert sei, den Preis der Schönheit davonzutragen, doch gefiel ihm jetzt die eine Göttin mehr, jetzt die anderen, so wie er länger auf einer der herrlichen Gestalten verweilt hatte.«[41] Die Entscheidung scheint also wie alle Entscheidungen nicht wirklich zu treffen; in jedem Fall scheint sie riskant zu sein. Die Göttinnen versuchen Paris zu bestechen, indem ihm jede eine Belohnung verspricht, wenn er den Apfel ihr zuerkenne. Dies weist durchaus eine strukturelle Parallele zum Entscheidungsdilemma des Herakles auf, wo ebenfalls die Entscheidensalternativen, hier Ἀρετή und Κακία, mit hohem rhetorischem Einsatz für sich sprechen. Im Paris-Mythos verspricht Hera dem Priamos-Sohn die Herrschaft über das schönste Reich der Welt, Athene Weisheit und Tugend und Aphrodite stellt ihm Helena, die schönste Frau der Welt, in Aussicht. Während sich aber Herakles für die Tugend entscheidet, folgt Paris dem Trieb und entscheidet sich für die schöne Helena, die er in der Folge ihrem Mann Menelaos raubt und nach Troja entführt. Damit löst seine Entscheidung bekanntlich den Trojanischen Krieg aus. Paris' dem Trieb folgende Bestechlichkeit wirft kein sonderlich positives Licht auf ihn als Entscheider. Als Wollüstling erscheint Paris, freilich in der Sicht der gekränkten Göttinnen, die den Apfel nicht erhalten haben, denn auch im 24. Gesang der *Ilias*, wo von Achills Schmerz über den Tod seines Freundes Patroklos und seinem Zorn gegenüber Patroklos' Mörder Hektor die Rede ist. Achill lässt Hektor schleifen, aber die Götter haben Mitleid mit ihm und wollen ihn sogar stehlen, um dem Leichnam weitere Misshandlung zu ersparen:

40 Schwab, »Zweiter Teil. Erstes Buch: »Priamos, Hekabe und Paris«, in: ders., *Die schönsten Sagen des klassischen Altertums*, 342–345, 343. Wenn Mythen des Entscheidens hier nach Schwab zitiert werden, geht es absichtlich nicht um klassisch-philologische Mythenkonstruktion, sondern um den Mythos im kulturellen Gedächtnis wie er sich mit jeder neuen Erzählung fortschreibt und bis ins 20. Jahrhundert oder gar in die Gegenwart hinein unterschiedlich funktionalisierte Narrative hervorbringt.

41 Ebd.

Abb. 8: Sandro Botticelli, Das Urteil des Paris, 1485–1488.

Da gefiel es den anderen allen, aber niemals der Here
Noch dem Poseidon noch auch der helläugigen Jungfrau,
Sondern so wie zuerst blieb ihnen verhaßt die heilige Ilios
Und Priamos und das Volk, wegen des Alexandros [= Paris]
                                                    Verblendung,
Der die Göttinnen kränkte, als sie zu ihm ins Gehöft gekommen,
Die aber pries, die ihm die leidige Wollust brachte.[42]

Indessen geht es in der Tat um eine Schönheitsentscheidung: Paris soll
entscheiden, wer die Schönste ist, Athene, Aphrodite oder Hera. Dass er
diejenige zur Schönsten erklärt, die ihm die schönste Sterbliche zur Frau
gibt, ist Ausweis einer analogischem Denken verhafteten mythischen Systemlogik. Gustav Schwab weiß entsprechend auch zu berichten, dass sich
Paris selbst durch besondere Schönheit auszeichnet.[43] Die Verfügung über
die schönste Frau kann nur die Göttin der Schönheit haben, die gar nicht
anders vermag als selbst schön zu sein – und sie kann im Grunde auch nur
dem Schönsten zugesprochen werden. So gesehen ist Paris' Urteil keine

---

42 Hom. Il. 24, 25–30, zit. n. Homer, *Ilias*, neue Übertragung von Wolfgang Schade-
    waldt, Frankfurt a.M.: Insel, 1975, 403f. Paris wird als kleines Kind wegen des
    Orakels, er werde für die Zerstörung Trojas verantwortlich sein, ausgesetzt. Er wird
    gerettet und wächst als Hirte auf dem Berg Ida auf. Dort wird er »ein Schutz aller
    Hirten des Berges Ida gegen die Räuber, daher ihn jene auch nur Alexander, d.h.
    Männerhilf, nannten« (Schwab, »Priamos, Hekabe und Paris«, 342). Vgl. auch das
    Lemma »Paris«, in: *Metzler Lexikon Antike*, hrsg. von Kai Brodersen und Bernhard
    Zimmermann, Stuttgart/Weimar: Metzler, ²2006, 446.
43 Vgl. Schwab, »Priamos, Hekabe und Paris«, 342.

Entscheidung. In der narrativen Logik des Mythos kann er – wie Herakles – gar nicht anders, aber doch ist die Situation insofern als schwierige Entscheidung ausgewiesen als Zeus, der Allmächtige, sich ihr entzieht.[44]

Im 2. Buch von *Dichtung und Wahrheit* schaltet Goethe ein »Knabenmärchen« ein, das die Überschrift »Der neue Paris« trägt und von der Forschung gemeinhin als »ausdrücklicher Hinweis auf das erwachende dichterische Vermögen«[45] des Autors gelesen wird. Damit wird ein signifikanter autobiographischer Moment gestaltet, in dem der rückblickende Erzähler sein figürliches alter ego als talentierten Erzähler entwirft, der im Kreis seiner kindlichen Freunde Anerkennung als Märchenerzähler[46] findet. Dass die Zuhörenden, wie zu zeigen sein wird, die erzählte Märchenrealität in der Wirklichkeit suchen, verweist auf das Verhältnis von Dichtung und Wahrheit und damit auf das Programm der Goethe'schen Autobiographie.

»Der neue Paris« ist ein in die Autobiographie eingefügter, im Modus einer autobiographischen Erzählung gehaltener Text. Insofern wiederholt und stützt das »Knabenmärchen« die Entscheidung zur Autobiographie. Das Märchen ist eine Mythenkontrafaktur, die mit einer Traumerzählung beginnt. Sie zeigt den Erzähler vor einem Spiegel beim Ankleiden. Der Blick in den Spiegel weist ihn als Narziss-Figur aus, die auch im weiteren Verlauf des Märchens mit Paris enggeführt wird (vgl. *DuW* 62). Im psychoanalytischen Sinn indiziert die Spiegelkonstellation eine Szene der Subjektkonstitution,[47] die aber in dem von Goethe geschilderten Traum nicht ganz schulgemäß verläuft: Der Protagonist verwechselt die Kleidungsstücke und, einmal angezogen, fallen sie ihm immer wieder vom Leib. Das heißt, weder vor noch in dem Spiegel posiert ein stabiles Selbst. Wenn es heißt, dass ihm »die Locken […] wie Flügelchen vom Kopfe« (*DuW* 59) standen, denkt man an eine Figuration des Götterboten Hermes bzw. Merkur, aber dieser betritt sogleich selbst die Szene und bringt dem Träumenden drei Äpfel und einen Auftrag von den Göttern. Die Äpfel sind von roter, gelber und grüner Farbe und scheinen aus Edelstein gemacht.

---

44 Zur ambivalenten Beurteilung des Paris-Urteils als einer zweifelhaften Lebenswahl in Renaissance und Humanismus und zu seiner Aufwertung im Barock vgl. Baehr-Oliva, »Die Aufwertung des Paris-Urteils in barocken Musikdramen«.

45 *DuW* 1087 (Kommentar).

46 Jane K. Brown beschreibt die Märchenform als »Goethe's basic modus operandi«, der es erlaubt Wahrheit und Wirklichkeit in eins zu setzen; vgl. Jane K. Brown, »Building Bridges: Goethe's Fairy-Tale Aesthetics«, *Goethe Yearbook* 23 (2016), 1–17, 1; vgl. 14.

47 Vgl. Jacques Lacan, »Das Spiegelstadium als Bildner der Ichfunktion, wie sie uns in der psychoanalytischen Erfahrung erscheint« (1948), in: Ders.: *Schriften I*, Weinheim/Berlin: Quadriga-Verlag, 1986, 61–70.

»Du sollst sie den drei schönsten jungen Leuten von der Stadt geben, welche sodann, jeder nach seinem Lose, Gattinnen finden sollen, wie sie solche nur wünschen können« (*DuW* 60). Das ist nun eine bemerkenswerte Verschiebung des mythischen Prätexts: Zwar geht es immer noch um eine Schönheitswahl – und der Erzähler versäumt auch nicht mitzuteilen, dass Merkur selbst »ein junger schöner Mann« (*DuW* 59) ist –, aber Goethe-Paris soll die Äpfel, von denen er drei erhält und nicht einen wie der mythische Vorgänger, nicht einer von drei schönen Frauen bzw. Göttinnen überreichen, sondern drei Sterblichen aus der Stadt, die mit Hilfe der Äpfel, wie genau, weiß man nicht, wünschenswerte Gattinnen finden sollen. Das heißt, er muss entscheiden, wem er die kostbaren Äpfel gibt und die Ausgewählten müssen dann wiederum entscheiden, wem sie die Äpfel weitergeben – die mythische Pariskonstellation potenziert sich also. Die Zumutung der Entscheidung scheint allerdings für den Goethe'schen Paris zumindest dadurch abgemildert, dass er immerhin drei Äpfel zu vergeben hat statt einem. Der Fokus liegt nicht mehr auf der einen Entscheidung, sondern das Entscheiden hat sich vervielfältigt; mit der Pluralisierung scheint eine Herabstimmung des der Entscheidung zukommenden Gewichts verbunden. Der Doppelsinn des Worts ›Los‹ verschränkt ein Wahlverfahren durch Los wie es in Goethes Autobiographie mehrfach angesprochen wird, wenn von der sogenannten ›Kugelung‹ im Rat der Stadt Frankfurt berichtet wird, mit dem ›Los‹ als Schicksal.[48] Für eine Lebensgeschichte stellt das ›Schicksal‹ zumindest eine Deutungskategorie bereit.

Als der kleine Goethe in seinem Traum die merkurischen Äpfel in der Hand hält, scheinen sie »größer geworden zu sein« und entfalten sich zu »drei schönen, schönen Frauenzimmerchen in mäßiger Puppengröße« (*DuW* 60). Wenn es in Entscheidensprozessen auch um Gegenstände geht, die beim Entscheiden eine Rolle spielen,[49] bedarf zweifellos der Ap-

---

48 Zwischen beiden Wortbedeutungen besteht ein enger sachlicher Zusammenhang, der auch mit dem im »Knabenmärchen« eröffneten Märchenkontext in Verbindung steht. Laut *Duden* kommt das Wort ›Los‹ von ahd. ›hliozan‹, mdh. ›liezen‹ ›losen, wahrsagen, zaubern‹. »Die Sitte des Losens entstammt dem magisch-religiösen Bereich. Das Losen diente ursprünglich der Schicksalsbefragung. […] Später wurde das Losen bei den Germanen auch in der Rechtsprechung geübt. Schließlich diente es ganz allgemein dazu, eine vom Menschen unabhängige Entscheidung zu erzielen, daher auch zur Ermittlung des Gewinners in Glücksspielen« (»Los«, in: *Duden. Herkunftswörterbuch,* 494). Von dem im Frankfurter Rat praktizierten Verfahren der Kugelung, bei dem unter den Kandidaten mit der höchsten Stimmenzahl durch die Ziehung von Kugeln entschieden wird (vgl. *DuW* 1085 [Kommentar]), ist in *Dichtung und Wahrheit* mehrfach die Rede (vgl. *DuW* 47, 85, 165).

49 Vgl. Hoffmann-Rehnitz/Krischer/Pohlig, »Entscheiden als Problem der Geschichtswissenschaft«, 245.

fel nochmals gesonderter Aufmerksamkeit. Ist er in der mythologischen Paris-Erzählung in Form des Zankapfels Symbol und Medium des die Entscheidenskrise auslösenden Konflikts, wird er durch das Paris-Urteil zum Symbol und Medium einer prolongierten Entscheidenskrise. Die Überreichung des Apfels an Aphrodite ›entscheidet‹ zunächst, wer die Schönste ist (zumindest für Paris), führt aber in ihren Folgen zu einer ungleich größeren Entscheidenskrise, dem Trojanischen Krieg. Auch in der in Gen. 3 erzählten Geschichte vom Sündenfall[50] stellt die verbotene Frucht, die in der bildenden Kunst vielfach als Apfel dargestellt wird, das symbolische Medium einer fortgesetzten Entscheidenskrise dar: Weil Adam und Eva von der verbotenen Frucht essen, werden sie aus dem Garten Eden vertrieben und in das irdische Leben mit seiner Mühsal – und seinen Entscheidenskrisen – geschickt. In Goethes Knabenmärchen werden die drei magischen Äpfel nun selbst zu Akteuren[51] im eröffneten Entscheidensspiel: Nachdem sie sich in ›drei schöne Frauenzimmerchen‹ verwandelt haben, gleiten sie an den Fingern des neuen Paris hinauf, und als er nach ihnen »haschen« will, »um wenigstens eine festzuhalten, schweb[]en sie schon weit in der Höhe und Ferne, daß [er] nichts als das Nachsehen hat[]« (*DuW* 60). Während sich der alte Paris in Ruhe bedenken und dann seine Entscheidung treffen kann, entzieht sich dem neuen Paris das Setting des Entscheidens. Wie schon der Einstieg in die Traumsequenz mit der Szene vor dem Spiegel zu verstehen gibt, ist der neue Paris kein souveränes Subjekt des Entscheidens. Das »allerliebste[] Mädchen«, das er aber dann plötzlich auf seinen Fingerspitzen herumtanzen sieht, »gar niedlich und munter« (ebd.), ist die neue Helena.[52] Während der alte Paris Helena als Preis für seine Entscheidung bekommt, hat der neue Paris noch gar nichts entschieden; er bekommt seine Helena, die im

---

50 Vgl. Stollberg-Rilinger, *Cultures of Decision Making*, 8 f. In christlicher Deutung wird diese alttestamentliche Entscheidenskrise erst mit dem Neuen Testament und dem Kreuzestod Christi aufgelöst und zwar durch die Entscheidung für den Glauben an Christus.

51 Eindrücklich stellt Grünbart, »Das Paris-Urteil im griechischen Mittelalter«, die Rolle des sich geradezu verselbständigenden Apfels in der byzantinischen Paris-Literatur dar. Wenn Objekten Agency, Handlungsmacht, zugesprochen wird, steht die überlieferte Subjekt-Objekt-Hierarchie in Frage; vgl. dazu insbes. Donna Haraway, »Situiertes Wissen«, in: dies., *Die Neuerfindung der Natur. Primaten, Cyborgs und Frauen*. Frankfurt a. M./New York: Campus, 1995, 73–97.

52 *DuW* 1092 (Kommentar). Wolfgang Schadewaldt sieht Goethes Knabenmärchen in Verbindung mit dem Faust-Helena-Komplex und liest es als Wiederherstellung des Griechentums mit Helena als dem höchsten Schönheitsideal (Wolfgang Schadewaldt, »Goethes Knabenmärchen ›Der neue Paris‹. Eine Deutung«, in: ders., *Goethestudien. Natur und Altertum*, Zürich/Stuttgart: Artemis, 1963, 263–282, 272).

Knabenmärchen Alerte (›die Muntere‹) heißt, gewissermaßen als Vor-
schuss für eine Entscheidung, zu der es, das sei vorweggenommen, in der
ganzen Märchenerzählung nicht kommen wird. Erscheint die antike, von
Paris geraubte Helena eher als passives Objekt, ist die neue Helena Alerte
ein sehr agiles Wesen, dem in der Beziehung zum neuen Paris Goethe eine
aktive Rolle zukommt. Der antike Paris kann sich Helenas bemächtigen,
als der neue Paris dies versucht, wird ihm ein betäubender »Schlag an den
Kopf« (*DuW* 60) versetzt. Mit dem Erwachen aus dieser Betäubung endet
denn auch der Traum in der Märchenerzählung.

Das Märchen selbst ist allerdings noch nicht zu Ende, sondern beginnt
recht eigentlich erst. Der erwachte Märchenerzähler berichtet, wie er, als
er am Nachmittag seine Freunde aufsuchen will, an die »*schlimme Mauer*«
(*DuW* 61)[53] kommt und dort ein nie gesehenes Pförtchen wahrnimmt.
Die reich verzierte Tür öffnet sich, als der Erzähler ihre Verzierungen be-
tasten möchte, und »es erschien ein Mann, dessen Kleidung etwas Langes,
Weites und Sonderbares hatte. Auch ein ehrwürdiger Bart umwölkte sein
Kinn; daher ich ihn für einen Juden zu halten geneigt war. Er aber, eben
als wenn er meine Gedanken erraten hätte, machte das Zeichen des heiligen Kreuzes, wodurch er mir zu erkennen gab, daß er ein guter katholi-
scher Christ sei« (ebd.). Denkt man zunächst an eine Gottvater-Erschei-
nung, lässt das höfliche, aber doch bestimmte Verhalten des Alten ihn
dann aber eher wie einen Klosterbruder und Pförtner erscheinen. Ganz
geheuer ist dem Märchenhelden bei der Sache nicht und fast widerstrebend lässt er sich von dem Pförtner in den Garten locken. Das ist keinesfalls die Geschichte eines überlegten und souveränen Entscheiders, vielmehr geschehen die Dinge wie eben im Märchen und im Traum einfach
so, d. h. ohne sein Dazutun. Da die Grenzen zwischen Subjekt und Objekt wie zwischen Traum und Wirklichkeit gleichermaßen gelockert erscheinen, lässt sich das ›äußere‹ Geschehen als Fortsetzung oder Externalisierung der inneren Verfasstheit des Protagonisten, psychologisch gesprochen, seiner Wünsche und unbewussten Regungen, interpretieren.
Rasch überwindet der Held denn auch sein Zögern und lässt sich von dem
Pförtner in den Garten führen, der Züge eines künstlichen Paradieses annimmt, gerade als ginge es darum, die Vertreibung aus dem Paradies, die

---

53 Die »schlimme Mauer« ist ein realhistorischer Ort und bezeichnet die Garten-
mauer des Bürgers Slym in Frankfurt (vgl. *DuW* 1090 [Kommentar]). Erich Trunz
kommentiert »,*schlimme* Mauer‹ aus ›Slymme‹ (alter Personenname und Grund-
stücksname), Gegend der jetzigen Stiftsstraße« (Johann Wolfgang Goethe, *Aus
meinem Leben. Dichtung und Wahrheit*, in: ders., *Werke*. Hamburger Ausgabe in
14 Bänden, Bd. 9: *Autobiographische Schriften I*, textkritisch durchgesehen von Lieselotte Blumenthal, kommentiert von Erich Trunz, München: dtv, 1981, 666).

den Menschen in die Welt der Entscheidungen befördert hat, rückgängig zu machen. Wenig später ist denn auch von »diesem Paradiese« (*DuW* 68) die Rede. Dass von den vielen zwitschernden Vögeln im Garten einer der Stare immer »Paris, Paris« ruft und der andere »Narciß, Narciß« (*DuW* 62), bestätigt den psychologischen Subtext. Die Topographie des Gartens, die einen großen Kreis bildet (vgl. *DuW* 63),[54] innerhalb dessen sich immer weitere kreisförmige Anlagen erschließen, wird als Verräumlichung des das ganze Knabenmärchen motivierenden Apfel- oder Kugelmotivs lesbar. Besonders angezogen wird der Märchenheld von der Mitte des Kreises, zu der ihn der Pförtner unter der Bedingung, dass er Degen und Hut zurücklasse, denn auch führt. Unversehens erhält die Szene etwas Gewaltförmiges. Der Pförtner führt den Protagonisten »mit einiger Gewalt gerade vorwärts« und »Auf einem hohen Sockel von Marmor standen unzählige Spieße und Partisanen neben einander gereiht, die durch ihre seltsam verzierten oberen Enden zusammenhingen und einen ganzen Kreis bildeten.« (Ebd.)[55] Der aus Spießen gebildete Zaun versperrt dem von Neugier getriebenen Gartenbesucher den Blick, und erst unter der Bedingung, dass er sich umkleide und ein orientalisches Kostüm anlege, wird ihm der Zugang zum Garteninneren gewährt. Ein striktes Regelwerk, auf das sich der kleine Held einlassen muss, ermöglicht ihm die Erfüllung seiner Wünsche. Er entscheidet, dass und was er sehen möchte, benötigt aber zur Umsetzung die Erlaubnis und Führung des Alten. Wie in der antiken Paris-Geschichte das erotische Begehren des Priamos-Sohns den Trojanischen Krieg auslöst, so nimmt auch das Geschehen im Garten des Knabenmärchens kriegerische Züge an:

> Ich betrachtete daher die goldene Umzäunung sehr genau, als wir darauf zueilten; allein augenblicklich verging mir das Gesicht: denn unerwartet begannen Spieße, Speere, Hellebarden, Partisanen sich zu rütteln und zu schütteln, und diese seltsame Bewegung endigte damit, daß die sämtlichen Spitzen sich gegen einander senkten, eben als wenn zwei altertümliche, mit Piken bewaffnete Heerhaufen gegen einander losgehen wollten. (*DuW* 65)

54 Dass Goethes Märchen alle eine topologische Kreisförmigkeit aufweisen, hat Ingrid Kreuzer, »Strukturprinzipien in Goethes Märchen«, in: *Jahrbuch der deutschen Schillergesellschaft* 21 (1977), 216–246, herausgearbeitet. Kreuzer sieht in der Geometrisierung der literarischen Mittel einen Verdrängungsvorgang am Werk und in der Kreisform eine »magische Tabu-Funktion« (231, vgl. 246). Zum Kreis als Entscheidensfigur vgl. Wagner-Egelhaaf, »Kreidekreise des Entscheidens«.

55 ›Partisanen‹ sind als »Stoßwaffen dienende Spieße« (*DuW* 1094 [Kommentar]), »Hellebarden, Spieße mit Seitenzacken« nach Trunz (Goethe, *Dichtung und Wahrheit*, HA, 666).

Die Waffen werden nicht geführt, sie scheinen vielmehr ein Eigenleben zu besitzen. Sie geben nun den Zugang zu einem Garten im Garten frei, in dem eine himmlische Musik erklingt und der staunende Besucher ein Gartengebäude erblickt. Als dessen Pförtnerin tritt ihm ein Mädchen entgegen, das ganz so aussieht wie die kleine Tänzerin auf seinen Fingerspitzen in der Traumsequenz. Im Mittelsaal des Gebäudes findet der neue Paris auch die drei Göttinnen wieder, die, jeweils in den drei Farben der Traumäpfel gekleidet, als Instrumentalistinnen auftreten, Laute, Harfe und Zither spielend. Der Paris-Nachfolger aber hat, wie sein Vorgänger, nur Augen für Helena-Alerte, die als Mandolinen-Spielerin auftritt. Im Folgenden setzt sie ihm, wie weiland Eva dem Adam, Früchte vor, im vorliegenden Fall »Orangen, Feigen, Pfirschen und Trauben« (*DuW* 68) und veranlasst ein Kriegsspiel mit kleinen Spielzeugsoldaten, von denen der Erzähler berichtet, noch »niemals so etwas Schönes gesehen« (ebd.) zu haben. Dabei übernimmt Alerte mit ihrer Truppe die Rolle der Amazonenkönigin Penthesilea und Goethe-Paris spielt den Achill-Part. Das Schönheitsmotiv zieht sich durch das ganze »Knabenmärchen«:

Die Heere standen gegen einander, und man konnte nichts schöneres sehen. Es waren nicht etwa flache bleierne Reiter, wie die unsrigen, sondern Mann und Pferd rund und körperlich, und auf das feinste gearbeitet; auch konnte man kaum begreifen, wie sie sich im Gleichgewicht hielten: denn sie standen für sich, ohne ein Fußbrettchen zu haben. (*DuW* 69)

Aus dem Spiel wird erbitterter Ernst. Geworfen wird mit »kleine[n] wohlpolierte[n] Achatkugeln« (*DuW* 69) und dabei werden, gegen die anfänglich von Alerte gesetzte Regel, zahlreiche Figuren zerstört. Bemerkenswerterweise entfalten die kriegerischen Achatkugeln als Derivate des Paris-Apfels eine so zerstörerische Kraft, dass es zu einer Eskalation kommt, die zur Vertreibung aus dem künstlichen Märchenparadies führt, ohne dass die Schlacht eine klare Entscheidung über Sieg und Niederlage gebracht hätte. Weil er ihre Spielzeugsoldaten zerstört, gibt Alerte ihrem Kriegsgegner eine Ohrfeige, worauf dieser sie »bei den Ohren [faßt] und […] sie zu wiederholten Malen« (*DuW* 70) küßt. Die Geküsste stößt einen Schrei aus, der Boden beginnt zu beben, Partisanen und Lanzen richten sich gegen den Missetäter, der, aus dem Paradiesinneren herauskatapultiert, sich nach einer Ohnmacht »am Fuß einer Linde« (*DuW* 71), jedoch immer noch im Garten findet. Wasser peitschen auf ihn nieder und durchnässen ihn, so dass er, die Erfrischung durchaus genießend, die Kleider abwirft und so nackt wie gravitätisch in den Gartengefilden herumspaziert. Dabei konnotiert seine Nacktheit ebenso das nackte erste Menschenpaar im Paradies, nur dass dem neuen Adam seine Eva abhanden gekommen ist, aber auch die Nacktheit griechischer Helden, heißen sie nun Paris oder Achill, und nicht zuletzt steht sie für die erotische Grundierung dieser offensichtlich denn doch verlorenen Schlacht.

Als ihn der Pförtner ob seines Regelbruchs tadelt, ›ermannt‹ sich der kleine Held und gibt Widerworte.

> »Wer bist denn du, fragte er [der Pförtner] trutzig, daß du so reden darfst?« – Ein Liebling der Götter, sagte ich, von dem es abhängt, ob jene Frauenzimmer würdige Gatten finden und ein glückliches Leben führen sollen, oder ob er sie will in ihrem Zauberkloster verschmachten und veralten lassen. – (*DuW* 72)

Damit beruft sich der neue Paris einmal mehr auf seine Entscheidensmacht, ohne dass sie, wie bereits angedeutet, zum Einsatz käme. Wo sich alles permanent verändert, wird souveränes Entscheiden unmöglich. Die narrative Logik – Traum und Märchen machen es möglich – gerät ins Schlingern, denn waren es im Traum die drei Äpfel, mit deren Hilfe junge Männer der Stadt Gemahlinnnen finden sollten, sind es nun die drei Göttinnen, die offensichtlich unter die Haube gebracht werden müssen! Jedenfalls eignet sich der Protagonist nochmals offensiv die Paris-Rolle an und verlangt für sich »das kleine Geschöpf [...], die [ihn] in diesen verwünschten Zustand gebracht hat« (*DuW* 72). Die Wunscherfüllung erfolgt indes nicht sofort, sondern der Pförtner hilft dem neuen Paris beim Ankleiden und versetzt ihn wieder in den herausgeputzten Zustand, in dem er den Garten betreten hat. Er geleitet ihn höflich hinaus, nicht ohne ihm eine aus Brunnen, Inschrift und Nussbäumen gebildete zeichenhafte Konstellation als Anhaltspunkt für den Rückweg zu weisen. Schienen ihm die drei Elemente übereinander zu stehen, habe er sie, so berichtet der Erzähler, beim Versuch der Rückkehr, als voneinander getrennt und überdies nicht mit den erinnerten identisch gesehen. Und das Pförtchen sei überhaupt nicht wiederzufinden gewesen. Allerdings, so der jugendliche Erzähler weiter, rückten die Gegenstände jedes Mal, als er wiederkam, ein wenig näher zusammen, und er gibt der Vermutung Ausdruck, dass »[w]ahrscheinlich, wenn alles wieder zusammentrifft, [...] auch die Pforte von neuem sichtbar sein« (*DuW* 73) werde. Das Märchen endet mit der ungewissen Aussicht auf Fortsetzung, wobei der Erzähler seine erzählerische Souveränität spielerisch aussetzt, wenn er seinem gebannt lauschenden kindlichen Publikum zu verstehen gibt: »Ob ich Euch erzählen kann, was weiter begegnet, oder ob es mir ausdrücklich verboten wird, weiß ich nicht zu sagen« (ebd.).

Im Anschluss berichtet der Autobiograph, dass seine Zuhörer ihrerseits versucht hätten, das Pförtchen zu finden, aber jeweils eine ganz verschiedene Wahrnehmung der Konstellation Brunnen – Inschrift – Nussbäume

Abb. 9: Lucas Cranach der Ältere, Adam und Eva im Paradies, 1531.

gehabt hätten: Dem einen schienen sie zusammenzurücken, dem anderen auseinanderzutreten, und auch die Anordnung wurde unterschiedlich wahrgenommen.[56] Für Goethe ist es die unterschiedliche Wirklichkeitswahrnehmung seines jugendlichen Publikums, die dem wiederholt und im Wesentlichen unverändert erzählten Märchen seine Geltung verleiht.

56 Karl-Heinz Kausch, »Goethes ›Knabenmärchen‹ ›Der neue Paris‹ – oder ›Biographica und Aesthetica‹«, *Jahrbuch der deutschen Schillergesellschaft* 24 (1980), 102–122, 118 vergleicht die Freunde, die den Zugang zu dem verschlossenen Garten suchen, mit jenen (älteren) Germanisten, die *Dichtung und Wahrheit* im Hinblick auf seinen Quellenwert lasen; Goethes »Selbstgestaltung« sei hingegen »keine wissenschaftliche, sondern eine dichterische Tat« (121 f.).

Die ›Entscheidung‹, ob eine Erzählung ›glaubwürdig‹ oder ›unglaubwürdig‹ ist, fällt in der Interaktion zwischen Erzähler und Publikum und ist nicht das alleinige Verdienst eines souveränen Erzählers, ist doch im Zuge der Traum- und Märchenerzählung bereits deutlich geworden, dass auch das Entscheiden von Variablen im eigentlichen Wortsinn abhängt, von der Widerständigkeit und Eigenmächtigkeit der Objekte, aber auch von undurchsichtigen Regeln und mehr oder weniger eigensinnigen Mitspielenden. Als motivierende Impulsgeber werden aus den gebannt Lauschenden Handelnde, die den Hiat zwischen rückblickender Erzähler-Dichtung und erlebter Figuren-Wahrheit überbrücken. Der neue Paris ist kein souveräner Entscheider. Was ihn mit dem alten Paris, aber auch mit Adam und Eva im Paradies verbindet, ist die Triebgesteuertheit seines Entscheidens. Auch deren Entscheiden war, so gesehen, offensichtlich affektbedingt. Erwachender Trieb und narzistisches Begehren sind in der Märchenerzählung die ausschlaggebenden Momente einer um und in sich selbst kreisenden Handlungsstruktur, deren szenische Instabilität Entscheiden innerhalb der »schlimme[n] Mauer« (*DuW* 61) unmöglich macht. Aber doch verfügt der kindliche Erzähler, wie ihn der Autobiograph im Rückblick entwirft, bereits über eine gewisse erzählerische Entscheidenskompetenz des Benennens, Verschweigens und Offenlassens sowie in der Umerzählung des Paris-Mythos auch des Regelbruchs bzw. der Unterbrechung von Erzählroutinen. Für die Erzählung von *Dichtung und Wahrheit* hat »Der neue Paris« insofern Modellfunktion, als er das programmatische Verhältnis von Dichtung und Wahrheit in dramatischer Verdichtung zur Darstellung bringt und dabei Trieb und Begehren als ausschlaggebende Handlungsmomente offenlegt.

Entscheiden beobachten

Autobiographien erzählen nie nur die eigene Lebensgeschichte. Sie erzählen immer auch vom Leben der anderen[57] – und d. h. auch von den Entscheidungen anderer, deren Wahrnehmung und Schilderung für das Entscheiden des autobiographischen Ichs einen Rahmen abgeben. Ge-

---

57 Vgl. Anne Rüggemeier, *Die relationale Autobiographie. Ein Beitrag zur Theorie, Poetik und Gattungsgeschichte eines neuen Genres in der englischsprachigen Erzählliteratur*, Trier: WTV, 2014.

rade, wenn es darum geht, Entscheiden nicht als mentalen Vorgang zu betrachten,[58] sondern den Blick auf ›Kulturen des Entscheidens‹ zu richten, gewinnt die Darstellung unterschiedlicher sozialer Formen und Modi des Entscheidens Bedeutung. Sie bilden im Fall von Goethes Autobiographie ein weites Spektrum ab, das vom souveränen bedächtigen Entscheiden zur an magische Praktiken gebundenen Entscheidungsfindung reicht, von der wahrgenommenen Inszenierung des Entscheidens bis zur im Bild des Entscheidensheroen Herkules *ex negativo* geschilderten Entscheidensschwäche.

Kulturheroen

Wie Goethe in *Dichtung und Wahrheit* berichtet, war seine Geburt mit einer weitreichenden zivilgesellschaftlichen Entscheidung verbunden: der Einführung des Hebammenunterrichts durch seinen Großvater Johann Wolfgang Textor, der seit 1731 Schöffe und seit 1747 Stadtschultheiß in Frankfurt war. Die private Erfahrung, dass sein Enkel bei der Geburt fast gestorben wäre, veranlasste offensichtlich diese für das Gemeinwesen weitreichende Entscheidung (vgl. *DuW* 15). Die Tatsache, dass der Großvater mütterlicherseits gleich zu Beginn des 1. Buchs seinen Auftritt als Entscheider hat, ist für den weiteren Werdegang seines die gleichen Vornamen tragenden Enkels Johann Wolfgang nicht ohne Bedeutung, spielt dieser offenbar durch sein öffentliches Wirken und Entscheiden angesehene Vorfahr als Referenzperson doch eine wichtige Rolle für das autobiographische Ich von *Dichtung und Wahrheit* in dessen eigenen Entscheidenssituationen. Die von Stefan Goldmann gewählte und hier nicht ganz ohne Ironie in die Kapitelüberschrift gesetzte Bezeichnung des ›Kulturheros‹[59] verweist auf vorbildliche Entscheider, deren Entscheiden von öffentlicher Relevanz und Wirkkraft ist. Großvater Textor mit seiner Hebammenentscheidung ist gewiss einer von ihnen, auch wenn man über das genaue Procedere seines Entscheidens nichts erfährt. Das Andenken an seinen Großvater verbindet sich für den Autobiographen mit dem im Frankfurter Rat praktizierten Entscheidensverfahren der Kugelung. Die

---

58 Zur Kritik an mentalistischen Ansätzen des Entscheidens vgl. Philip Hoffmann-Rehnitz, Ulrich Pfister, Michael Quante, Tim Rojek,»Diesseits von methodologischem Individualismus und Mentalismus: Auf dem Wege zu einer geistes- und kulturwissenschaftlichen Konzeption des Entscheidens. Reflexionen der Dialektik einer interdisziplinären Problemkonstellation«, *Zeitschrift für angewandte Philosophie* 1 (2019), 133–152.

59 Vgl. S. 40 f.

Kugelung sah vor, dass zwischen denjenigen Kandidaten mit der höchsten Stimmenzahl durch die Ziehung von Kugeln entschieden wurde.[60] In der autobiographischen Erzählung von *Dichtung und Wahrheit* erscheinen die bei der Kugelung zum Einsatz kommenden Kugeln geradezu als Präfiguration des Paris-Apfels als Entscheidenssymbol, dessen kulturgeschichtliche Postfiguration sie zugleich darstellen mögen. Was die Kugelung analeptisch mit dem Knabenmärchen verbindet, ist die Rolle, die Träume in der Erinnerung des autobiographischen Ichs an den Großvater spielen. Großvater Textor besaß nämlich »die Gabe der Weissagung«:

> Zwar ließ er sich gegen Niemand als gegen die Großmutter entschieden und umständlich heraus; aber wir alle wußten doch, daß er durch bedeutende Träume von dem was sich ereignen sollte, unterrichtet werde. So versicherte er z. B. seiner Gattin, zur Zeit als er noch unter die jüngern Ratsherren gehörte, daß er bei der nächsten Vakanz auf der Schöffenbank zu der erledigten Stelle gelangen würde. Und als wirklich bald darauf einer der Schöffen vom Schlage gerührt starb, verordnete er am Tage der Wahl und Kugelung, daß zu Hause im Stillen alles zum Empfang der Gäste und Gratulanten solle eingerichtet werden, und die entscheidende goldne Kugel ward wirklich für ihn gezogen. Den einfachen Traum, der ihn hievon belehrt, vertraute er seiner Gattin folgendermaßen: Er habe sich in voller gewöhnlicher Ratsversammlung gesehen, wo alles nach hergebrachter Weise vorgegangen. Auf einmal habe sich der nun verstorbene Schöff von seinem Sitze erhoben, sei herabgestiegen und habe ihm auf eine verbindliche Weise das Kompliment gemacht: er möge den verlassenen Platz einnehmen, und sei darauf zur Türe hinausgegangen.
>
> Etwas Ähnliches begegnete, als der Schultheiß mit Tode abging. Man zaudert in solchem Falle nicht lange mit Besetzung dieser Stelle, weil man immer zu fürchten hat, der Kaiser werde sein altes Recht, einen Schultheißen zu bestellen, irgend einmal wieder hervorrufen. Diesmal ward um Mitternacht eine außerordentliche Sitzung auf den andern Morgen durch den Gerichtsboten angesagt. Weil diesem nun das Licht in der Laterne verlöschen wollte, so erbat er sich ein Stümpfchen, um seinen Weg weiter fortsetzen zu können. »Gebt ihm ein ganzes, sagte mein Großvater zu den Frauen: er hat ja doch die Mühe um meinetwillen.« Dieser Äußerung entsprach auch der Erfolg: er wurde wirklich Schultheiß; wobei der Umstand noch besonders merkwürdig war, daß, obgleich sein Repräsentant bei der Kugelung an der dritten und letzten

---

60 Vgl. *DuW* 1085 (Kommentar).

Stelle zu ziehen hatte, die zwei silbernen Kugeln zuerst heraus kamen, und also die goldne für ihn auf dem Grunde des Beutels liegen blieb. (*DuW* 46 f.)

Hier verbinden sich öffentliches politisches Entscheiden und, vermittelt über das Symbol der goldenen Kugel, Märchen- und Traumlogik.[61] Der Großvater, der hier nicht selbst entscheidet, sondern Gegenstand von politischen Entscheidungen ist, wird als jemand dargestellt, dessen öffentliche Wirksamkeit, zu der eben die pragmatische Hebammenentscheidung gehört, ihr Widerlager in einer Sphäre des Intuitiven, des Gefühls, des Gespürs hat.[62]

Als Goethe selbst Jahre später auf der Rückreise vom Feldzug in Frankreich die Wahl in den Frankfurter Rat angeboten wird, die eine Rückkehr in die Heimatstadt bedeutet hätte, erinnert er sich an den Großvater in seinem Frankfurter Obstgarten, vergegenwärtigt sich aber auch die Vorstellung vom in seinem Sarg liegenden Ahnherrn – und entscheidet gegen die Annahme der Ratsherrenschaft. Ganz offensichtlich stellte die Folge, die eine Entscheidung für Frankfurt mit sich gebracht hätte, das beschauliche Leben eines Frankfurter Bürgers, keine Option in der Lebensplanung des autobiographischen Ichs dar.[63]

Naheliegenderweise ist es im Leben des kleinen Goethe der Vater, der die Familienentscheidungen trifft.[64] Sie werden allerdings nicht entscheidensförmig präsentiert, sondern müssen als Ergebnis und Faktum hingenommen werden. Als im Zuge des Siebenjährigen Kriegs die Stadt Frankfurt französische Besetzung erfährt, wird im Goethe'schen Haus der

61 Zur Geschichte des Losverfahrens und seine mögliche Relevanz in der deliberativen Demokratie vgl. Yves Sintomer, *Das demokratische Experiment. Geschichte des Losverfahrens in der Politik von Athen bis heute*, Wiesbaden: VS-Verlag, 2016.
62 In der kurz zuvor geschilderten Gartenszene erscheint der Großvater als »eine mittlere Person zwischen Alcinous und Laertes« (*DuW* 46). Peter Sprengel konstatiert hier eine »Mythisierung zum Urbild des Bleibenden und zum Seher« (Johann Wolfgang Goethe, *Aus meinem Leben. Dichtung und Wahrheit*, hrsg. von Peter Sprengel, in: Johann Wolfgang Goethe, *Sämtliche Werke nach Epochen seines Schaffens*, Münchner Ausgabe, hrsg. von Karl Richter in Zusammenarbeit mit Herbert G. Göpfert, Norbert Miller und Gerhard Sauder, München: Hanser, 1985, 930).
63 Vgl. dazu ausführlicher S. 215–219.
64 Johann Caspar Goethe, der als Privatier leben konnte, hatte der Stadt Frankfurt angeboten, »eins der subalternen Ämter [zu] übernehmen und solches ohne Emolumente [Besoldung] [zu] führen [...], wenn man es ihm ohne Ballotage [also ohne das Wahlverfahren durch Abgabe weißer und schwarzer Kugeln für Zustimmung oder Ablehnung; vgl. ebd., 1095] übergäbe« (ebd., 85; vgl. auch 165). Als ihm dies verweigert wird, ist er pikiert und zieht sich ins Privatleben zurück.

Königslieutenant François de Théas Comte de Thoranc einquartiert – sehr zum Missfallen von Vater Goethe. Thorancs Aufgabe ist es, Zivil-streitigkeiten zwischen Soldaten und Bürgern zu schlichten. Er benimmt sich im Goethe'schen Haus musterhaft, so dass er bald die Sympathien der anderen Hausbewohner und -bewohnerinnen, mit Ausnahme des Vaters, gewinnt. Die Darstellung seines Charakters verbindet sich auf's Engste mit seiner amtlichen Tätigkeit als Entscheider:

> Die mancherlei Angelegenheiten, die vor dem Richterstuhle des Kö-nigslieutenants geschlichtet wurden, hatten dadurch noch einen ganz besondern Reiz, daß er einen eigenen Wert darauf legte, seine Entschei-dungen zugleich mit einer witzigen, geistreichen, heitern Wendung zu begleiten. Was er befahl, war streng gerecht; die Art wie er es aus-drückte, war launig und pikant. Er schien sich den Herzog *von Ossuna*[65] zum Vorbilde genommen zu haben. Es verging kaum ein Tag, daß der Dolmetscher nicht eine oder die andere solche Anekdote uns und der Mutter zur Aufheiterung erzählte. Es hatte dieser muntere Mann eine kleine Sammlung solcher Salomonischen Entscheidungen ge-macht; ich erinnere mich aber nur des Eindrucks im Allgemeinen, ohne im Gedächtnis ein Besonderes wieder zu finden. (*DuW* 98)[66]

Es ist bemerkenswert, dass das autobiographische Ich selbst keine Erinne-rung an Einzelfälle hat und lediglich den allgemeinen Eindruck von einem weisen Entscheider Thoranc erinnert. In der Vermittlung dieses Bilds scheint der Dolmetscher eine maßgebliche Rolle gespielt zu haben, als Überbringer, Erzähler und Sammler der Thoranc'schen Entscheidens-anekdoten.[67] Indessen ist es der autobiographische Erzähler, der hier von »Salomonischen Entscheidungen« spricht und damit Thorancs Entschei-densprofil in ein mythisches Narrativ einordnet. Auf den Dolmetscher wird zurückzukommen sein. Das Charakterporträt des Grafen wird da-

---

65 Der Herzog von Ossuna (1579–1624) war Vizekönig von Sizilien und später von Neapel und »wegen seiner scharfen Zunge berühmt und gefürchtet« (*DuW* 1100 [Kommentar]).

66 Zum salomonischen Entscheiden vgl. auch Wagner-Egelhaaf, »Kreidekreise des Entscheidens« und Johannes Schnocks, »Das hörende Herz des Königs Salomo. 1 Kön 3 als hintergründiges Narrativ des Entscheidens«, in: *Mythen und Narrative des Entscheidens*, hrsg. von Wagner-Egelhaaf/Quast/Basu, 205–217.

67 Zum Zusammenhang von Autobiographie, Anekdote und Charakterdarstellung vgl. Christian Moser, »Kontingenz und Anschaulichkeit. Zur Funktion anekdoti-schen Erzählens in lebensgeschichtlichen Texten (Plutarch und Rousseau)«, in: *Show, don't tell. Konzepte und Strategien anschaulichen Erzählens*, hrsg. von Tilmann Köppe und Rüdiger Singer, Bielefeld: Aisthesis, 2018, 57–82.

Sich/Für sich entscheiden. Goethe

durch abgerundet, dass Goethe von Thorancs Zuständen des »Unmut[s]«, der »Hypochondrie«, des »bösen Dämon[s]« (*DuW* 98) berichtet, die den Königslieutnant bisweilen zum Tage andauernden Rückzug in sein Zimmer veranlassen. In solcher Gemütsverfassung nimmt er sein Amt als Entscheider nicht wahr. Aus den Äußerungen seines Kammerdieners »konnte man schließen, daß er in frühern Jahren von solcher Stimmung überwältigt, großes Unglück angerichtet, und sich nun vor ähnlichen Abwegen, bei einer so wichtigen, den Blicken aller Welt ausgesetzten Stelle, zu hüten ernstlich vornehme« (ebd.). Der sich seiner öffentlichen Rolle bewusste, weise Entscheider kontrolliert sich also selbst und zieht sich aus dem Verkehr, wenn die Gefahr besteht, dass er sich beim Entscheiden von Stimmungen beeinflussen lässt. Dass er seine »streng gerecht[en]« Entscheidungen rhetorisch ansprechend vermittelt, scheint allerdings ein weiteres Merkmal seiner die Sozialität seines Wirkens beachtenden Einstellung zu sein. Der Graf scheint jedenfalls ein ›moderner‹ und ›aufgeklärter‹, sich selbst kontrollierender Entscheider zu sein.

Diese Souveränität geht Goethes Vater Johann Caspar in seinem Groll ob der französischen Einquartierung ab. Und so stellt der autobiographische Erzähler zwei kontrastierende Charakterporträts nebeneinander.[68] Als die Franzosen in der Schlacht bei Bergen am 13. April 1759 den Sieg erringen, kann sich der Vater, der auf ein Ende der Besetzung und der Einquartierung in seinem Haus gehofft hatte, nicht enthalten, im Zorn den Grafen zu beleidigen. Der daraufhin seinerseits wutentbrannte Thoranc reagiert mit der Verhängung von Arrest. »Die Subalternen wußten wohl, daß ihm niemals zu widersprechen war; doch hatten sie sich manchmal Dank verdient, wenn sie mit der Ausführung zauderten« (*DuW* 113). Mit allen Mitteln wird daher nun versucht, den Grafen von seiner Entscheidung abzubringen. Die Organisation dieses Geschäfts übernimmt »der Gevatter Dolmetsch, den die Geistesgegenwart niemals verließ« (ebd.). Er setzt die Mutter gewissermaßen als Medium auf den Adjutanten des Grafen an,

daß sie durch Bitten und Vorstellungen nur einigen Aufschub erlangen möchte. Er selbst eilte schnell hinauf zum Grafen, der sich bei der großen Beherrschung seiner selbst sogleich ins innre Zimmer zurückgezogen hatte, und das dringendste Geschäft lieber einen Augenblick stocken ließ, als daß er den einmal in ihm erregten bösen Mut an einem

---

68 Müller schreibt in seinem Kommentar zum 3. Buch: »Als Kontrastfigur erscheint der tätige, tüchtige, selbstbeherrschte und weltgewandte Königsleutnant Thoranc, der in dem Maße zur positiven Vaterfigur wird, wie der Rat Goethe sich unvernünftig in seiner Hypochondrie verrennt« (*DuW* 1099 [Kommentar]).

Unschuldigen gekühlt, und eine seiner Würde nachteilige Entscheidung gegeben hätte. (*DuW* 113)

Bemerkenswerterweise ist es gerade der Dolmetsch mit seinem Sinn für die Entscheidenskompetenz des Grafen, der nun in den Entscheidensprozess – als Dolmetsch – eingreift. Und wieder ist es die Erzählgabe des Dolmetsch, auf die der autobiographische Erzähler rekurriert, wenn er im Folgenden das höchst dramatische Geschehen im innern Zimmer szenisch, d. h. in Rede und Gegenrede, wiedergibt. Der Dolmetsch appelliert an die Gabe des Grafen, »auch in Augenblicken der Leidenschaft, in Augenblicken des Zorns, die Gesinnungen anderer anzuhören« (*DuW* 114). In einem rhetorisch geschickten Schachzug stellt er Thoranc vor Augen: »Euer Entschluß ist gerecht: er geziemt dem Franzosen, dem Königs-Lieutenant; aber bedenkt, daß Ihr auch Graf Thorane seid« (*DuW* 115).[69] Auch wenn der Graf schroff erwidert, dass dieser, Graf Thoranc, hier nicht mitzusprechen habe, so insistiert der Dolmetsch darauf, dass man ihn wenigstens höre. Und im Folgenden setzt der Dolmetsch dem Grafen auseinander, was er, der Graf, in dieser Situation zugunsten des aufmüpfigen Frankfurter Bürgers vorzubringen hätte. Damit veranlasst er den Königslieutnant gegen sich selbst als Graf Thoranc, als Mensch, zu argumentieren. Auch führt er ihm vor Augen, dass er durch die Bestrafung von Vater Goethe dem Parteigeist zuarbeite und letztlich seinem eigenen Ansehen schade. Schließlich führt er noch den Frieden im Hause Goethe ins Feld, den der Königslieutenant bei einer Arrestierung von Johann Caspar Goethe aufs Empfindlichste beschädigen würde, abgesehen davon, dass ihm, Thoranc, doch die Hausfrau und die Kinder so sehr zugetan seien. Der Disput endet damit, dass Thoranc seine Entscheidung rückgängig macht. Allerdings behält er das letzte Wort:

> »Ihr trefft meine schwache Seite nicht, Dolmetscher. An den Nachruhm pfleg' ich nicht zu denken, der ist für andere, nicht für mich; aber im Augenblick recht zu tun, meine Pflicht nicht zu versäumen, meiner Ehre nichts zu vergeben, das ist meine Sorge. Wir haben schon zu viel Worte gemacht; jetzt geht hin – und laßt Euch von den Undankbaren danken, die ich verschone!« (*DuW* 116 f.)

Tatsächlich: es sind viele Worte gemacht worden – und dass es gerade der Dolmetsch ist, der diese wortreiche Revision einer Entscheidung, ja eine

---

69 Goethe verwendet im Text die Schreibweise ›Thorane‹; richtig hieß der Königslieutenant ›Thoranc‹; vgl. auch Martin Schubert, *François de Théas Comte de Thoranc. Goethes Königslieutenant. Dichtung und Wahrheit. Drittes Buch*, München: Bruckmann, 1896.

Revisionsentscheidung, auf den Weg gebracht hat, ist signifikant genug. Der Dolmetscher als jemand, der mehrere Sprachen beherrscht, spielt hier nicht nur seine technische Sprachkompetenz aus, sondern wird dank seines rhetorischen Geschicks zum Vermittler *par excellence*. Er macht dem Grafen nicht nur die Position der Gegenseite verständlich, sondern auch dessen eigene. Das heißt, er vermittelt den Grafen mit sich selbst, indem er ihm seine ›eigene‹ Position, rhetorisch schlagend, vor Augen stellt. Freilich spricht er nicht nur vor dem Grafen, sondern er erzählt im Anschluss daran der bangen Familie Goethe von seinem Sieg. Der Autobiograph, der aus der Erzählung eine dramatische Szene baut und diese seiner eigenen Erzählung integriert, vermerkt dazu, die eigene Urteils- und Entscheidungskompetenz aussetzend:

> Ob der Dolmetsch wirklich so weise gesprochen, oder ob er sich die Szene nur so ausgemalt, wie man es wohl nach einer guten und glücklichen Handlung zu tun pflegt, will ich nicht entscheiden; wenigstens hat er bei Wiedererzählung derselben niemals variiert. (*DuW* 117)

Genausowenig steht zur Entscheidung, inwieweit die dramatische Ausgestaltung der Entscheidensszene auf das Konto des autobiographischen Erzählers geht …

Magisches Entscheiden

So starrköpfig Goethes Vater beschrieben wird, so verbindlich erscheint hingegen die Mutter. Letztere zeichnet auch eine magischem Denken verhaftete Kontingenzbewältigungsmethode aus, von der anzunehmen ist, dass sie diese auch in persönlichen Entscheidenssituationen praktiziert. Ihr Entscheidensverhalten scheint damit ein eher vormodernes zu sein.[70] Als klar ist, dass die Schlacht bei Bergen verloren ist und der Vater in seinem Zimmer schmollt, sind Mutter und Kinder, die auf der Seite des Grafen stehen, erfreut. Und von der Mutter heißt es, dass sie »doppelt getröstet« sei, »da sie des Morgens, als sie das Orakel ihres Schatzkästleins durch einen Nadelstich befragt, eine für die Gegenwart sowohl als für die Zukunft sehr tröstliche Antwort erhalten hatte« (*DuW* 111). Das »Schatzkästlein« war eine in pietistischen Kreisen beliebte Anthologie von Karl Heinrich v. Bogatzky mit dem Titel *Güldenes Schatzkästlein der Kinder*

---

70 Zum Verhältnis von vormodernen und modernen Entscheidensnarrativen vgl. Hoffmann-Rehnitz / Krischer / Pohlig, »Entscheiden als Problem der Geschichtswissenschaft«, 250–264.

Gottes, deren Schatz im Himmel ist (1718). Es enthält Bibel- und Liedverse, aber auch Platz für Stammbucheintragungen. Ein Nadelstich, mittels dessen eine bestimmte Seite aufgeschlagen wird, macht es zum Orakel.[71] Wenn Goethe im 15. Buch von *Dichtung und Wahrheit* beschreibt, wie er sich vom Pietismus löst, trägt er gewissermaßen nach, dass in der Herrnhuter Brüdergemeinde kein Unterschied zwischen der religiösen und der bürgerlichen Verfassung gemacht wird, dem Grafen Zinzendorf unbedingter Gehorsam geleistet und auch der »Ausspruch des Loses mit Ergebenheit vernommen« (*DuW* 690) werden musste. Dass die Herrnhuter bei wichtigen Entscheidungen das Los befragten, hatte Goethe in David Cranz' Werk *Alte und neue Brüder-Historie* (1772) gelesen.[72]

Die Tatsache, dass es gerade die Mutter ist, die mit der Befragung des Orakels einer magischen Entscheidenspraxis folgt, während der Graf

71 Vgl. *DuW* 1103 (Kommentar). – Der erste Spruch im »Hikmet-Nameh«, dem »Buch der Sprüche« in Goethes *West-östlichem Divan* lautet: »Talismane werd' ich in dem Buch zerstreuen, / Das bewirkt ein Gleichgewicht. / Wer mit gläubiger Nadel sticht / Ueberall soll gutes Wort ihn freuen« (FA 3/1, 62). In den Erläuterungen zum *West-östlichen Divan* schreibt Goethe: »Der in jedem Tag düster befangene, nach einer aufgehellten Zukunft sich umschauende Mensch greift begierig nach Zufälligkeiten, um irgend eine weissagende Andeutung aufzuhaschen. Der Unentschlossene findet nur sein Heil im Entschluß, dem Ausspruch des Looses sich zu unterwerfen. Solcher Art ist die überall herkömmliche Orakelfrage an irgendein bedeutendes Buch, zwischen dessen Blätter man eine Nadel versenkt und die dadurch bezeichnete Stelle beim Aufschlagen gläubig beachtet. Wir waren früher mit Personen genau verbunden, welche sich auf diese Weise bey der Bibel, dem Schatzkästlein und ähnlichen Erbauungswerken zutraulich Raths erholten und mehrmals in den größten Nöthen Trost, ja Bestärkung fürs ganze Leben gewannen« (ebd., 208 f.). Goethe weist darauf hin, dass im Orient diese Sitte gleichfalls bekannt war und der westliche Dichter sich »wünscht, daß seinem Büchlein gleiche Ehre wiederfahren möge« (ebd., 209).

72 Vgl. ebd. – Das Herrnhuter Losorakel findet auch Eingang in die zweite Fassung von Gottfried Kellers *Grünem Heinrich* (1879/80), für dessen Protagonist *Dichtung und Wahrheit* ein »helle[r] Stern« ist (vgl. Gottfried Keller, *Der grüne Heinrich*, Zweite Fassung, hrsg. von Peter Villwock, Frankfurt a. M.: Deutscher Klassiker Verlag, 1996, 387). In der eingeschobenen Zwiehan-Novelle wird Albertus Zwiehan, der gar nicht gläubig ist, per Losentscheid in die Herrnhuter Brüdergemeinde aufgenommen. Er hatte um Aufnahme ersucht, um Afra Zigonia Mayluft, in die er verliebt ist und die der Gemeinde angehört, nahe zu sein. Ironischerweise wird im selben Losverfahren entschieden, dass Afra Zigonia einen Missionar, den sie ihrerseits liebt, nach Afrika begleiten darf. Das Los unterläuft sich also gleichsam selbst. Immerhin hinterlässt Afra Zigonia dem düpierten Zwiehan ein Büchlein mit Sprüchen und Gedichten, das mit einem Elfenbeinstäbchen zum »prophetischen Zwischenstechen« (vgl. ebd., 480) versehen ist.

Thoranc ein reflektierender, Goethes Vater eher ein impulsiver Entscheider ist, wirft ein bezeichnendes Licht auf die kulturelle Geschlechterordnung, die Frauen dem Bereich des Gefühlhaften und der Religion zuordnet, während Männer entweder rational-souverän oder irrationalautoritär sind. In jedem Fall scheint es die Entscheidungen an eine höhere Macht delegierende Mutter einfacher zu haben als der prinzipienstrenge Vater. Offensichtlich weil sie einen Blick von außen, um nicht zu sagen von oben, einnimmt, fungiert sie im 12. Buch von *Dichtung und Wahrheit* als Vermittlerin und ausgleichende Kraft zwischen dem ordnungsliebenden Vater und dem sich nach der Rückkehr aus Straßburg selbst als exzentrisch beschreibenden Sohn.[73] Im 13. Buch wird Goethe selbst das Orakel in Bezug auf seine berufliche Zukunft befragen (vgl. *DuW* 605 f.).[74] Wo es eine höhere Instanz, an die appelliert werden könnte, schreibt Lübbe, »als religiöses oder gesellschaftliches Institut nicht mehr gibt, ist sie [die Praktik des Orakels] eine Technik, den Zufall walten zu lassen, weil es leichter ist, diesem als unmittelbar seiner eigenen Entscheidung sein Unglück verdanken zu müssen.«[75]

Das Gleichgewicht der Welt

Im vierten Teil, am Ende des 17. Buchs von *Dichtung und Wahrheit* spricht der Autobiograph, für den bereits die künftige Tätigkeit am Weimarer Hof am Horizont der Darstellung steht, über die politischen Zustände in Europa und in Deutschland. Für die Verhältnisse, denen er im Grunde positiv gegenübersteht, verwendet er bezeichnenderweise die Wägemetaphorik: So schien ihm »Friedrich der Zweite, auf seiner Kraft ruhend, […] noch immer das Schicksal Europens und der Welt abzuwiegen«, und im Reich, wo »dem Kaiser sich Könige subordinierten […] gab diesen ihr Wahlrecht und die dabei erworbenen und behaupteten Gerechtsame ein entschiedenes Gleichgewicht«(*DuW* 769). Auch der bürgerliche Mittelstand, der sich dem Handel, den Wissenschaften und der Technik widmet, bildet dem Adel gegenüber ein »bedeutende[s] Gegengewicht« (*DuW* 771). In der Heimatstadt Frankfurt sorgen »verfassungsmäßige[] Gegengewichte« (*DuW* 777) für Chancengleichheit. Erinnert sei in diesem Zusammenhang auch an Goethes Diktum aus der *Italienischen Reise*, »daß das Gefühl der Wasserwaage und des Perpendikels […] uns eigent-

---

73 Vgl. *DuW* 548 f.
74 Vgl. dazu ausführlich im Kapitel »Beruf oder Berufung« (S. 159 f.).
75 Lübbe, »Theorie der Entscheidung«, 129.

lich zu Menschen macht«.[76] Gleichgewicht erscheint als ein Ideal, das herzustellen ist, auch im streitbaren Freundeskreis, wo es gilt, exaltierte Leidenschaft »durch mäßige Rede ins Gleichgewicht [zu] bringen« (*DuW* 788). Was bedeutet ein Weltbild, das vom Gleichgewicht der Kräfte bestimmt ist, für die Phänomenologie und die Rolle des Entscheidens? Wo ›Geichgewicht‹ herrscht, scheint es im großen Maßstab keinen Handlungs- oder Entscheidensbedarf zu geben bzw. das Entscheiden und Handeln nurmehr im Modus der Routine zu erfolgen. Allerdings steht hinter dem metaphorischen Bild des Gleichgewichts auch die Vorstellung von einem Spiel der Kräfte, das Entscheiden im Sinne des Abwägens von Gründen, eines Austarierens von Interessen, der Deliberation erforderlich macht. In dieser Sicht ist das Bild getragen von einem permanenten gelingenden Entscheiden. Entscheidungen jedoch, die statt auf Erhalt des Status quo auf Veränderung setzen, sorgen dagegen für Unruhe und Ungleichgewicht, das durch ein Ausschlagen der Waage angezeigt wird. Indessen müssen sich Veränderungsentscheidungen, wenn sie nachhaltig sein sollen, um ein neues Gleichgewicht, den Ausgleich von Interessen und Gegenkräften, bemühen. Entscheiden erscheint im Bild der sich im Gleichgewicht befindenden Waage also als ambivalent, dient es doch einerseits der Herstellung von Gleichgewicht wie es dieses andererseits auch gefährden kann. Auch das Bild des Gleichgewichts ist doppeldeutig: Es kann dafür stehen, dass alles ›im Lot‹, d. h. in bester Ordnung, ist, es kann aber auch Stillstand konnotieren. Alles dreht sich also um das Momentum, die Kraft, die bewegt und austariert. Dies gilt im großen Spiel der Mächte wie im, mit Foucault gesprochen, Gouvernement des individuellen Lebens. Die angeführten Zitate zeigen, dass Goethe als Politiker gleichgewichtsorientiert denkt und argumentiert. Aber das prekäre Momentum der Balance wird, wie die biographischen Kapitel vor Augen führen, da aufs Spiel gesetzt, wo der Autobiograph Mitspieler im Drama seiner selbst und nicht lediglich Beobachter des großen Welttheaters ist.

Entscheidensinszenierung

Formalisiertes Entscheiden im Modus des Gleichgewichtserhalts beobachtet Goethe im 5. Buch von *Dichtung und Wahrheit*, in dem ausführlich die Feierlichkeiten zur Wahl und zur Krönung Josephs II. in Frankfurt im Jahr 1764 beschrieben werden. Dass Goethe die Ereignisse als ein theatral

---

76 *ItR*, 263 f.; vgl. auch Vieweg, *Aus der Kulturgeschichte der Waage*, 10, der vom Sinn des Menschen für Gleichgewicht spricht (vgl. S. 30).

in Szene gesetztes traditionsbestimmtes Ritual darstellt, hat die Forschung hervorgehoben. [77] Im Text heißt es:»Ich verglich nicht unschicklich diese Feierlichkeiten und Funktionen mit einem Schauspiel, wo der Vorhang nach Belieben heruntergelassen würde, indessen die Schauspieler fortspielten, dann werde er wieder aufgezogen und der Zuschauer könne an jenen Verhandlungen einigermaßen wieder Teil nehmen« (*DuW* 205). Dies bedeutet, dass die ›eigentliche‹ Entscheidung längst gefallen ist bzw., da die politisch-dynastischen Verhältnisse klar waren, gab es auch nicht wirklich etwas zu entscheiden, und die Wahl als ritueller Akt, der noch vollzogen werden musste, findet auch nicht vor den Augen des zahlreich versammelten, neugierigen Publikums statt, sondern gewissermaßen auf der ›Hinterbühne‹. Die Öffentlichkeit darf die einziehenden Würdenträger bewundern, aber die Wahlhandlung selbst findet unter Ausschluss der Öffentlichkeit statt:

Nun war für uns der Vorhang wieder gefallen. Ich hatte mich zwar in die Kirche zu drängen gesucht; allein es fand sich auch dort mehr Unbequemlichkeit als Lust. Die Wählenden hatten sich ins Allerheiligste zurückgezogen, in welchem weitläufige Zeremonien die Stelle einer bedächtigen Wahlüberlegung vertraten. Nach langem Harren, Drängen und Wogen vernahm denn zuletzt das Volk den Namen Josephs des zweiten, der zum römischen König ausgerufen wurde. (*DuW* 208)

Der autobiographische Text, der gleichfalls als eine Bühne fungiert, profitiert von dem erzählten Wechsel von Sehen und Verhüllen, das an die Imagination des lesenden Publikums appelliert. Erzählt wird die Inszenierung, d. h. das, was sich vor den Augen des knapp fünfzehnjährigen Goethe abspielt. Was er nicht sehen kann, also das Hinterbühnengeschehen,[78] wird mit knappen erläuternden Hinweisen mitgeteilt. Zwar wird erzählt, dass Goethe von seinem Vater angehalten und angeleitet wurde, sich auf die Geschehnisse durch das Studium der»Wahl- und Krönungsdiarien der beiden letzten Krönungen« sowie der letzten»Wahlkapitulationen« (*DuW* 196)[79] vorzubereiten, und der jugendliche Goethe selbst protokolliert eifrig, was er sieht, aber doch ist klar, dass der Autobiograph seinen so gerahmten Erinnerungen bei der Niederschrift mit historischen Zeug-

77 Vgl. *DuW* 1118 (Kommentar).
78 Zu ›Hinterbühnen‹ und ›Vorderbühnen‹ des Entscheidens vgl. auch Schimank, *Entscheidungsgesellschaft*, 392.
79 Die Wahlkapitulation war ein in Kapitel eingeteilter Vertrag, der von dem zu wählenden Kaiser oder Römischen König unterschrieben werden musste. Ihre Verhandlung war Voraussetzung für Wahl und Krönung (vgl. *DuW* 1120 [Kommentar]; HA, 694).

nissen auf die Sprünge half. Man weiß, dass Goethe für die Schilderung das *Ausführliche[] Diarium, wie sowohl der Churfürstliche Collegial-Tag als auch die Wahl und Crönung Ihrer Römisch Königlichen Majestät Josephi des Andern in der Reichs-Stadt Frankfurt am Main in dem Jahre 1764 vollzogen worden* benutzte.[80] Der ›Moment‹ verbindet also nicht nur Schreibgegenwart und erzählte erinnerte Gegenwart, letztere grundiert durch das Studium der älteren Diarien, sondern die Gegenwart der Niederschrift hat realiter das Diarium des Jahres 1764 vor Augen. Was als Beobachtung des rastlos durch die Stadt eilenden jungen Goethe, der soviel wie möglich von dem erhabenen Geschehen und möglichst aus allergrößter Nähe sehen möchte, dargestellt wird, ist im autobiographischen Bericht vermittelt durch eine historiographische Quelle. Dank seiner guten Ortskenntnis der Heimatstadt Frankfurt gelingt ihm dies auch allerbestens – sehr zum Nutzen der im wahrsten Sinne des Wortes perspektivenreichen Darstellung.

So wenig die geschilderte Wahl eine wahre ›Wahl‹ oder gar ›Entscheidung‹ ist, so sehr handelt es sich doch um politisches Geschehen, das sich hinter dem inszenierten Prunk verbirgt. Während der Vorbereitung auf das historische Ereignis kann sich der junge Goethe »ein geheimes Mißfallen nicht verbergen«, als er feststellen muss, »daß hier mehrere Gewalten einander gegenüber standen, die sich das Gleichgewicht hielten, und nur insofern einig waren, als sie den neuen Regenten noch mehr als den alten zu beschränken gedachten« (*DuW* 201). Hier liegt also ein eher problematisches Gleichgewicht vor. Wenn auch die Regularien von Wahl und Krönung einem vorgegebenen Skript folgen, so stellen die Ereignisse die Stadt Frankfurt gleichsam vor andere, organisatorisch-praktische Entscheidungen verlangende Schwierigkeiten: Viele Fremde strömen in die Stadt und müssen untergebracht werden: »die Frage: wer eigentlich einquartiert wird und wer selbst sich eine Wohnung mieten soll? ist nicht immer sogleich entschieden« (*DuW* 202), kommentiert der autobiographische Erzähler. Die Logistik muss sich einiges einfallen lassen, um dem Spektakel eine adäquate Bühne zu bereiten:

> Man hatte gemessen und gefunden, daß durch diesen Torweg, durch welchen so mancher Fürst und Kaiser aus und eingezogen, der jetzige kaiserliche Staatswagen, ohne mit seinem Schnitzwerk und andern Äußerlichkeiten anzustoßen, nicht hindurchkommen könne. Man beratschlagte, und zu Vermeidung eines unbequemen Umwegs, entschloß man sich das Pflaster aufzuheben, und eine sanfte Ab- und Auffahrt zu veranstalten. In eben dem Sinne hatte man auch alle Wetterdächer der

---

80 Vgl. ebd.

Läden und Buden in den Straßen ausgehoben, damit weder die Krone, noch der Adler, noch die Genien Anstoß und Schaden nehmen möchten. (*DuW* 211)

Die Bühne der Stadtkulisse wird also dem ›erhabenen‹ Schauspiel entsprechend angepasst. Die hintersinnige Ironie des autobiographischen Erzählers, der die Vorstellung heraufbeschwört, Krone, Adler und Genien könnten anstoßen und beschädigt werden, ist unüberhörbar.

Während es, den Augen der Öffentlichkeit wieder entzogen, »zur Beschwörung der Wahlkapitulation« kommt, kann das Publikum »eine vortreffliche Kollation« (*DuW* 212) einnehmen. Dabei unterhält man sich über die frühere Krönung Franz' I., dessen Wahl nicht reibungslos vonstatten ging, insofern als sich Frankreich, Kur-Brandenburg und Kur-Pfalz ihr widersetzten. Das aktuelle Ereignis wird also im historischen Zusammenhang gesehen und beurteilt. Immer wieder wird als Folie des Vergleichs die Krönung Franz' I. herangezogen. Und was man nicht persönlich sieht, erzählt man sich (vgl. *DuW* 219, 220). Die Ereignisse finden somit in hohem Maße in den Köpfen und in den Narrationen statt.

So rastlos der fünfzehnjährige Berichterstatter durch den Stadtraum geeilt ist, um nichts zu verpassen und die besten Aussichtspositionen einnehmen zu können, so jäh erlischt das Interesse am Zeremoniell, als die Eltern ihren Sohn wegen seines Umgangs mit nichtstandesgemäßen jungen Leuten, von denen einige gar kriminelle Verbindungen haben, zur Rede stellen und auf sein Zimmer verbannen. Damit verliert der junge Held auch seine imaginär-fiktive Jugendliebe Gretchen, für die er die historischen Geschehnisse so genau protokollierte. Das 5. Buch, das von der Kaiserwahl und -krönung berichtet, ist nämlich eingerahmt durch die Erzählung von Goethes Begegnung mit einer Gruppe junger Leute aus »den untern Volks-Klassen« (*DuW* 181), über die er ein Mädchen namens Gretchen kennenlernt. Er verliebt sich in sie und es beginnt eine Romanze, die nun durch das Eingreifen der Eltern beendet wird. Die Forschung ist sich darüber einig, dass die Geschichte mit Gretchen einen »weitgehend fiktiven Kontext«[81] darstellt. Ihre Einfügung folgt wörtlich dem poetologischen Programm von ›Dichtung und Wahrheit‹, aber gleichermaßen dem in der Einleitung formulierten Prinzip, dass es die Hauptaufgabe der Biographie sei, »den Menschen in seinen Zeitverhältnissen darzustellen, und zu zeigen, in wiefern ihm das Ganze widerstrebt, in wiefern es ihn begünstigt« (*DuW* 13). Der Autobiograph braucht die fiktive Liebesgeschichte, um einen motivierten Zusammenhang zwischen den historisch-politischen Ereignissen und der eigenen Bildungsgeschichte zu finden. Die

81 *DuW* 1117 (Kommentar).

durch den Vater veranlassten geschichtlichen Bildungsmotive sind offensichtlich für die erzählerische Gestaltung nicht ausreichend. Mit der Gretchen-Geschichte kommt eine erotische Motivierung hinzu, denn Gretchen ist es, der das jugendliche Goethe-Ich erläutert, was in der Stadt vor sich geht, für die es die Ereignisse beobachtet, um ihr davon erzählen zu können, und mit Gretchen zieht er beglückt am Krönungsabend Arm in Arm durch die festlich erleuchtete und geschmückte Stadt. Die Gretchen-Geschichte stellt das (fingierte) individualgeschichtliche Gegengewicht zum rituell-zeremoniösen historisch-politischen Geschehen dar. Um im Bild der Waage zu bleiben, könnte man auch sagen, dass Gretchen das motivierende Moment ist, das Movens, das dem förmlichen Geschehen um Kaiserwahl und -krönung Leben einhaucht. Als Gretchen ihrem jugendlichen Liebhaber durch das elterliche Eingreifen genommen ist, verliert dieser auch das Interesse an den öffentlichen Ereignissen.[82] Das 5. Buch verbindet zwei Modi des Entscheidens, die unterschiedlicher nicht sein könnten: die Wahl und Krönung Josephs II., die jedoch vor allem Inszenierung eines Entscheidens ist auf der einen Seite, und das Durcheilen des Stadtraums durch den jugendlichen Goethe, aus dessen Perspektive die autodiegetische Schilderung erfolgt, auf der anderen Seite. Goethes Bewegung durch die Stadt ist keinesfalls entscheidensförmig präsentiert; in ihr verbinden sich die vorzügliche Ortskenntnis des jungen Manns und seine libidinöse Motivation. Die ›Entscheidung‹, wohin er sich zu wenden habe, erfolgt gleichsam automatisiert, aus Routine und Wissen heraus, wird aber auch gesteuert durch den Affekt des Verliebtseins. Die das 5. Buch von *Dichtung und Wahrheit* kennzeichnende Verbindung von Welt- und Individualgeschichte verleiht dem (individual-)historischen Augenblick mit der Gretchen-Fiktion ihr im wahrsten Sinne des Wortes bewegendes,[83] ausschlaggebendes Moment.

82 Dem Vater, der ihn schließlich zum Ausgang in die Stadt einlädt, versichert er, »daß [er] weder von der Welt, noch von dem römischen Reiche etwas weiter wissen wolle, bis [ihm] bekannt geworden, wie jener verdrießliche Handel, der für [ihn] weiter keine Folgen haben würde, für [seine] armen Bekannten ausgegangen. [...] Vergebens! weder der große Galatag, [...] noch die öffentliche Tafel des Kaisers und Königs, nichts konnte [ihn] rühren« (*DuW* 235).

83 Goethe schreibt: »Dieser wilden Belustigung sah ich nicht lange zu, sondern eilte von meinem hohen Standorte durch allerlei Treppchen und Gänge hinunter an die große Römerstiege [...]. Kaum waren die Pforten des großen Saales hinter diesen Gestalten wieder geschlossen, so eilte ich auf meinen vorigen Platz« (*DuW* 222 f.).

Sich / Für sich entscheiden. Goethe

Nicht-Entscheiden

Im 12. Buch von *Dichtung und Wahrheit* schildert Goethe die Geschichte des Reichskammergerichts, in das er 1771 nach der Rückkehr aus Straßburg als Praktikant eintreten sollte – in einem »ungünstigen Augenblick« (*DuW* 571), wie er schreibt. Goethe stellt eindringlich die politische Überlebtheit des Gerichts[84] dar, die sich darin äußerte, dass nur noch kleinere Angelegenheiten entschieden wurden, wichtige Vorhaben auf die lange Bank geschoben, d. h. nicht entschieden wurden. Die Passage, in der vom Kammergericht die Rede ist, zeichnet sich durch einen auffallend frequenten Gebrauch der Entscheidenssemantik aus, allerdings nicht unbedingt und nur in Bezug auf kammergerichtliches Entscheiden, sondern sehr viel mehr durch dessen Wahrnehmung und Selbstinszenierung. Jeder Fürst vermehrte »seine Dienerschaft […], freilich zu einem entschiedenen Zwecke, aber wer gibt gern Geld für's Notwendige?« (*DuW* 572), heißt es da beispielsweise. Damit ist gesagt, dass die Fürsten nur noch ihre eigenen Interessen im Sinn hatten, für die sie sich ›entschieden‹ einsetzten. Dabei ist unklar, ob das Gericht um seine eigene Ineffizienz wußte:

> Ob man einsah, daß hier nur von Linderung, nicht von Heilung des Übels die Rede sei, oder ob man sich, wie in ähnlichen Fällen, mit der Hoffnung schmeichelte, mit Wenigem Vieles zu leisten, ist nicht zu entscheiden; genug das Gericht diente mehr zum Vorwande, die Unruhstifter zu bestrafen, als daß es gründlich dem Unrecht vorgebeugt hätte. Allein es ist kaum beisammen, so erwächst ihm eine Kraft aus sich selbst, es fühlt die Höhe auf die es gestellt ist, es erkennt seine große politische Wichtigkeit. Nun sucht es sich durch auffallende Tätigkeit ein entschiednes Ansehen zu erwerben; frisch arbeiten sie weg alles was kurz abgetan werden kann und muß, was über den Augenblick entscheidet, oder was sonst leicht beurteilt werden kann, und so erscheinen sie im ganzen Reiche wirksam und würdig. Die Sachen von schwererem Gehalt hingegen, die eigentlichen Rechtshändel, blieben im Rückstand, und es war kein Unglück. (*DuW* 572 f.)

Als Hauptgrund für das mangelhafte Funktionieren des Reichskammergerichts führt Goethe »unzulängliche Mittel« (*DuW* 572; vgl. 576, 577) an, also die zu geringe Anzahl beschäftigter Assessoren, d. h. Beisitzer des obersten Richters, die der Aktenflut und vor allem des Aktenstaus nicht Herr wurden. Im Falle des Reichskammergerichts scheint sich zu bewahr-

---

84 Vgl. dazu Barbara Stollberg-Rilinger, *Das Heilige Römische Reich deutscher Nation*, München: C. H. Beck, ⁴2009, 60, 106, 108.

heiten, was die kulturwissenschaftliche Entscheidensforschung festgehalten hat, nämlich dass Entscheiden, zumal in der Frühen Neuzeit, höchst unwahrscheinlich ist.[85] Der Konfessionsstreit im Reich tat ein Übriges, wie Goethe schreibt: »Die Spaltung des Reichs in zwei Religionsparteien hatte auch hier, in mehrerem Betracht, den schlimmsten Einfluß«, insofern »das Bestreben beider Religionsparteien, sich einander wo nicht aufzuwiegen, doch im Gleichgewicht zu erhalten, das Ihrige beitrugen« (*DuW* 574 f.). Einmal mehr wird die Gleichgewichtsmetaphorik bemüht: Gleichgewicht ist hier kein Idealzustand, sondern bedeutet Nicht-Entscheiden und Stillstand. Anders gewendet: Gleichgewicht macht Entscheiden dringlich, wenn andere Mittel wie Argumentation oder Berechnung wirkungslos bleiben. Aber im Falle des Reichskammergerichts bleibt das Entscheiden, zumindest das Entscheiden jenseits von Routinefällen, aus. Unregelmäßigkeiten und eben auch »Intriguen und Bestechungen« ergeben sich, neben dem genannten Personalmangel, auch gerade aus der schwerfälligen Ordnung der Institution:

> Verordnet war, daß die Beisitzer in einer entschiedenen Folge und nach bestimmter Ordnung vortragen sollten. Ein Jeder konnte wissen, wann die Reihe ihn treffen werde, und welchen seiner ihm obliegenden Prozesse; er konnte darauf hinarbeiten, er konnte sich vorbereiten. Nun häuften sich aber die unseligen Reste; man mußte sich entschließen, wichtige Rechtshändel auszuheben und außer der Reihe vorzutragen. Die Beurteilung der Wichtigkeit einer Sache vor der andern ist, bei dem Zudrang von bedeutenden Fällen, schwer, und die Auswahl läßt schon Gunst zu; aber nun trat noch ein anderer bedenklicher Fall ein. Der Referent quälte sich und das Gericht mit einem schweren verwickelten Handel, und zuletzt fand sich Niemand der das Urteil einlösen wollte. Die Parteien hatten sich verglichen, auseinander gesetzt, waren gestorben, hatten den Sinn geändert. Daher beschloß man nur diejenigen Gegenstände vorzunehmen, welche erinnert wurden. (*DuW* 576)

Im Blick auf die Reichsverfassung spricht Goethe vom »monstrose[n] Zustand dieses durchaus kranken Körpers«; den Gelehrten in ihrem »ehrwürdige[n] deutsche[n] Fleiß, der mehr auf Sammlung und Entwickelung von Einzelheiten als auf Resultate losging«, bot sie »einen unversiegenden Anlaß zu immer neuer Beschäftigung« und den verschiedenen Parteien »immer Gelegenheit zu neuen Kämpfen und Gegenreden« (*DuW* 577 f.). Zum Zeitpunkt von Goethes Eintritt fand eine von Kaiser Joseph angeordnete Visitation statt, so dass das Kammergericht – paradox und

---

85 Vgl. Stollberg-Rilinger, *Cultures of Decision Making*, 25.

grotesk genug – »ein richtendes und ein gerichtetes Gericht« (*DuW* 578) zugleich war. Dass Goethe dieser überlebten und entscheidensunfähigen Institution ein anderes Daseinsmodell gegenüberstellen musste, liegt auf der Hand. Auch die Stürmer und Dränger nahmen eine Gegenposition zu den verkrusteten Reichsstrukturen ein. Goethe stellt fest, dass sich der »Freiheitssinn der Menschen« in Friedenszeiten »unter der Form der Gerechtigkeit« Ausdruck verschaffe und nunmehr »der Theater- und Romanendichter seine Bösewichter am liebsten unter Ministern und Amtleuten aufsuchte« (*DuW* 581). Auch »die Verfasser von Zeitschriften und Tagblättern« machten »mit einer Art von Wut, unter dem Schein der Gerechtigkeit [...] das Publikum glauben [...], vor ihm sei der wahre Gerichtshof: töricht! da kein Publikum eine exekutive Gewalt hat, und in dem zerstückten Deutschland die öffentliche Meinung Niemanden nutzte oder schadete« (*DuW* 582). Hier spricht unzweideutig der zu Amt und Würden gelangte Weimarer Minister.[86] Seinen *Götz von Berlichingen* führt er als Beispiel an, mit dem er sich von der »Sucht«, »die Dichtkunst zum Ausdruck [s]einer Gefühle und Grillen zu benutzen«, zu befreien suchte, indem er »schilderte, wie in wüsten Zeiten der wohldenkende brave Mann allenfalls an die Stelle des Gesetzes und der ausübenden Gewalt zu treten sich entschließt, aber in Verzweiflung ist, wenn er dem anerkannten verehrten Oberhaupt zweideutig, ja abtrünnig erscheint« (*DuW* 583). Aus den politischen Zeitverhältnissen leitet Goethe also einen dramatischen Konflikt und zugleich ein poetisches Programm ab.

Kein Herkules

So sehr Goethe Lavater, den er 1774 in Frankfurt kennenlernt, als Person und Freund schätzt und ehrt, seiner physiognomischen Lehre steht er zunehmend kritisch gegenüber. Diese kritische Haltung geht mit einer gleichfalls zunehmenden Distanzierung von den Brüdern Stollberg einher, mit denen er 1775 eine Schweizreise antritt, von denen er sich dann aber doch absetzt, ganz offensichtlich, weil er deren genialischen Stürmer-

---

86 Müller weist darauf hin, dass die von Goethe kritisierte Position von Schiller in »Die Schaubühne als moralische Anstalt betrachtet« aus dem Jahr 1785 vertreten wurde und er verweist auch auf Habermas' Ausführungen in seinem Werk: *Strukturwandel der Öffentlichkeit* (vgl. *DuW* 1215 [Kommentar]). Vgl. auch Jürgen Habermas, *Strukturwandel der Öffentlichkeit. Untersuchungen zu einer Kategorie der bürgerlichen Gesellschaft*, mit einem Vorwort zur Neuauflage 1990, Frankfurt a. M.: Suhrkamp, 1990, 69.

und Dränger-Habitus immer weniger zu teilen gewillt ist. Die Stollberg-Brüder geraten aber auch ins analytische Visier Lavaters. Vor allem den jüngeren der beiden, Friedrich Leopold Graf zu Stollberg, hat sich Lavater aufgrund von Erzählungen ganz anders vorgestellt. Zweimal in *Dichtung und Wahrheit* berichtet Goethe von Lavaters Reaktion, nachdem dieser den Grafen kennengelernt hat. Im 18. Buch hält Goethe Lavaters Bemerkung fest, man habe ihm den jüngeren Stollberg »als einen Heroen als einen Herkules beschrieben und [er] habe in [s]einem Leben keinen weicheren zarteren, und wenn es darauf ankommt, bestimmbareren Jüngling gesehen« (*DuW* 796). Und ganz ähnlich heißt es im 19. Buch, jedermann habe ihm, Lavater, »den Grafen Leopold als einen kräftigen, starken, festen Jüngling beschrieben, es fehlte wenig sie hätten einen Herkules aus ihm gemacht, und [er] habe nicht leicht einen zwar edlen und von der Seite höchstschätzenswerten jungen Mann gesehen, aber auch keinen weicheren mehr determinablen« (*DuW* 817). Friedrich Leopold Graf zu Stollberg ist also kein Herkules, aber es wird *ex negativo* ein Herkules-Bild gezeichnet, das für jemanden steht, der weiß, was er will, nicht schwankt, klar seinen Weg verfolgt und sich darin nicht beeinflussen lässt. Dieses Herkules-Bild vervollkommnet sich weiter zu einem Entscheidens-Bild und zwar bemerkenswerterweise wieder aus der von Goethe wiedergegebenen Wahrnehmung durch Lavater. Er fügt nämlich gegen Ende des 19. Buchs die ganze die Stollberg-Brüder betreffende Passage aus Lavaters *Physiognomischen Fragmenten* im direkten wörtlichen Zitat ein. Und da heißt es über Friedrich Leopold:

> kein eiserner Mut – elastisch reizbarer wohl, aber kein eiserner; kein fester, forschender Tiefsinn; keine langsame Überlegung, oder kluge Bedächtlichkeit; nirgends der Raisonneur mit der festgehaltenen Waagschale in der einen, dem Schwerte in der andern Hand, und doch auch nicht die mindeste Steifheit im Blicke und Urteile! und doch die völligste Geradheit des Verstandes [...]. Ewiger Schweber; Seher; [...] Seine Stirn und Nase nicht Mut des Löwen! [...] daß der mut- und feuervolle Poet, mit allem seinem unaffektierten Durste nach Freiheit und Befreiung, nicht bestimmt ist, für sich allein ein fester, Plan durchsetzender, ausharrender Geschäftsmann, oder in der blutigen Schlacht unsterblich zu werden. (*DuW* 825–827)[87]

---

87 Vgl. Johann Caspar Lavater, *Physiognomische Fragmente, zur Beförderung der Menschenkenntniß und Menschenliebe*, Zweyter Versuch, Leipzig/Winterthur: Weidemanns Erben und Reich, Heinrich Steiner und Compagnie, 1776, 244–246.

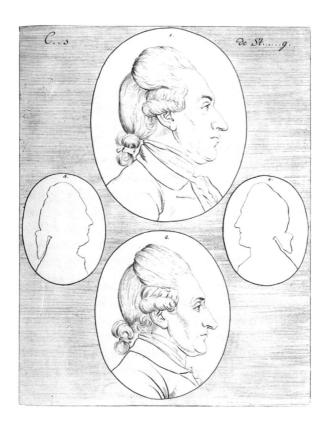

Abb. 10: Friedrich Leopold Graf zu Stollberg, 1775.

Obwohl Lavater sich den Grafen anders vorgestellt hat, zeichnet er ein positives, ja nachgerade emphatisches Bild von ihm. Für Goethe scheint diese ausführliche Einrückung und Darstellung des Grafen Stollberg als Nicht-Herkules einer doppelten Distanznahme zu dienen: derjenigen gegenüber Lavaters, wie er findet, unsystematischer und dem Einzelnen verhafteter physiognomischen Lehre[88] und derjenigen gegenüber den Stollberg-Brüdern (Abb. 10).

88 »Stirn, Nase, Blick – alles so herab, so vorhängend«, in diesem Fall beim älteren Christian Graf zu Stollberg, sind »recht entscheidend für originellen, allbeleben-den Witz« (*DuW* 828; vgl. Lavater, *Physiognomische Fragmente*, 248).

Entscheiden beobachten

Gott und/oder die Welt

Religion sei auf die biographische Totalität des Menschen bezogen, schreibt Schimank.[89] *Dichtung und Wahrheit* erzählt auch von Goethes religiöser Entwicklung, die das autobiographische Ich weg vom Gott des Christentums und hin zum eigenen dichterischen Ingenium führt. Dabei handelt es sich um eine Entwicklung in Etappen, der nicht eine einmalige Entscheidung gegen die überlieferte Religion zugrunde liegt. Diese Etappen sind einmal mehr, einmal weniger entscheidensförmig dargestellt, figurieren aber im Ganzen ein narrativ gestaltetes Entscheiden, dem als Grundmuster das Bild von Herkules am Scheideweg unterliegt.[90] Die erste Erschütterung seines Kinderglaubens erfährt der Knabe durch das Erdbeben von Lissabon, das in *Dichtung und Wahrheit* in aller Theatralik geschildert wird, gerade als wäre der kleine Goethe persönlich dabei gewesen:

> Die Erde bebt und schwankt, das Meer braust auf, die Schiffe schlagen zusammen, die Häuser stürzen ein, Kirchen und Türme darüber her, der königliche Palast zum Teil wird vom Meere verschlungen, die geborstene Erde scheint Flammen zu speien: denn überall meldet sich Rauch und Brand in den Ruinen. Sechzigtausend Menschen, einen Augenblick zuvor noch ruhig und behaglich, gehen miteinander zu Grunde […]. (*DuW* 36; vgl. auch 55)

Das apokalyptische Inferno wird hier als in der Imagination des Sechsjährigen stattfindend dargestellt. Wenn es im Folgenden heißt »Hierauf ließen es die Gottesfürchtigen nicht an Betrachtungen, die Philosophen nicht an Trostgründen, an Strafpredigten die Geistlichkeit nicht fehlen« (*DuW* 36), werden drei Möglichkeiten aufgezeigt, das Geschehen zu verarbeiten und sich dazu zu positionieren: die Betrachtungen anstellenden Gottesfürchtigen werden nach Gründen suchen, das Ereignis mit der Realität ihres Glaubens zu versöhnen; die Philosophen erklären nicht, sondern trösten nur und die Geistlichkeit rationalisiert das Geschehen, indem sie es als Gottes Strafe für die sündigen Menschen darstellt. Für das Kind scheint keine Option eine Möglichkeit, mit dem Geschehen klar

---

89 Vgl. Schimank, *Entscheidungsgesellschaft*, 90.
90 Diese These wurde im Grundsatz bereits vorgetragen in Martina Wagner-Egelhaaf, »›Du hast dich gegen Gott entschieden.‹ Literarische Figurationen religiösen Entscheidens (Augustinus und Goethe)«, in: *Religion und Entscheiden*, hrsg. von Wolfram Drews, Ulrich Pfister und Martina Wagner-Egelhaaf, Würzburg: Ergon, 2018, 99–118.

zu kommen – verunsichert und im wahrsten Sinn des Worts ›erschüttert‹ steht es vor den Trümmern des imaginierten Unheils.

Gleichwohl ist in Sachen ›Religion‹ noch nichts entschieden. Goethe berichtet im 1. Buch von *Dichtung und Wahrheit* vom »fortwährenden und fortschreitenden Religionsunterricht[]«, den die Kinder im Hause Goethe genossen.

> Doch war der kirchliche Protestantismus, den man uns überlieferte, eigentlich nur eine Art von trockner Moral: an einen geistreichen Vortrag ward nicht gedacht, und die Lehre konnte weder der Seele noch dem Herzen zusagen. Deswegen ergaben sich gar mancherlei Absonderungen von der gesetzlichen Kirche. Es entstanden die Separatisten, Pietisten, Herrnhuter, die Stillen im Lande und wie man sie sonst zu nennen und zu bezeichnen pflegte, die aber alle bloß die Absicht hatten, sich der Gottheit, besonders durch Christum, mehr zu nähern, als es ihnen unter der Form der öffentlichen Religion möglich zu sein schien.
>
> Der Knabe hörte von diesen Meinungen und Gesinnungen unaufhörlich sprechen: denn die Geistlichkeit sowohl als die Laien teilten sich in das Für und Wider. (*DuW* 50)

Die Religion verzweigt sich in zwei Hauptrichtungen: protestantische Orthodoxie und Pietismus. Der Autobiograph berichtet, dass die »Sinnesweise« der »Abgesonderten [...] durch Originalität, Herzlichkeit, Beharren und Selbständigkeit« (*DuW* 50) ›anzog‹ und den Jungen bewog, gleichfalls einen unmittelbaren Weg zu Gott zu suchen. Dieser Weg ist aber ein eigener und führt über die Schönheit der Natur. Kurz: Der kleine Goethe baut dem Schöpfergott im Kinderzimmer einen Altar, auf dem Teile aus der zuhandenen Naturaliensammlung »die Welt im Gleichnis« (*DuW* 51) vorstellen. Dort feiert er mit Räucherkerzen andächtige Gottesdienste, bis eines Tages eine Flamme das kostbare väterliche Musikpult, das als Altar dient, beschädigt. »Zwar wußte er den Schaden durch die größten Prachtstufen [seiner Naturalien] zu bedecken, allein der Mut zu neuen Opfern war ihm vergangen, und fast möchte man diesen Zufall als eine Andeutung und Warnung betrachten, wie gefährlich es überhaupt sei, sich Gott auf dergleichen Wegen nähern zu wollen« (*DuW* 52). Am Ende ist es der rückblickende Autobiograph, der ein Fazit zieht, zwar durchaus aus der imaginierten Perspektive des Kindes, welches seinen Feuergottesdienst aus Schrecken (und vermutlich aus Angst vor väterlichem Tadel) einstellt. Der direkte Weg zu Gott hat sich also als Irrweg erwiesen; das ausschlaggebende Moment, ihn zu verlassen, ist allerdings ein zufälliges Missgeschick, das der autobiographische Erzähler im Rahmen der erzählten religiösen Bildungsgeschichte wenn nicht ›nachrationalisiert‹, so doch als Beweggrund präsentiert, der das Erlebnis zu einem markanten autobiographischen Moment macht.

Goethe würdigt in seiner Autobiographie Menschen, denen er einen Einfluss auf seine Bildung zuspricht. In religiösen Dingen gehört zu diesen Menschen der Hofrat Huisgen, den Goethe über dessen Sohn, einen Schulfreund, kennenlernt. Hofrat Huisgen ist ein Reformierter. Der Knabe Goethe ist beeindruckt von der skurrilen Figur und fühlt sich zu ihr hingezogen. Allerdings entdeckt er rasch, daß Huisgen »mit Gott und der Welt in Opposition stehe«, während er von sich berichtet, dass er sich »mit Gott oder den Göttern ziemlich wieder ausgesöhnt« (*DuW* 178) hatte. Huisgen geht nicht in die Kirche; er ist ein Kritikaster: »Auch in Gott entdeck' ich Fehler« (ebd.), lautet, der Erinnerung des Autobiographen zufolge, sein Befund. Auch wenn Goethe hier nicht von einer etwaigen religiösen Krise oder einer zu diesem Zeitpunkt zu treffenden Entscheidung schreibt, sondern eher beiläufig von Huisgen erzählt, so verkörpert dieser doch eine Option auf einem religiösen Weg, der Goethe erst sehr viel später von Gott und den Göttern wegführen wird.

Im 7. Buch von *Dichtung und Wahrheit* sichtet der autobiographische Erzähler nicht nur den Zustand der Literatur zur Leipziger Studienzeit, in der Goethe auf der Suche nach geistiger Orientierung ist, auch die Lage anderer Fachgebiete wie Philosophie, Recht, Medizin und nicht zuletzt Theologie wird in den Blick genommen. Das autobiographische Ich weiß von einer Hinneigung der Theologen »zu der sogenannten natürlichen Religion« zu berichten und präsentiert diese als eine zwar unproblematische, aber doch als eine Entscheidensfrage:

> wenn zur Sprache kam, in wiefern das Licht der Natur uns in der Erkenntnis Gottes, der Verbesserung und Veredlung unserer selbst zu fördern hinreichend sei, so wagte man gewöhnlich sich zu dessen Gunsten ohne viel Bedenken zu entscheiden. (*DuW* 300)

Aus »Mäßigkeit« sprechen die Anhänger der natürlichen Religion allen positiven Religionen die gleichen Rechte zu, »wodurch denn eine mit der anderen gleichgültig und unsicher wurde. Übrigens ließ man denn doch aber alles bestehen« (ebd.). Auf dem Feld der Religion scheint also Kontingenz zu herrschen. Dies erscheint paradox, könnte man doch denken, dass Religion *die* Kontingenzbewältigungsstrategie *par excellence* darstellt.[91] Grundlage jedoch bleibt die Bibel, über deren Status allerdings ein theologischer Richtungsstreit entbrennt: die einen sehen sie als »in Einem Geiste verfaßt, […] von dem göttlichen Geiste eingehaucht und

---

91 Diesen kritischen Hinweis verdanke ich David Ginnuttis.

gleichsam diktiert« (ebd.), während die anderen eher die Heterogenität der biblischen Bücher hervorheben. Goethe positioniert sich hier nicht, wiewohl er zu erkennen gibt, dass er die Bibel »lieb und wert« hielt und ihm daher die Angriffe auf sie missfielen. Er verschiebt die Argumentation auf ein anderes Terrain, indem er geltend macht, dass er der Bibel seine »sittliche Bildung schuldig« (ebd.) ist. Einmal mehr wird das Goethe'sche Entscheidungsverfahren in Sachen Religion sichtbar, nämlich zwischen zwei gegebenen Optionen eine dritte Position einzunehmen. Aus den geschilderten Debatten entwickelt sich, so berichtet der Autobiograph weiter, die historisch-kritische Bibelkunde. Ihr steht jedoch die auf Prophezeiung und Weissagung setzende Offenbarungstheologie gegenüber. »Hierdurch entspringt ein Zusammenhang, der in der Geschichte vermißt wird, die uns nur ein zufälliges Hin- und Widerschwanken in einem notwendig geschlossenen Kreise zu überliefern scheint« (*DuW* 302). Johann Albrecht Bengel, der schwäbische Pietist und Christian August Crusius sind die Namen, die auf Seiten der Offenbarungstheologen fallen, während Johann August Ernesti für die Gegenseite in Anschlag gebracht wird. Goethe spricht von einem veritablen Schulenstreit, aus dem »Händel, Haß und Verfolgung und manches Unannehmliche« entstanden. In diesem Fall bezieht er tatsächlich Position für die historisch-kritische Richtung, allerdings mit Vorbehalten:

> Ich hielt mich zur klaren Partei und suchte mir ihre Grundsätze und Vorteile zuzueignen, ob ich mir gleich zu ahnden erlaubte, daß durch diese höchst löbliche, verständige Auslegungsweise zuletzt der poetische Gehalt jener Schriften mit dem prophetischen verloren gehen müsse. (*DuW* 302)

Dass die Parteinahme für die »klare Partei« mit einem konstatierten Verlust des poetischen Moments in der Religion einhergeht, ist ein Zwischenbefund auf dem Weg zur künftigen Entscheidung für die Poesie und gegen die Religion. Ebenfalls im 7. Buch stellt das autobiographische Ich einen Vergleich zwischen Katholizismus und Protestantismus an. »Der protestantische Gottesdienst hat zu wenig Fülle und Konsequenz, als daß er die Gemeine zusammenhalten könnte« (*DuW* 315; vgl. 316), befindet Goethe, und: es fehle dem Protestantismus an Sakramenten, da er nur das Abendmahl habe. Dem stellt er einen idealtypischen katholischen Lebenslauf entgegen, der von der Geburt bis zum Tod von verschiedenen Sakramenten begleitet und gehalten wird. »Die Sakramente sind das Höchste der Religion, das sinnliche Symbol einer außerordentlichen göttlichen Gunst und Gnade« (*DuW* 316). Da sind die Taufe, das Trausakrament und immer wieder der Empfang der Hostie sowie schließlich die Sterbesakramente: »Wiege und Grab, sie mögen zufällig noch so weit auseinander gerückt liegen, [sind] in einem stetigen Kreis verbunden« (*DuW* 318). Die Tatsache, dass der Erzähler die Sakramente als lebensbegleitend denkt und aus ihrer Abfolge einen Lebenslauf bastelt, unterstreicht das autobiographische Reflexionspotenzial der Passage. Goethes Würdigung der katholischen Sakramente hat unter Protestanten Irritation hervorgerufen, seine katholische Leserschaft hingegen, naheliegenderweise, erfreut.[92] Klaus-Detlef Müller unterstreicht, dass Goethes Interesse dem Symbolwert der katholischen Sakramente gelte, die er als eine ästhetische Praxis begreife.[93] Und tatsächlich spricht Goethe im zitierten Zusammenhang von der »Schönheit« (ebd.) heiliger Handlungen. Der in der katholischen Sakramentenlehre aufgehobene Lebenslauf erhält eine implizite entscheidenstheoretische Dimension, wenn es heißt, der in ihm geborgene Mensch fühle sich »entschieden überzeugt« (ebd.), dass ihn nichts an einem unmittelbaren Verhältnis zur Gottheit hindern könne. Diese Grundentschiedenheit richtet alle menschlichen Entscheidungen des katholischen Gläubigen auf die Verbindung mit Gott aus. Und eben diesen »geistige[n] Zusammenhang« sieht der autobiographische Erzähler »im Protestantismus zersplittert!« (*DuW* 319). Goethe spricht von seinen religiösen Zweifeln und von einem Bedürfnis, im Beichtstuhl tatsächlich wie ein Katholik zu beichten, und sucht nun tatsächlich, wohlvorbereitet auf das Bekenntnis seiner schriftlich dargelegten Sünden, einen Beichtstuhl auf.[94] Allerdings:

> als mir der Glöckner die Türe eröffnete und ich mich nun gegen meinen geistlichen Großvater[95] in dem engen Raume eingesperrt sah, und er mich mit seiner schwachen, näselnden Stimme willkommen hieß, erlosch auf einmal alles Licht meines Geistes und Herzens, die wohl

---

92 Vgl. dazu den ausführlichen Kommentar in der Hamburger Ausgabe von *Dichtung und Wahrheit*, 729–733; Trunz weist auch darauf hin, dass das Wesen der katholischen Kirche Goethe in seiner Leipziger Zeit wohl kaum beschäftigt haben dürfte und die Einfügung dieses Themas in das 7. Buch seiner Autobiographie aus seinem Interesse in der Zeit der Niederschrift resultiere (ebd., 729). Das heißt, es ist ganz offensichtlich die Erzählerperspektive, die hier zum Tragen kommt.

93 Vgl. *DuW* 1149 (Kommentar).

94 Die protestantische Privatbeichte wurde in Frankfurt erst 1783 abgeschafft (vgl. Paul Graff, *Geschichte der Auflösung der alten gottesdienstlichen Formen in der evangelischen Kirche Deutschlands*, 2 Bde., Waltrop: Hartmut Spenner, 1994 [Nachdruck der 2. vermehrten und verbesserten Auflage von 1937], Bd. 1, 379, Anm. 4; den Hinweis auf das Werk von Graff verdanke ich der freundlichen Auskunft von Thomas Kaufmann).

95 Gemeint ist der Beichtvater der Familie Goethe Johann Georg Schmidt (vgl. *DuW* 1149 [Kommentar]).

memorierte Beichtrede wollte mir nicht über die Lippen, ich schlug in der Verlegenheit das Buch auf, das ich in Händen hatte, und las daraus die erste beste kurze Formel, die so allgemein war, daß ein Jeder sie ganz geruhig hätte aussprechen können. Ich empfing die Absolution und entfernte mich weder warm noch kalt, ging den andern Tag mit meinen Eltern zu dem Tische des Herrn, und betrug mich ein Paar Tage, wie es sich nach einer so heiligen Handlung wohl ziemte. (*DuW* 320 f.)

Zweifellos ist das Beichtbekenntnis mit einem autobiographiegeschichtlichen Index versehen, bildet das religiöse Bekenntnis doch eine dominante Wurzel der neuzeitlichen Autobiographie.[96] Dass der junge Goethe im Beichtstuhl aber kein echtes Bekenntnis über die Lippen bringt, erscheint im autobiographischen Rückblick als symptomatischer Vorgriff auf die so anders als religiös motivierte Autobiographie. Das protestantische Abendmahl, das hier der (katholischen) Beichte entgegengesetzt wird, stellt indessen auch keine Alternative für den religiös Suchenden dar. Zwischen diesen beiden Wegen gerät Goethe in eine veritable geistige Krise, die sich in »hypochondrische[n] Zuständen« (*DuW* 321), Sünden- und Gewissenangst äußert, wie *Dichtung und Wahrheit* schildert. Der Moment der Krise ist, so zeigt es auch die Wortgeschichte an, stets ein Moment der Entscheidung,[97] im vorliegenden Zusammenhang der Goethe'schen Autobiographie sicher auch ein ›Moment‹ der Autobiographie, der die geschilderte Szene im Blick auf die gesamte Lebensgeschichte konfiguriert, heißt es doch rückblickend, dass der Protagonist »zuletzt diese seltsame Gewissensangst mit Kirche und Altar völlig hinter [sich] ließ« (*DuW* 322). Zunächst jedoch hält die krisenhafte Situation der Entscheidungsfindung erst einmal an und verbindet sich mit einem Verlust aller Orientierung gebenden Autoritäten: »Und so rückte nach und nach der Zeitpunkt heran, wo mir alle Autorität verschwinden und ich selbst an den größten und besten Individuen, die ich gekannt oder mir gedacht hatte, zweifeln, ja verzweifeln sollte« (*DuW* 323), schreibt Goethe. Der autobiographische Moment der religiösen Entscheidung ist ein prolongierter, in dem Sinn, dass er sich im Prozess von Goethes dargestellter religiöser Sozialisation in unterschiedlichen Scheidewegkonstellationen wiederholt.

In der Leipziger Zeit stellt sich die Frage nach der Religion als Spannung zwischen einem »Historischpositiven und einem reinen Deismus« (*DuW* 365) sowie zwischen Vernunft und Empfindung. Krankheitsbedingt muss Goethe die Heimreise nach Frankfurt antreten und gerät, weil

---

96 Vgl. Ulrich Breuer, *Bekenntnis. Diskurs – Gattung – Werk*, Frankfurt a. M. u. a.: Lang, 2000.

97 Vgl. Koselleck, »Krise«, 18.

der Vater anderweitig beschäftigt ist,[98] verstärkt in die Obhut der Mutter, die sich aus Gründen geistiger Unterauslastung, wie Goethe schildert, der Religion zugewandt hat. Eine ihrer Freundinnen nimmt sich des heimgekehrten Jünglings in ganz besonderer Weise an, das Fräulein von Klettenberg, deren *Bekenntnisse einer schönen Seele* Eingang in den *Wilhelm Meister* fanden. Von ihr berichtet Goethe, dass sie »ihren Weg zwischen [zwei] Extremen« pietistischer Gläubigkeit fand, zwischen Gelehrsamkeit und Gefühl. Mit Susanne Katharina von Klettenberg führt er Gespräche über Gott, liest aber auf ihre Anregung auch »mystische chemisch-alchemische Bücher« (*DuW* 372), ja beginnt sogar selbst mit alchemistischen Experimenten.

Wie sich bereits der kleine Goethe im 1. Buch von *Dichtung und Wahrheit* seinen eigenen Weg zwischen zwei Alternativen sucht, indem er einen naturreligiösen Altar im Kinderzimmer errichtet, so baut sich auch der junge Mann im 8. Buch ein eigenes kosmisch-religiöses Weltbild, für das ihm Gottfried Arnolds *Unparteyische Kirchen- und Ketzer-Historie von Anfang des Neuen Testaments bis auff das Jahr Christi 1688* (1699/1700) eine probate Vorlage bietet.

> Der Geist des Widerspruchs und die Lust zum Paradoxen steckt in uns allen. Ich studierte fleißig die verschiedenen Meinungen, und da ich oft genug hatte sagen hören, jeder Mensch habe am Ende doch seine eigene Religion; so kam mir nichts natürlicher vor, als daß ich mir auch meine eigene bilden könne, und dieses tat ich mit vieler Behaglichkeit. Der neue Platonismus lag zum Grunde; das Hermetische, Mystische, Kabbalistische gab auch seinen Beitrag her, und so erbaute ich mir eine Welt, die seltsam genug aussah. (*DuW* 382)

Der Mensch in dem von Goethe geschilderten neoplatonischen Weltgebäude ist einer, den ein »vollkommenes Bewußtsein so wie ein entschiedener Wille« (*DuW* 384) kennzeichnen. Produktivität ist das dynamische Prinzip, das diese Weltkonstruktion zusammenhält und antreibt, und für den Menschen als Teil dieser Stufenordnung bedeutet dies, »daß wir, indem wir von einer Seite uns zu verselbsten genötigt sind, von der andern in regelmäßigen Pulsen uns zu entselbsten nicht versäumen« (*DuW* 385). Auch hinter dieser Denkfigur steckt eine Art von Gleichgewichtsmetaphorik. Zudem ist diese Äußerung insofern von autobiographietheoretischer Relevanz, als sie zu verstehen gibt, dass der lebensgeschichtliche

---

98 »Er befand sich wohl, brachte einen großen Teil des Tags mit dem Unterrichte meiner Schwester zu, schrieb an seiner Reisebeschreibung, und stimmte seine Laute länger als er darauf spielte« (Ebd., 369).

Sich/Für sich entscheiden. Goethe

Wechsel von Selbstfindung und Selbstverlust kosmologisch in einer permanenten Produktionsdynamik aufgefangen wird. Damit erscheint jeder zeitliche Augenblick als getragen von einem hier noch religiös aufgeladenen Bewegungsmoment. Nach der Rückkehr aus Straßburg widmet sich Goethe verstärkt dem Studium der Bibel. Sein ›Credo‹ bezüglich deren Auslegung lautet dabei, dass »es auf den Grund, auf das Innere, den Sinn, die Richtung des Werks an[komme]; hier liege das Ursprüngliche, Göttliche, Wirksame, Unantastbare, Unverwüstliche« (*DuW* 554). Es müsse erwogen werden, wie sich »[d]as Innere, Eigentliche einer Schrift […] zu unserm eignen Innern verhalte, und in wie fern durch jene Lebenskraft die unsrige erregt und befruchtet werde.« Diese Überzeugung liege seinem »sittlichen sowohl als literarischen Lebensbau« (*DuW* 555) zugrunde, vermerkt Goethe im 12. Buch von *Dichtung und Wahrheit*.

In den auf Straßburg folgenden Frankfurter Jahren macht Goethe die persönliche Bekanntschaft des bereits erwähnten Johann Kaspar Lavater, den er als einen in jeder Hinsicht ›entschiedenen‹ Charakter präsentiert (vgl. *DuW* 661). Das heißt, Lavater zaudert nicht, er weiß, was er will, und er steht zu seiner Position. Allerdings ist Lavater Goethe in seiner kategorischen Rigorisität schließlich doch *zu* entschieden, indem er ihn vor eine missliche Entscheidung stellt: »Ärgerlich war mir […] die heftige Zudringlichkeit eines so geist- als herzvollen Mannes, mit der er auf mich so wie auf Mendelssohn und andere losging, und behauptete, man müsse entweder mit ihm ein Christ, ein Christ nach seiner Art werden, oder man müsse ihn zu sich hinüberziehn« (*DuW* 660). Das verfängt bei Goethe nun gar nicht:

Alle Bekehrungsversuche, wenn sie nicht gelingen, machen denjenigen, den man zum Proselyten aussah, starr und verstockt, und dieses war um so mehr mein Fall, als Lavater zuletzt mit dem harten Dilemma hervortrat: »Entweder Christ, oder Atheist!« Ich erklärte darauf, daß wenn er mir mein Christentum nicht lassen wollte, wie ich es bisher gehegt hätte, so könnte ich mich auch wohl zum Atheismus entschließen, zumal da ich sähe, daß Niemand recht wisse, was beides eigentlich heißen solle. (*DuW* 661)

Es ist typisch für das autobiographische Ich, dass es die ihm angebotenen Alternativen als solche nicht annimmt, indem es sich für eine entscheidet, sondern dass es stattdessen eine weitere, d. h. seine eigene Option ins Spiel bringt. Im vorliegenden Fall wird die Nichtakzeptanz der Opposition ›Lavater'sches Christentum – Atheismus‹ gespiegelt und dadurch gleichsam subvertiert, dass Goethe droht, sich für die Lavater unliebsame Option des Atheismus zu entscheiden. Trotz dieser Differenzen empfindet

Goethe den Umgang mit Lavater als anregend und entschließt[99] sich, ihn auf seiner Reise nach Bad Ems zu begleiten. Goethe stellt einen Vergleich zwischen Lavater und dem Fräulein von Klettenberg auf und modelliert sie zu Gegenbildern, indem er konstatiert, »daß Männer und Frauen einen verschiedenen Heiland bedürfen« (*DuW* 667). Für das Fräulein von Klettenberg sei Christus wie ein Geliebter, für Lavater sei er hingegen wie ein Freund. Er selbst schließt sich keiner der beiden Positionen an und hält vielmehr am eigenen Christusbild fest: »Ich konnte weder dem einen noch dem andern völlig zustimmen: denn mein Christus hatte auch seine eigne Gestalt nach meinem Sinne angenommen« (*DuW* 667f.). Um die eigene Position zu markieren, braucht Goethe offensichtlich das Instrument der Oppositionsbildung, selbst wenn er denn doch das eine oder andere Element vorgedachten Anschauungen entnimmt und sie für den eigenen Weg adaptiert. In diesem Sinn modelliert er auch Glauben und Wissen als einen Gegensatz, den er jedoch selbstkritisch als poetische Halbwahrheit qualifiziert (vgl. *DuW* 668). Auch zwischen Lavater und Basedow baut Goethe einen Gegensatz auf: »Einen entschiednern Kontrast konnte man nicht sehen als diese beiden Männer« (*DuW* 669). Das betrifft nicht nur die Personen, sondern ebenfalls deren religiöse Haltungen:

> Auch hierin erschien Basedow als das Gegenstück von Lavatern. Wenn dieser die Bibel buchstäblich und mit ihrem ganzen Inhalte, ja Wort vor Wort, bis auf den heutigen Tag für geltend annahm und für anwendbar hielt, so fühlte jener den unruhigsten Kitzel alles zu verneuen, und sowohl die Glaubenslehren als die äußerlichen kirchlichen Handlungen nach eignen einmal gefaßten Grillen umzumodeln. (*DuW* 671)

Das Denken in Gegensätzen dient Goethe offensichlich zur gedanklichen Übung, hinter der letztlich die Findung bzw. die Ausbildung seiner eigenen Position steht: »Dagegen griff ich zu den Waffen der Paradoxie, überflügelte seine [Basedows] Meinungen und wagte, das Verwegne mit Verwegnerem zu bekämpfen« (*DuW* 671). Mit beiden, Lavater und Basedow, bereist Goethe im Sommer 1774 Rhein und Lahn und entwirft folgendes Bild von sich selbst in der Mitte zwischen seinen gegensätzlichen Reisegefährten:

---

99 Vgl. *DuW* 667: »Daher entschloß ich mich, ihn, wenn er nach Ems gehen würde, zu begleiten, um unterwegs, im Wagen eingeschlossen und von der Welt abgesondert, diejenigen Gegenstände, die uns wechselseitig am Herzen lagen, frei abzuhandeln.«

Sich/Für sich entscheiden. Goethe

Das Andenken an einen wunderlichen Wirtstisch in Coblenz habe ich in Knittelversen aufbewahrt, die nun auch, mit ihrer Sippschaft, in meiner neuen Ausgabe stehn mögen. Ich saß zwischen Lavater und Basedow; der erste belehrte einen Landgeistlichen über die Geheimnisse der Offenbarung Johannis, und der andere bemühte sich vergebens, einem hartnäckigen Tanzmeister zu beweisen, daß die Taufe ein veralteter und für unsere Zeiten gar nicht berechneter Gebrauch sei. Und wie wir nun fürder nach Cölln zogen, schrieb ich in irgend ein Album:

> Und, wie nach Emmaus, weiter ging's
> Mit Sturm- und Feuerschritten:
> Prophete rechts, Prophete links,
> Das Weltkind in der Mitten.
> (*DuW* 675f.)[100]

Auch wenn es im Gegensatz zu den an dieser Stelle humoristisch zitierten Versen stehen mag, empfindet Goethe sein eigenes Denken und Handeln (wiederholt) als zweck- und planlos, während er feststellt, dass die ›Propheten‹ Lavater und Basedow mit ihren Ansichten durchaus irdische Zwecke verfolgten (vgl. *DuW* 684).

Trotz abweichender religiöser Ansichten bleiben das Fräulein von Klettenberg sowie die Schwester Cornelia Gesprächspartnerinnen in Sachen Religion. Im 15. Buch beschreibt das autobiographische Ich, wie es sich mehr und mehr vom Pietismus entfernt, was es unter anderem mit seiner vorausgegangenen leidenschaftlichen Zuwendung zu demselben erklärt. Goethe muss feststellen, dass er in den Augen der pietistischen Brüder und der Freundin von Klettenberg nicht als Christ anerkannt wird, wofür er lange »den eigentlichen Unterscheidungsgrund nicht auffinden« (*DuW* 690) kann. Nun aber wird ihm der Unterschied klar, denn er muss erfahren, dass er, weil er an einen natürlichen guten Kern im Menschen glaubt, als Pelageriander[101] betrachtet wird, während die christlichen Anhänger der Erbsündenlehre davon ausgehen, dass die menschliche Natur

---

100 Vgl. das Gedicht »Diné zu Koblenz« und »In ein Album« (FA 1, 163f.); vgl. dazu Wagner-Egelhaaf, »›Du hast dich gegen Gott entschieden‹«, 111f. (Mit der neuen Ausgabe ist die zwischen 1815 und 1819 erschiene Werkausgabe gemeint; vgl. *DuW* 1243 [Kommentar]).

101 Der Pelagianismus geht auf den irischen Mönch Pelagius zurück (um 360–418). Die Pelageriander leugneten die Erbsünde und vertraten die Ansicht, dass der Mensch aus sich selbst heraus zum Heil gelangen könne. Informationen über den Pelagianismus konnte Goethe Arnolds *Unparteyischer Kirchen- und Ketzer-Historie* entnehmen (vgl. Goethe, *Dichtung und Wahrheit*, HA 10, 591 [Kommentar]).

von Grund auf verdorben sei und nur durch die Wirkung der göttlichen Gnade zum Guten geführt werden könne. Diese Konstellation stellt sich Goethe abermals als ein »Dilemma« (*DuW* 691) dar, das ihn dazu bringt, sich vom Pietismus zu lösen:

> Mich hatte der Lauf der vergangenen Jahre unablässig zu Übung eigner Kraft aufgefordert, in mir arbeitete eine rastlose Tätigkeit, mit dem besten Willen, zu moralischer Ausbildung. Die Außenwelt forderte, daß diese Tätigkeit geregelt und zum Nutzen anderer gebraucht werden sollte, und ich hatte diese große Forderung in mir selbst zu verarbeiten. (*DuW* 691)

Doch wird das autobiographische Ich auch nicht zum Pelagerianer, sondern schafft sich »ein Christentum zu [s]einem Privatgebrauch« (*DuW* 692). So sehr der junge Mann seinen eigenen Weg sucht, so sehr tut er dies, wie im Zitat angedeutet, doch im Blick auf die Außenwelt. Und wie bereits im 14. Buch davon die Rede ist, dass Goethe durch eine Mahomet-Dichtung versucht, sich seiner religiösen Anschauungen und damit seiner selbst bewusst zu werden – von Mahomet wird berichtet, dass er sich selbst bekehrt (vgl. *DuW* 686) –, so macht er sich nun an eine Ahasver-Dichtung, in der er Christus und Ahasver als Gegensätze aufbaut. In diesem Werk verrät Judas Jesus in der Hoffnung, dieser werde sich in der Situation der Bedrängnis »als Regent und Volkshaupt erklären«, und mit der Absicht, »das bisher unüberwindliche Zaudern des Herrn mit Gewalt zur Tat [zu] nötigen« (*DuW* 693). Christus erscheint also als Zauderer, an dem der zur Tat entschlossene Judas verzweifelt und der auch den Christus zugeneigten Ahasverus ratlos macht und auf ewige Wanderschaft schickt. Hier werden Positionen aufgestellt, die »Beschaulichkeit« Christi, Judas' Drang zur Tat und Ahasvers Betroffenheit, die für Goethe (noch) nicht zusammenkommen. Allerdings ist er überzeugt von dem »Final, daß der Mensch auf sich zurückgewiesen wird« (*DuW* 694), und im Vorschein dessen macht Goethe die Entdeckung, dass seine »sicherste Base« sein »produktives Talent«, ist, eine »Naturgabe« (*DuW* 695), auf die er sich, wie er feststellt, verlassen kann. Der Mensch, der etwas Bedeutendes produzieren will, muss sich isolieren, erkennt Goethe, und dies führt ihn schließlich zur Figur des Prometheus, der sich von den Göttern, d. h. von Zeus lossagt, und »auf eigne Hand Menschen bildet« (*DuW* 696). Die Abwendung vom Gott des Christentums ist keine einmalige rationale Entscheidung, sondern ein Weg, der an verschiedene Scheidewege führt: Pietismus – Orthodoxie, Protestantismus – Katholizismus, Positivismus – Deismus, Pietismus – Pelagerianismus. Goethe entscheidet sich aber, anders als Herkules am Scheideweg, für keine der vorgegebenen Optionen, sondern sucht jeweils einen eigenen Weg, der von der kindlichen Naturreligion, über das Studium der Bibel, zum eigenen Dichtertum führt, das sich nunmehr im Sturm und Drang-Bild der Prometheus-Figur verkörpert und bezeichnenderweise im an Zeus, eine Göttergestalt, gerichteten Widerwort eine religiöse Dimension bewahrt. Es bedarf der jeweiligen Oppositionsbildung der ›Scheidewege‹ als einer reflexiven Matrix, mittels derer sich der eigene Weg als solcher überhaupt abzeichnen kann.

Lieben und (Ent-)Scheiden

Sich verlieben ist in der Regel keine Entscheidung – die Partnerwahl sehr wohl.[102] Goethe hat sich bekanntlich spät zur Ehe entschlossen. Er heiratete Christiane Vulpius erst 1806, obwohl das Liebesverhältnis seit 1788 bestand und der Sohn August 1789 geboren worden war.

Dass die Partnerwahl für Frauen und Männer unterschiedlichen Bedingungen gehorcht, wird in *Dichtung und Wahrheit* klar reflektiert. Goethes Schwester Cornelia, deren Leben der Bruder en passant miterzählt, ist hier ein sprechendes Beispiel. Nach Goethes beruflichem Weggang nach Weimar nimmt Johann Georg Schlosser bei der Schwester Cornelia die vertraute Bruder-Position ein, und Goethe berichtet im 18. Buch von *Dichtung und Wahrheit*, dass »[l]eider […] sich bei ihm die Brüderlichkeit in eine entschiedene und, bei seinem strengen gewissenhaften Wesen, vielleicht erste Leidenschaft« (*DuW* 791) verwandelte. Cornelia, die bereits mehrere Anträge »standhaft« ausgeschlagen hat, muss ›beredet‹ werden, »endlich anzunehmen«. Die so zustande gekommene Entscheidung war, wie man weiß und wie Goethe im Folgenden auch ausführt, keine glückliche. Indessen verdankt Goethe der Schwester »[d]ie Gewohnheit mit jungen Frauenzimmern anständig und verbindlich umzugehn, ohne daß sogleich eine entscheidende Beschränkung und Aneignung erfolgt wäre«. Das heißt, die Frau muss heiraten und der Mann darf sich ausprobieren und den Umgang mit dem anderen Geschlecht üben! Im 20. Buch kommt Goethe nochmals auf den Unterschied zwischen männlicher und weiblicher Partnerwahl zurück. Und da konstatiert der Autobiograph, dass sich Frauen in Liebesdingen mehr zurückhalten müssen als Männer. Zwar verfügen sie über die Gabe, Verehrer anzulocken, so weiß der autobiographische Erzähler, aber irgendwann stehen sie vor dem Problem der

---

102 Vgl. Schimank, *Entscheidungsgesellschaft*, 23.

Wahl – doch: »Und wie zufällig ist es, was hier der Wahl eine Richtung gibt, die Auswählende bestimmt!« (*DuW* 842) Während also die Partnerwahl der Frau zufallsbestimmt ist, darf der Mann durch Übung und Praxis versuchen, die Kontingenz zumindest zu begrenzen.

Da *Dichtung und Wahrheit* das Leben des jungen Goethe schildert, geht es noch nicht um Lebensentscheidungen – die jungen Frauen sind einfach da und der junge Mann plötzlich verliebt. Entscheidensförmig- und -notwendigkeit stellt sich in der Regel erst dann ein, wenn es um eine dauerhafte Bindung geht und, soll es das nicht sein, geschieden werden muss, d. h. wenn Goethe die jungen Frauen wieder loswerden muss oder will. Entsprechend schreibt auch Brown: »Indeed, the fundamental pattern of life for Goethe is a journey on which one falls in love but must leave and thereby unintentionally incur guilt.«[103] Und dabei kann es richtig kompliziert werden.[104]

Gretchen

Die erste ›Geliebte‹ des autobiographischen Ichs heißt Gretchen – wie die im Unglück endende Freundin von Goethes Dramenhelden Heinrich Faust. Sie hat ihren Auftritt im 5. Buch von *Dichtung und Wahrheit* als Protagonistin der in Verbindung mit der Kaiserkrönung von 1764 erzählten, wohl fiktiven Liebesgeschichte.[105] Die Einschaltung dieser Ge-

---

103 Brown, »Building Bridges«, 9. Für Gundolf verkörpern die Liebespartnerinnen in *Dichtung und Wahrheit* jeweils mit einer »Krise« verbundene »Stufen« von Goethes Leben (Gundolf, *Goethe*, 626).

104 Die allererste Verliebtheit, von der *Dichtung und Wahrheit* erzählt, ist noch so ganz und gar nicht entscheidensförmig. Goethe fasst eine »Neigung« zur älteren Schwester eines französischen Schauspielerjungen, Derones, den er im Theater kennenlernt und mit dem er sich anfreundet. Das Mädchen, das noch nicht einmal einen Namen in Goethes Erzählung bekommt, ist schön und angenehm, hat aber »etwas Stilles, ja Trauriges« und es gelingt ihrem kleinen Verehrer nicht, »ihre Aufmerksamkeit« auf ihn zu lenken (vgl. *DuW* 104).

105 Bettine von Arnim berichtet in ihrem gleichfalls in hohem Maße fiktionalen Briefbuch *Goethes Briefwechsel mit einem Kinde* (1835), Goethes Mutter habe ihr von Goethes Besuch in Offenbach erzählt: »da war ein Wirtshaus zur Rose, die Tochter hieß das schöne Gretchen, er hatte sie sehr gern, das war die erste, von der ich weiß, daß er sie lieb hatte« (Bettine von Arnim, *Goethes Briefwechsel mit einem Kinde*, hrsg. von Waldemar Oehlke, Frankfurt a. M.: Insel, 1984, 426). Die Forschung hält den Bericht für »zweifelhaft« (*DuW* 1159 [Kommentar]); vgl. auch Gabriele Blod, *»Lebensmärchen«. Goethes Dichtung und Wahrheit als poetischer und poetologischer Text*, Würzburg: Königshausen & Neumann, 2003, 150, Anm. 468.

schichte verdankt sich also offenkundig einer gestalterisch-erzählerischen Entscheidung des Autobiographen. Goethe lernt Gretchen über seinen Freund Pylades kennen, und, wie bereits vermerkt, handelt es sich um einen nicht ganz standesgemäßen Umgang. Allein, die Begegnung mit und das Sich-Verlieben in Gretchen ist in der Diegese keine Frage der Entscheidung. Die »unglaubliche[] Schönheit« (*DuW* 184) des Mädchens nimmt den jungen Mann beim ersten Anblick gefangen: »es war der erste bleibende Eindruck, den ein weibliches Wesen auf mich gemacht hatte« (*DuW* 185). Es kommt zu regelmäßigen Treffen mit Pylades, Gretchen und deren Familien- und Freundeskreis. Eines Tages gesellt sich ein junger Mann zur Runde, der das Gespräch mit Goethe sucht. Gretchens Vettern setzen Goethe unter Druck, er möge seinem Großvater Textor, dem Frankfurter Schultheiß, ein Bittgesuch dieses jungen Mannes überbringen, der bei der Bewerbung um eine freie Stelle auf Goethes Fürsprache setze. Nur widerstrebend führt Goethe diesen Auftrag aus:

Ich entschuldigte mich anfangs, weil ich mich niemals in dergleichen Dinge gemischt hatte; allein sie setzten mir so lange zu, bis ich mich es zu tun entschloß. Hatte ich doch schon manchmal bemerkt, daß bei solchen Ämtervergebungen, welche leider oft als Gnadensachen betrachtet werden, die Vorsprache der Großmutter oder einer Tante nicht ohne Wirkung gewesen. Ich war soweit herangewachsen, um mir auch einigen Einfluß anzumaßen. Deshalb überwand ich, meinen Freunden zu lieb, welche sich auf alle Weise für eine solche Gefälligkeit verbunden erklärten, die Schüchternheit eines Enkels, und übernahm es, ein Bittschreiben das mir eingehändigt wurde, zu übergeben.

Eines Sonntags nach Tische, als der Großvater in seinem Garten beschäftigt war, um so mehr als der Herbst herannahte, und ich ihm allenthalben behülflich zu sein suchte, rückte ich nach einigem Zögern mit meinem Anliegen und dem Bittschreiben hervor. Er sah es an und fragte mich, ob ich den jungen Menschen kenne. Ich erzählte ihm im Allgemeinen was zu sagen war, und er ließ es dabei bewenden. »Wenn er Verdienst und sonst ein gutes Zeugnis hat, so will ich ihm um seinet- und deinetwillen günstig sein.« Mehr sagte er nicht, und ich erfuhr lange nichts von der Sache. (*DuW* 194 f.)

Goethe wird also zum Medium in einem Versuch, einen Entscheidensprozess zu beeinflussen. Seine Gefühlsbindung an Gretchen wird dabei zur bewegenden Kraft seines Entschlusses. Privates und öffentliches Entscheiden verschränken sich. Allerdings bleibt der amtliche Entscheidensprozess mit den unverbindlichen Worten des Großvaters vorderhand unabgeschlossen. Dass die entscheidende Übergabe des Bittgesuchs im Garten des Großvaters stattfindet, ist signifikant: Wiederholt erscheint der Großvater Textor in Goethes autobiographischer Erinnerung als in seinem Garten beschäftigt und nachgerade als Gottvaterfigur im Paradiesgarten.[106] Der paradiesische Garten stellt mithin einen kulturell kodierten ambivalenten Entscheidensraum dar, ambivalent, weil im Paradies keine menschlichen Entscheidungen nötig und erwünscht sind, das erste Menschenpaar sich im Garten Eden aber doch zu einer Tat von für die Menschheit allergrößter Tragweite entschieden hat und damit überhaupt erst in die Welt der Entscheidungen verstoßen wurde.

Zu einer eher beiläufigen Entscheidensszene kommt es, als Goethe für seine Schwester bei einer Galanteriehändlerin »italiänische Blumen« (*DuW* 195) kaufen soll und im Laden unverhofft auf Gretchen trifft, die im Geschäft offensichtlich als Näherin beschäftigt ist. Aus Verwirrung und um länger in Gretchens Nähe verweilen zu können, gibt er den Unentschiedenen:

> Nun brachte ich mit Wählen und Verwerfen die Putzhändlerin in Verzweiflung, mehr als ein Frauenzimmer selbst hätte tun können. Ich hatte wirklich keine Wahl, denn ich war aufs äußerste verwirrt, und zugleich liebte ich mein Zaudern, weil es mich in der Nähe des Kindes hielt [...]. (*DuW* 196)

Der Erzähler gibt zwei einander widersprechende Motive für das Hinauszögern der Wahl an: Zum einen, sagt er, sei er so verwirrt gewesen, dass er »wirklich« nicht wählen konnte, zum zweiten aber genießt er diesen Zustand und zögert ihn hinaus. Die Entscheidung trifft dann kurz entschlossen eine andere:

---

106 »Die lange, gegen Mittag gerichtete Mauer war zu wohl gezogenen Spalier-Pfirsichbäumen genützt, von denen uns die verbotenen Früchte, den Sommer über, gar appetitlich entgegenreiften. Doch vermieden wir lieber diese Seite, weil wir unsere Genäschigkeit hier nicht befriedigen durften, und wandten uns zu der entgegengesetzten, wo eine unabsehbare Reihe Johannis- und Stachelbeer-Büsche unserer Gierigkeit eine Folge von Ernten bis in den Herbst eröffnete. [...] In diesem friedlichen Revier fand man jeden Abend den Großvater mit behaglicher Geschäftigkeit eigenhändig die feinere Obst- und Blumenzucht besorgend, indes ein Gärtner die gröbere Arbeit verrichtete. Die vielfachen Bemühungen, welche nötig sind, um eine schöne Nelkenflor zu erhalten und zu vermehren, ließ er sich niemals verdrießen. Er selbst band sorgfältig die Zweige der Pfirsichbäume fächerartig an die Spaliere, um einen reichlichen und bequemen Wachstum der Früchte zu befördern. Das Sortieren der Zwiebeln von Tulpen, Hyazinthen und verwandter Gewächse, so wie die Sorge für Aufbewahrung derselben, überließ er Niemanden; und noch erinnere ich mich gern, wie emsig er sich mit dem Okulieren der verschiedenen Rosenarten beschäftigte« (*DuW* 45 f.). Vgl. dazu auch die Erinnerungsszene in der *Campagne in Frankreich* (vgl. S. 216 dieser Studie).

Endlich mochte die Putzhändlerin alle Geduld verlieren, und suchte mir eigenhändig einen ganzen Pappenkasten voll Blumen aus, den ich meiner Schwester vorstellen und sie selbst sollte wählen lassen. So wurde ich zum Laden gleichsam hinausgetrieben, indem sie den Kasten durch ihr Mädchen vorausschickte. (*DuW* 196)

›Wirklich‹ gewählt hat also wohl Goethes Schwester Cornelia – falls die Geschichte überhaupt einen biographischen Hintergrund haben sollte. Dies ist jedoch eher unwahrscheinlich, und das bedeutet, dass hier ein Entscheiden auf die Bühne des Textes gelangt, ohne dass eine Entscheidung getroffen wird, zumal Verliebt- und Verwirrtsein dem Entscheiden nicht günstig zu sein scheinen. Immerhin gibt dieses Entscheidens- oder Nichtentscheidensbild einer sprechenden und literarisch ansprechenden Szene Raum.

Wie im vorigen Kapitel dargestellt, sieht der junge Goethe das Geschehen um die Kaiserwahl und -krönung gewissermaßen mit den Augen Gretchens, der er die Ereignisse erzählen und erläutern möchte bzw. macht er sich gleichsam zum Auge Gretchens.[107] Tagsüber eilt er rastlos durch die Stadt, um nichts zu verpassen, aber am Abend der Krönung kann er dann mit der Geliebten am Arm gemächlicher durch die erleuchtete und geschmückte Stadt spazieren: »wir zogen von einem Quartier zum andern, und befanden uns zusammen sehr glücklich« (*DuW* 227). Klaus-Detlef Müller hat den »Vorgang der Kaiserkrönung« als »Moment der Gretchen-Handlung« bezeichnet, »insofern das Interesse an den Zeremonien nun weitgehend durch die Leidenschaft vermittelt ist.«[108] In dieser Formulierung steckt nicht nur eine zeitliche Referenz, welche der Gretchen-Handlung ihre konkrete historische Verortung gibt, sondern es schwingt auch die sächliche Bedeutung des ›Moments‹ im Sinne des ›ausschlaggebenden Moments‹ mit. Müller ordnet der Gretchen-Geschichte das historisch-politische Geschehen unter; gleichwohl erhält erstere erst durch letztere ihre bewegende Kraft. Das heißt, ohne die historische Staffage – und dass es sich bei der Kaiserkrönung um Historientheater handelt, macht das 5. Buch von *Dichtung und Wahrheit* unmissverständlich klar – fehlt es der (erfundenen) Gretchen-Geschichte an Motivation – wie

---

107 Zum Motiv der Augen vgl. auch Blod, »*Lebensmärchen*«, 162. »Das Auge war schon ermüdet durch die Menge der reichgekleideten Dienerschaft […]; und als nunmehr […] der Kaiser in romantischer Kleidung, zur Linken, etwas hinter ihm, sein Sohn in spanischer Tracht, langsam auf prächtig geschmückten Pferden einherschwebten, war das Auge nicht mehr sich selbst genug« (*DuW* 219 f.).
108 *DuW* 1117 (Kommentar).

umgekehrt die historische Szenerie der Verlebendigung durch die Liebeshandlung bedarf.

Allerdings folgt die Ernüchterung abrupt: Am auf den beglückenden Abend folgenden Morgen wird der nächtliche Spaziergänger von der Mutter geweckt, die ihm mitteilt, es sei herausgekommen, dass er schlechten Umgang pflege und einige seiner Bekannten strafbar geworden seien. Der Vater sei außer sich. Goethe ist sich keiner Schuld bewusst; eine ›Untersuchung‹ wird angekündigt und der abendliche Spaziergänger erhält Zimmerarrest. Er kann Gretchen nicht sehen und interessiert sich fürderhin auch nicht mehr für die Zeremonien der Kaiserwahl und -krönung. Der Rat Schneider, ein Hausfreund, wird zu dem vermeintlichen Übeltäter geschickt und stellt ein regelrechtes Verhör an. Goethe hat tatsächlich nichts zu beichten, will aber auch seine Freunde nicht ›verraten‹. Über die dem Großvater überreichte Bittschrift war Goethes Umgang ans Tageslicht gekommen. Dass die Trennung von Gretchen, selbst wenn sie fiktiv ist und nie stattgefunden hat, in der autobiographischen Erzählung als eine durch die väterliche ›decisio‹ erzwungene Lebensentscheidung figuriert, wird zu Beginn des 6. Buchs deutlich, wenn beschrieben wird, wie sehr der junge Mann durch die Affäre in eine Krise gerät. Die Eltern geben ihm einen Mentor zur Seite, der es als seine Aufgabe erkennt, seinem Zögling zu helfen sich wieder zu fassen, »das Vergangene hinter [s]ich [zu] werfen und ein neues Leben an[zu]fangen« (*DuW* 240).

Schwester Cornelia übernimmt die Rolle der Trösterin im brüderlichen Liebeskummer. Im gemeinsamen Freundeskreis werden unverbindliche, durch Losentscheid regulierte Rollenspiele getrieben, indem im wöchentlichen Wechsel Paare ausgelost werden:

> Bei der nächsten Zusammenkunft ward diese wöchentliche Einrichtung für den Sommer festgesetzt und die Verlosung abermals vorgenommen. Es war keine Frage, daß durch diesen Scherz eine neue und unerwartete Wendung in die Gesellschaft kam, und ein Jeder angeregt ward, was ihm von Geist und Anmut beiwohnte an den Tag zu bringen und seiner augenblicklichen Schönen auf das verbindlichste den Hof zu machen, indem er sich wohl zutraute, wenigstens für eine Woche genugsamen Vorrat zu Gefälligkeiten zu haben. (*DuW* 258 f.)

Was hier zur Unterhaltung und zum Zeitvertreib inszeniert wird, ist, wo es noch nicht um reale Lebens- und Liebesentscheidungen geht, insofern bemerkenswert, als die spielerische Entscheidung dem Los überantwortet wird und sich den jungen Leuten dadurch die Möglichkeit bietet, soziale Rollen zu erproben.

Emilie und Lucinde

Aus der Straßburger Zeit (1770/71) schildert Goethe eine denkwürdige Begegnung mit den beiden Töchtern seines Tanzlehrers.[109] Beide sind hübsch und liebenswürdig, aber Goethe fühlt sich mehr zur jüngeren, Emilie, hingezogen, während ihm die ältere, Lucinde, ihrerseits mehr Aufmerksamkeit entgegenbringt. Da geschieht es, dass Emilie eines Tages eine »Kartenschlägerin« beauftragt hat, »die ihr offenbaren soll, wie es mit einem auswärtigen Freund beschaffen ist, an dem ihr ganzes Herz hängt, auf den sie alle ihre Hoffnung gesetzt hat« (*DuW* 426). Das befragte ›Orakel‹ entscheidet ganz in Emilies Sinn, während es im Folgenden, als nun auch Lucindes Liebesschicksal erkundet werden soll, schlechte Nachricht hat: Zwischen ihr und demjenigen, den sie liebe, stünde eine andere Person. Als Lucinde weinend das Zimmer verlässt, möchte Goethe sie trösten, aber: »Die Neigung hielt mich bei der Gegenwärtigen, das Mitleid trieb mich zu jener; meine Lage war peinlich genug« (*DuW* 428). Schließlich werden die Karten auch über Goethes Liebesaussichten befragt, und hier offenbaren sie die folgende Konstellation: Lucinde gerät in immer größere Distanz zu Goethe, während Emilie ihm näher rückt, wobei die Karten offenbaren, dass eine andere Person zwischen Emilie und Goethe steht. Es ist Emilie, die Goethe diese Konstellation ausdeutet und einen »Rat« gibt, wie weiter zu verfahren sei: »Ich verstehe Sie, und wenn wir nicht klug und entschlossen sind, so kommen wir alle in eine üble Lage« (*DuW* 429). Sie erläutert ihm, dass sie sich tatsächlich bereits mit einem jungen Mann verbunden habe, aber befürchte, dass seine, Goethes, weitere Anwesenheit diese Verbindung gefährden könnte. Daher rate sie ihm, sich zu entfernen, um nicht doppeltes Unglück über das Haus zu bringen. Goethe folgt diesem Rat, muss allerdings noch Lucindes Fluch mitnehmen: Um zu verhindern, dass sich ihre Schwester doch noch des Begehrten bemächtige, küsst Lucinde ihn wiederholt auf die Lippen und fügt hinzu, dass ewiges Unheil diejenige treffen möge, die Goethe als erste nach ihr küsse. Fluchtartig verlässt Goethe das Haus (vgl. *DuW* 429–432).

Walter Benjamin stellt seinem Essay über Goethes *Wahlverwandtschaften* ein Motto von Klopstock voran: »Wer blind wählt, dem schlägt Op-

109 Aus der Leipziger Studienzeit berichtet das autobiographische Ich von einer Romanze mit Anna Katharina Schönkopf, der Tochter des Weinhändlers Christian Gottlieb Schönkopf. Die Beziehung scheint sich aber bald in Eifersüchteleien und Langeweile verlaufen zu haben (vgl. *DuW* 294, 310–312). Erst nachträglich, im 12. Buch von *Dichtung und Wahrheit,* trägt der Erzähler eher beiläufig nach, dass »Annette [ihn] verlassen« (*DuW* 566) habe.

ferdampf in die Augen.«[110] Goethe hat in seiner fiktionalisierten Neigung zu Emilie gewiss blind gewählt; entschieden hat er sich dabei allerdings nicht, zumal eine tatsächliche Entscheidung auch noch gar nicht ansteht. Die Tatsache, dass es sich bei dieser ›Liebesgeschichte‹ wieder um eine Fiktion und zwar in Gestalt einer Novelle[111] handelt, verweist auf ihre Modellhaftigkeit. Es wird deutlich, wie in Liebesentscheidungen, Rationalität und Irrationalität, Vernunft und Gefühl, Kalkül und Projektion zusammenspielen.

Walter Benjamin hat gerade im Novellistischen eine vermittelnde Abstandnahme, d. h. ein sich Vernehmenlassen eines Erzählers gegenüber dem Leser sehen wollen.[112] In Bezug auf Goethes Novelle »Die wunderlichen Nachbarskinder« schreibt er:

> Weil diese Menschen nicht um einer falsch erfaßten Freiheit willen alles wagen, fällt unter ihnen kein Opfer, sondern in ihnen die Entscheidung. In der Tat ist Freiheit so deutlich aus des Jünglings rettendem Entschluß entfernt wie Schicksal. Das chimärische Freiheitsstreben ist es, das über die Gestalten des Romans [*Die Wahlverwandtschaften*] das Schicksal heraufbeschwört. Die Liebenden in der Novelle stehen jenseits von beiden und ihre mutige Entschließung genügt, ein Schicksal zu zerreißen, das sich über ihnen ballen, und eine Freiheit zu durchschauen, die sie in das Nichts der Wahl herabziehen wollte. Dies ist in den Sekunden der Entscheidung der Sinn ihres Handelns.[113]

Die Entscheidung operiert also, Benjamin zufolge, jenseits der ›chimärischen‹ Wahl zwischen Schicksal und Freiheit. Ihre Transzendenz[114] vergegenwärtigt sich in der dramatischen Darstellung selbst.

> Das Mysterium ist im Dramatischen dasjenige Moment, in dem dieses aus dem Bereiche der ihm eigenen Sprache in einen höheren und ihr nicht erreichbaren hineinragt. Es kann daher niemals in Worten, sondern einzig und allein in der Darstellung zum Ausdruck kommen, es ist das ›Dramatische‹ im strengsten Verstande.[115]

---

110 Benjamin, »Goethes Wahlverwandtschaften«, 125. Das Zitat entstammt Klopstocks Ode »Die Grazien« (vgl. Friedrich Gottlieb Klopstock, »Die Grazien«, in: ders., *Oden*, Bd. 1: Text, hrsg. von Horst Gronemeyer und Klaus Hurlebusch; Berlin/New York: de Gruyter, 2010, 449).

111 Müller bezeichnet die Episode mit den beiden Tanzlehrerstöchtern als »novellistische Exposition für das Sesenheim-Erlebnis« (*DuW* 1170 [Kommentar]).

112 Vgl. Benjamin, »Goethes Wahlverwandtschaften«, 168.

113 Ebd., 170 f.

114 Vgl. ebd., 189.

115 Ebd., 200 f.

Dass die merkwürdige und in ein fast unheimliches Licht getauchte Dramatik der Tanzmeistertöchterepisode, in der gerade der Protagonist seine wiederholten Auf- und Abtritte hat, auf ambivalente Weise theatralisch verfasst ist, ist dem Erzähler Anlass zum Kommentar, wenn er schreibt:

> und hier entstand eine Szene, die mir noch in der Erinnerung peinlich ist, und die, ob sie gleich in der Wirklichkeit nichts Theatralisches hatte, sondern einer lebhaften jungen Französin ganz angemessen war, dennoch nur von einer guten empfindenden Schauspielerin auf dem Theater würdig wiederholt werden könnte. (*DuW* 431).

Indem der Erzähler in der Episode mit den Töchtern des Tanzmeisters in deutlich ironischem Gestus ein weiblich figuriertes Orakel entscheiden lässt, dass ge-schieden werden muss, scheint sich die Figur der Schicksalslogik des Orakels zu unterwerfen und gerade keine Entscheidung im Benjamin'schen Sinn zu treffen. Allerdings handelt es sich hier um einen erzählerischen Schachzug, denn das mysteriöse Moment des Kusses transzendiert die Szene insofern, als es in der Friederike-Episode wiederkehrt und dort hilft, eine Entscheidung zu legitimieren.

Friederike

In die Straßburger Zeit der Jahre 1770/71 fällt auch die Liebesgeschichte mit Friederike Brion. Ihr Beginn ist ganz und gar nicht entscheidensförmig angelegt. Eingeführt wird sie mittels einer Analepse: Goethe erzählt von seinen Reisen im Elsaß, und recht unvermittelt berichtet er, dass in ihm, als er gerade von einer Anhöhe unweit von Neukirch ins Land blickt, plötzlich »das Bild eines holden Wesens« »erwachte« (*DuW* 461). Und zwei Seiten später reitet er schon »nach dem geliebten *Sesenheim*« (*DuW* 463). Der analeptische Kunstgriff spaltet einmal mehr Erzähler und Figur; es entsteht eine erzählerische Lücke im Text, eine Ellipse, die im Folgenden gefüllt werden muss und der Begegnung mit Friederike Brion einen ganz eigenen narrativen Rahmen verleiht. Bevor der Erzähler allerdings die beginnende Liebesgeschichte nachträgt, berichtet er von dem Lektüreerlebnis, das die Straßburger Freunde dem sich in der Stadt zum Zwecke einer Augenbehandlung aufhaltenden Herder verdanken. Herder liest den jungen Leuten den 1766 erschienenen empfindsamen Roman von Oliver Goldsmith *The Vicar of Wakefield* vor, der in Deutschland rasch übersetzt wurde und außerordentliche Beliebtheit erlangte.[116] Die literarische Folie

---

116 Müller weist darauf hin, dass Herder den Roman frühestens im November 1770 vorgelesen haben kann, Goethes erster Besuch in Sesenheim aber schon in den Oktober 1770 fällt (vgl. *DuW* 1188; Kommentar).

für die im Folgenden berichtete Liebesgeschichte, in der die Beteiligten als Figuren aus Goldsmiths Roman stilisiert werden, fungiert als eine Art Integument im rhetorischen Sinn, das ein anderes, nicht Erzähltes einschließt. Wenn für Luhmann das Integument nicht bloß die Einkleidung, sondern das in der Einkleidung nicht beobachtbare, subjektive ›Moment‹ selbst ist, das die Entscheidung erst zur Entscheidung macht,[117] erhält die Friederike-Geschichte in der literarischen Einkleidung nicht nur autobiographische, sondern auch entscheidenstheoretische Relevanz.

Der autobiographische Erzähler weist darauf hin, dass die jungen Leute den Roman wie ein Naturerzeugnis auf sich wirken ließen (vgl. *DuW* 467), Herder den Text aber als Kunstprodukt rezipiert wissen möchte. Wo die vom Inhalt gebannten Hörer die ›Kunstgriffe‹ des Romans nicht wahrnehmen, scheint dies als autoreferentieller Bezug auf die vom Erzähler Goethe durch Einschaltung der *Vicar of Wakefield*-Folie selbst angewandten Kunstgriffe lesbar. Der *Vicar of Wakefield* wird als ironischer Text eingeführt; wenn der autobiographische Erzähler schreibt, dies sei ihm erst später bewusst geworden, tut sich an dieser Stelle einmal mehr eine Differenz zwischen Erzähler- und Figurenperspektive auf. Die ganze Sesenheim-Geschichte wird als ein poetisches Gemälde präsentiert: »Wir traten in den Hof; das Ganze gefiel mir wohl: denn es hatte gerade das, was man malerisch nennt, und was mich in der niederländischen Kunst so zauberisch angesprochen hatte« (*DuW* 469). Und sie ist als eine Szene der Unentschiedenheit markiert: »Haus und Scheune und Stall befanden sich in dem Zustande des Verfalls gerade auf dem Punkte, wo man unschlüssig, zwischen Erhalten und Neuaufrichten zweifelhaft, das Eine unterläßt, ohne zu dem Andern gelangen zu können« (*DuW* 470). Als Begründung für diesen Zustand führt der Herr des Hauses die »Unentschlossenheit« der »Gemeine« an. Wie um den Integumentcharakter auch diegetisch auszuspielen, hat sich das autobiographische Ich in der Verkleidung eines armen Theologiestundenten bei der Sesenheimer Pfarrerfamilie eingeführt. Das Motiv der Verkleidung ist nicht wirklich offensichtlich, auch wenn der autobiographische Erzäher eine einigermaßen verwickelte Erklärung abgibt:

> Also entschlossen wir uns auch zu dieser Partie, wobei mir mein Freund versprechen mußte, daß er bei der Einführung weder Gutes noch Böses von mir sagen, überhaupt aber mich gleichgültig behandeln wolle, sogar erlauben, so nicht schlecht, doch etwas ärmlich und nachlässig gekleidet zu erscheinen. Er willigte darein und versprach sich selbst einigen Spaß davon.

117 Zum ›integumentum‹ vgl. S. 15, 32.

Es ist eine verzeihliche Grille bedeutender Menschen, gelegentlich einmal äußere Vorzüge ins Verborgene zu stellen, um den eignen innern menschlichen Gehalt desto reiner wirken zu lassen; deswegen hat das Inkognito der Fürsten und die daraus entspringenden Abenteuer immer etwas höchst Angenehmes: es erscheinen verkleidete Gottheiten, die alles Gute, was man ihrer Persönlichkeit erweist, doppelt hoch anrechnen dürfen und im Fall sind, das Unerfreuliche entweder leicht zu nehmen, oder ihm ausweichen zu können. Daß Jupiter bei Philemon und Baucis, Heinrich der vierte, nach einer Jagdpartie, unter seinen Bauern sich in ihrem Inkognito wohlgefallen, ist ganz der Natur gemäß, und man mag es gern: daß aber ein junger Mensch ohne Bedeutung und Namen sich einfallen läßt, aus dem Inkognito einiges Vergnügen zu ziehen, möchte mancher für einen unverzeihlichen Hochmut auslegen. Da aber hier die Rede nicht ist von Gesinnungen und Handlungen, in wiefern sie lobens- oder tadelnswürdig, sondern wiefern sie sich offenbaren und ereignen können; so wollen wir für diesmal, unserer Unterhaltung zu Liebe, dem Jüngling seinen Dünkel verzeihen, um so mehr, als ich hier anführen muß, daß von Jugend auf in mir eine Lust mich zu verkleiden selbst durch den ernsten Vater erregt worden. (*DuW* 468 f.)

Erzähler- und Figurenperspektive divergieren maximal; der Erzähler spricht selbst von einer »Grille«, deren tieferer Grund um der »Unterhaltung« willen, also wohl im Interesse der Erzählung im Dunkeln bleiben soll. Die Entscheidung, im Sesenheimer Pfarrhaus in Verkleidung zu erscheinen, stellt also tatsächlich ein »Moment der ›subjektiven‹ Willkür«[118] dar. Dies ist umso bemerkenswerter, als die ganze Friederiken-Erzählung auf dieser Maskerade aufbaut.

Dem Pfarrer selbst, der ob des Zerfalls seines Anwesens unzufrieden ist, bietet sich der verkleidete Theologiestudent als Aufmunterer, Planer und Gestalter an. Doch ist es vor allem der Liebreiz der jüngeren Tochter Friederike, der seine Entschlusskraft mobilisiert und ihn schon bald seine Maske als höchst unpassend empfinden lässt. Mit Entschlossenheit[119] ergreift er Maßnahmen, um sein Maskenspiel in den Augen der Sesenheimer, aber wohl auch vor sich selbst zu motivieren.[120] Dies geschieht, indem er beim nächsten Besuch in einer weiteren Verkleidung, in der

---

118 Luhmann, »Die Paradoxie des Entscheidens«, 295.
119 Vgl. *DuW* 478: »Ich entschloß mich zu warten […].«
120 Vgl. dazu auch Martina Wagner-Egelhaaf, »Goethe spielt Goethe«, in: *Sich selbst aufs Spiel setzen. Spiel als Technik und Medium von Subjektivierung*, hrsg. von Christian Moser und Regine Strätling, Paderborn: Fink, 2016, 101–118.

von George, dem Sohn eines benachbarten Gasthofwirts, erscheint, und wie diese überzeugend zu rechtfertigen wäre, setzt ihn nun doch unter Überlegungszwang: »Ich blieb stehen, holte Atem und suchte zu überlegen, was ich beginnen solle« (*DuW* 478). Tatsächlich geht es um einen ›äußerst bewegten‹ (vgl. *DuW* 481) Moment des Entscheidens, in dem der eloquente junge Mann der verwunderten und irritierten Friederike gegenüber die folgende Erklärung vorbringt: »Die erste Masque hat mich in die zweite getrieben, [...] jene wäre unverzeihlich gewesen, wenn ich nur einigermaßen gewußt hätte, zu wem ich ging, diese vergeben Sie gewiß: denn es ist die Gestalt von Menschen, denen Sie so freundlich begegnen« (ebd.). Die einmal aus einer poetisch-literarischen Laune heraus getroffene und im Rückblick bereute Entscheidung, bei der Sesenheimer Pfarrerfamilie verkleidet zu erscheinen, kann nicht einfach zurückgenommen, sondern muss durch einen zweiten Verkleidungsauftritt überboten – und dadurch neutralisiert werden. Wäre der erfindungsreiche junge Mann am nächsten Tag in seiner normalen Aufmachung erschienen, und hätte er sich für seinen Auftritt am Vortag entschuldigt, wäre dieser rückwirkend lediglich als Fehlauftritt erschienen und von der wohlmeinenden Pfarrersfamilie vermutlich als lässlicher *Faux pas* verbucht worden. Durch die zweite Verkleidung, auf die alle zunächst hereinfallen, um sich dann bei der Entdeckung umso mehr zu verwundern und das Ganze herzlich komisch zu finden, erhält der gesamte Auftritt System, so dass Goethe als origineller und überaus gewitzter junger Mann erscheint. Zudem stellt der doppelte Verkleidungsauftritt eine im wahrsten Sinn des Worts ›verkappte‹ Liebeserklärung dar: In der Maske des Gastwirtsohns, dem Friederike freundlich begegnet, erschleicht sich Goethe das Wohlwollen des Mädchens – auch im Hinblick auf das Vergehen des ersten Auftritts, den der um Wiedergutmachung Bemühte allerdings auch damit entschuldigt, dass er nicht gewusst habe, *wen* er besuche. Dass es sich um eine Entscheidensszene handelt, in die mehrere Akteure involviert sind, zeigt sich nicht zuletzt daran, dass Friederike nach Goethes Enthüllungsauftritt »nachdenkend und schweigend« (ebd.) ist – mit dem Ergebnis, dass sie und Goethe nun als Paar auftreten. »Das wird eine schöne Geschichte geben, sagte das liebe Mädchen« (*DuW* 482). Zwar meint sie damit die Geschichte, die man gleich der Familie erzählen wird, aber vielleicht auch den Fortgang der Liebesgeschichte. Lesbar ist diese Äußerung in jedem Fall auch als die Geschichte, die der Autobiograph – um der Unterhaltung willen – künftig erzählen wird. »Nicht gezaudert! rief sie, Pardon gebeten und gegeben!« (ebd.), um nun auch die Familie auf ihre Seite zu bringen. Die Dramatik dieser Entscheidensszene wird noch dadurch unterstrichen, dass mit Georges, dessen Maske sich Goethe bemächtigt hatte, weitere Verwirrspiele getrieben werden, so »daß man zuletzt nicht mehr wußte, von wem die Rede war« (*DuW* 485) – in diesem Durcheinander scheint der Fehlauftritt des vermeintlichen Theologiestudenten endgültig gesühnt. Das inszenierte Rollen- und Maskenspiel ergibt tatsächlich eine gute Geschichte, die freilich auch etwas verdeckt, was der autobiographische Erzähler denn auch vorausschauend anspricht: »eine aufkeimende Leidenschaft hat das Schöne, daß, wie sie sich ihres Ursprungs unbewußt ist, sie auch keinen Gedanken eines Endes haben, und wie sie sich froh und heiter fühlt, nicht ahnden kann, daß sie wohl auch Unheil stiften dürfte« (*DuW* 480 f.). Das Falsche der Verbindung, das der dramatische Auftritt überspielt, und damit das Ende der Beziehung ist hier schon angedeutet – und im Voraus gerechtfertigt.

Goethe berichtet, dass man sich im Anschluss an das gesellschaftliche Verwirrspiel »in eine geräumige Laube« begeben hat und er ein Märchen vortrug, »das [er] hernach unter dem Titel ›die neue Melusine‹ aufgeschrieben habe. Es verhält sich zum *neuen Paris* wie ohngefähr der Jüngling zum Knaben« (*DuW* 485).[121] Im Gegensatz zum *Neuen Paris* wird *Die neue Melusine* in *Dichtung und Wahrheit* nicht wiedergegeben, aber der Hinweis ist so deutlich, dass es lohnend erscheint, ihm nachzugehen. Tatsächlich handelt es sich bei der *Neuen Melusine* um eine Entscheidenserzählung, die eine Spiegelfunktion für die Friederiken-Episode hat. Im sechsten Kapitel des dritten Buchs von Goethes *Wanderjahren* wird dem Protagonisten Wilhelm von Lenardo ein Mann von besonderer Entschlusskraft vorgestellt, ein Barbier, den er folgendermaßen charakterisiert: »Dieser Mann ist ein derber Wundarzt, der in bedenklichen Fällen, wo Entschluß und körperliche Kraft gefordert wird, seinem Meister trefflich an der Seite zu stehen bereit ist.«[122] Dieser hat, um sich zu bilden, jeglicher berufsbedingten Geschwätzigkeit abgeschworen, woraus er »ein anderes Redetalent entwickelt [hat], welches absichtlich klug und erfreulich wirkt, die Gabe des Erzählens nämlich.«[123] Der Bezug zum autobiographischen Erzähler Goethe ist offenkundig, berichtet dieser doch am Ende des 10. Buchs von *Dichtung und Wahrheit*, im Anschluss an das erwähnte

---

121 Tatsächlich hat Goethe das Märchen, das er schon seit Kindertagen kannte (vgl. *DuW* 42) erst 1807 niedergeschrieben und zur Zeit der Arbeit an *Dichtung und Wahrheit* 1812 ins Reine diktiert. Gedruckt wurde es 1816 im *Taschenbuch für Damen auf das Jahr 1817* und 1821 in *Wilhelm Meisters Wanderjahre* übernommen. Vgl. *DuW* 1189 (Kommentar). Peter Sprengel formuliert in seinem Kommentar die Vermutung, dass das in Sesenheim erzählte Märchen noch sehr viel anders ausgesehen hat als das später gedruckte (vgl. Goethe, *Dichtung und Wahrheit*, MA, 998).

122 FA 10, 632.

123 Ebd.

Vorlesen der *Neuen Melusine*, dass er von seinem Vater »eine gewisse lehrhafte Redseligkeit angeerbt« habe und von der Mutter die Gabe, »alles was die Einbildungskraft hervorbringen, fassen kann, heiter und kräftig darzustellen, bekannte Märchen aufzufrischen, andere zu erfinden und zu erzählen, ja im Erzählen zu erfinden« (*DuW* 486). Hinzu kommt das »Bedürfnis, mich figürlich und gleichnisweise auszudrücken. In Rücksicht dieser Eigenschaften, welche der so einsichtige als geistreiche Doktor *Gall*, nach seiner Lehre, an mir anerkannte, beteuerte derselbe, ich sei eigentlich zum Volksredner geboren« (*DuW* 487).[124] Goethe sieht sich als Erzähler hier also strukturell in der Position des erzählenden Barbiers in den *Wanderjahren*, der *Die neue Melusine* zum Besten gibt. Im Sesenheimer Kontext vorgelesen wird *Die neue Melusine* zur Spiegel-Geschichte von Goethes Beziehung zu Friederike.[125] Während das ›Knabenmärchen‹ des *Neuen Paris* eher eine kreisförmige, einer Traumlogik folgende Handlungsstruktur aufweist und so ein unbestimmtes knabenhaftes Begehren figuriert, folgt die Handlungsführung im ›Jünglingsmärchen‹ einer klaren, ungleich dezidierteren Linie. Der Ich-Erzähler berichtet von der zufälligen Begegnung mit der geheimnisvollen schönen Frau, die sich bald als Nixen- und Feenwesen erweist, und von der sich der Protagonist mächtig angezogen fühlt. Darin liegt eine Parallele zur Begegnung mit Friederike, wobei der märchenhafte Subtext die Unwirklichkeit und entsprechend die Unverbindlichkeit der Sesenheimer Liebesbeziehung zu verstehen gibt. Das heißt, der autobiographische Erzähler bereitet durch den Hinweis auf *Die neue Melusine* das Ende seiner Jugendromanze vor – und rechtfertigt es. ›Entschiedenheit‹ motiviert mehrfach die Entwicklung der phantastischen Melusinengeschichte, die immer wieder[126] in die Krise gerät, weil der männliche Held dem sittlichen Gesetz seiner feenhaften Partnerin nicht zu entsprechen in der Lage ist. Nach einer Schlägerei fühlt er sich freilich »entschieden gestärkt«[127] durch einen Balsam, den sie ihm in die Schläfe reibt. In seiner Eifersucht fordert er von ihr »entschiedene Antwort« und als sie zaudert, reißt er sich den »Verband

---

124 Zu dem Goethe von dem Anatomen und Phrenologen Franz Joseph Gall im Jahr 1805 attestierten Rednertalent vgl. auch Goethes *Tag- und Jahreshefte* (FA 17, 150).

125 Zur Platzierung des Märchens in den *Wanderjahren* vermerkt Müller, dass es »genau an jener Stelle in den Gang des Romans eingeschaltet [wird], wo die angemessene Relation von Wunsch und Sozietät, von Liebe und Beruf in Frage steht, deren Vermittlung ja im Institut der Ehe ihr Organisationsprinzip besitzt« (FA 10, 1204 f., Kommentar). Auch die Beziehung zwischen Goethe und Friederike wird letztlich als »Mesalliance« (ebd., 1205) dargestellt, wie in den *Wanderjahren*, figuriert im Märchen, diejenige zwischen Wilhelm und Mariane.

126 FA 10, 637, 639, 644.

127 Ebd., 639.

von den Wunden, mit der entschiedenen Absicht, [s]ich zu verbluten.«[128] Es geht also durchaus dramatisch zu in dieser Verbindung. Indessen scheint die Beziehung ›entschieden‹, »als sie [Melusine] sich seit einiger Zeit entschieden guter Hoffnung befand«.[129] Doch immer wieder fällt der Liebhaber aus der Rolle, so dass alsbald die »Scheidung«[130] des ungleichen Paars ansteht. Bevor es dazu kommt, erzählt die neue Melusine ihrem Geliebten die Vorgeschichte ihrer Familie und wie es zur Entscheidung kam, sie in die Welt zu den Menschen zu schicken.

> »Bei diesem in den Jahrbüchern des Zwergenreichs ganz unerhörten Falle versammelte man die Weisen, und kurz und gut, der Entschluß ward gefaßt, mich auf die Freite zu schicken.«
> »Der Entschluß!« rief ich aus; »das ist wohl alles schön und gut. Man kann sich entschließen, man kann etwas beschließen; aber einem Zwerglein diese Göttergestalt zu geben, wie haben eure Weisen dies zustande gebracht?«[131]

Es gibt nur noch eine Möglichkeit, die Beziehung zu retten, nämlich, so führt die feenhafte neue Melusine aus, wenn sich der Erzähler

> entschlösse, mit ihr so klein zu werden als ich sie schon gesehen, so könnte ich auch jetzt bei ihr bleiben, in ihre Wohnung, in ihr Reich, zu ihrer Familie mit übertreten. Dieser Vorschlag gefiel mir nicht ganz, doch konnte ich mich einmal in diesem Augenblick nicht von ihr losreißen, und an's Wunderbare seit geraumer Zeit schon gewöhnt, zu raschen Entschlüssen aufgelegt, schlug ich ein und sagte, sie möchte mit mir machen, was sie wolle.[132]

Unschwer wird hier durchgespielt, was geschähe, wenn sich Goethe durch eine Bindung an Friederike in deren ›kleine‹, beschränkte Welt hineinbegäbe: Es wäre eine falsche, nur gefühlsgeleitete[133] Entscheidung. Im Märchen trifft der Held jedoch die falsche Entscheidung, versucht allerdings, bereits in einen Zwerg verwandelt, nochmals zu fliehen, als es konkret ans Heiraten gehen soll: »Ich entschloß mich als es Nacht wurde, kurz und gut, auf und davon zu gehen und mich irgendwo zu verbergen.«[134] Das nützt jedoch nichts; er wird gefunden, und die Hochzeit findet statt. Doch beginnt der Protagonist der Geschichte nun nachzudenken:

128 Ebd., 640.
129 Ebd.
130 Ebd., 646.
131 Ebd., 649.
132 Ebd., 651.
133 »welches Herz wäre da wohl fühllos geblieben!« Ebd.
134 Ebd., 654.

Laßt mich nun von allen Zeremonien schweigen; genug, wir waren verheiratet. So lustig und munter es jedoch bei uns herging, so fanden sich dessen ungeachtet einsame Stunden, in denen man zum Nachdenken verleitet wird [...].

[...] Dabei hatte ich [...] meinen vorigen Zustand nicht vergessen. Ich empfand in mir einen Maßstab voriger Größe, welches mich unruhig und unglücklich machte. Nun begriff ich zum erstenmal, was die Philosophen unter ihren Idealen verstehen möchten, wodurch die Menschen so gequält sein sollen. Ich hatte ein Ideal von mir selbst und erschien mir manchmal im Traum wie ein Riese. Genug, die Frau, der Ring, die Zwergenfigur, so viele andere Bande machten mich ganz und gar unglücklich, daß ich auf meine Befreiung im Ernst zu denken begann.[135]

Der Mensch muss also Ideale und einen Entwurf von sich haben. Und es liegt auf der Hand, wie ironisch, weil im wörtlichen Sinn, die Rede von der ›Größe‹ und der ›Zwergenfigur‹ hier gemeint ist. Es gelingt dem Erzähler tatsächlich sich zu befreien, indem er den Ring, der sich von seinem Finger nicht lösen lässt, durchfeilt und auf diese Weise seine ursprüngliche Gestalt und ›Größe‹ wiedererlangt. Ohne Weiteres gelingt es ihm, in sein früheres Leben zurückzukehren.

Wie sehr das in der Autobiographie nicht erzählte *Melusine*n-Märchen, ja, sein Nichterzähltwerden, zum Integument einer Entscheidung, nämlich derjenigen des Scheidens von Friederike wird, zeigt sich zu Beginn des 11. Buchs, das den dritten Teil von *Dichtung und Wahrheit* einleitet. Tatsächlich wird die Sesenheim-Episode über zwei Bücher hinweg erzählt und der sich zwischen dem 2. und dem 3. Buch vollziehende Schnitt mag als in der Erzählung figurierter Hinweis auf eine *decisio* lesbar werden. Müller schreibt: »Das 11. Buch und zugleich der dritte Teil von *Dichtung und Wahrheit* beginnt mitten in einer durch die Zäsur der Buchgrenze unterbrochenen Szene. Diese erzählerische Anordnung spiegelt die Ambivalenz der Vorgänge, denn die Verklärung der Sesenheimer Welt zur Idylle beinhaltet, wo sie als solche bewußt wird [...], das Moment des Trennenden.«[136]

Goethe berichtet, dass sein Märchen bei den Zuhörerinnen große Teilnahme fand und sie ihn baten, es aufzuschreiben. Auf dem Rückweg nach Straßburg spricht ihn auch sein Freund Weyland, der ihn begleitet und überhaupt bei der Pfarrersfamilie eingeführt hatte, nochmals auf die Erzählung des Märchens an: »Es ist doch wunderlich, fing er an, daß du gerade auf dieses Märchen verfallen bist. Hast du nicht bemerkt, daß es

135 Ebd., 655.
136 *DuW* 1190 f. (Kommentar).

einen ganz besondern Eindruck machte?« (*DuW* 491) Und er klärt ihn darüber auf, dass es in der Nachbarschaft ein Ehepaar gebe, das dem im Märchen beschriebenen Paar sehr ähnlich sei, er »gerade so groß, derb und plump, sie niedlich und zierlich genug, daß er sie wohl auf der Hand tragen könnte« (*DuW* 492). Die Mädchen hätten ihn gefragt, ob er, Goethe, dieses Paar wohl kenne, was er, Weyland, verneint habe. Goethe versichert, »weder an ein diesrheinisches noch an ein überheinisches Paar gedacht« zu haben, und der Freund rät ihm, er werde »wohl tun, das Märchen ungeschrieben zu lassen« (ebd.). Zur Debatte steht also der Wirklichkeitsbezug der *Neuen Melusine*. Die Friederike-Geschichte wird nicht erst über den Bezug auf *Die neue Melusine* von Anfang an als eine Scheidungsgeschichte, also als ein Entscheiden für die Trennung erzählt. Erweist die Rolle des beteiligten Freundes Weyland wie überhaupt die Szene des geselligen Vorlesens diesen Prozess des Entscheidens als einen sozialen, verbindet er sich denn doch auch mit einer expliziten, das Für und Wider der Verbindung abwägenden Deliberation:

> Zeitverkürzend ist immer die Nähe der Geliebten, doch verging mir diese Stunde auch unter besonderem Nachdenken. Ich wiederholte mir die Vorzüge, die sie so eben auf's freiste vor mir entwickelte: besonnene Heiterkeit, Naivetät mit Bewußtsein, Frohsinn mit Voraussehn; Eigenschaften, die unverträglich scheinen, die sich aber bei ihr zusammenfanden und ihr Äußeres gar hold bezeichneten. Nun hatte ich aber auch ernstere Betrachtungen über mich selbst anzustellen, die einer freien Heiterkeit eher Eintrag taten. (*DuW* 496)

Auch wenn hier eine innere Reflexion wiedergegeben wird, so stellt ihre Mitteilung im kommunikativen Medium der Autobiographie einen sozialen Akt dar. Goethe erinnert sich nämlich an die Kussverwünschung durch Lucinde, die Straßburger Tanzmeisterstochter, und er erzählt, wie er sich bei Pfänderspielen bemühte, das Küssen zu vermeiden, um die Geküsste nicht der Gefahr des Fluchs auszusetzen. Das mysteriöse Moment des noch vor Beginn der Friederiken-Geschichte proleptisch erzählten fiktiven Kuss-Fluchs wird also zu einem Motiv für die Entscheidung, sich von Friederike zu trennen. So werden bereits, während sich die Liebesbeziehung noch aufbaut, Vorbehalte eingebaut, die später für die Begründung der Trennungsentscheidung geltend gemacht werden können, wie etwa die Bemerkung: »Es gibt Frauenspersonen, die uns im Zimmer besonders wohl gefallen, andere die sich besser im Freien ausnehmen; Friedrike gehörte zu den letztern« (*DuW* 498). Goethe erlebe die »innere Notwendigkeit einer Trennung« als »schuldhaft«,[137] schreibt Müller; das

---

137 *DuW* 1191 (Kommentar).

die Sesenheimer Idylle grundierende »Moment des Trennenden«[138] ist ein autobiographischer/s Moment in dem Sinn, dass er/es aus dem Zusammentreffen zweier autobiographischer Zeitperspektiven, der des im Rückblick pro- und analeptisch konstruierenden Erzählers und derjenigen der einigermaßen kopflos voraneilenden Figur, ein überaus komplexes erzählerisches Arrangement erzeugt. – Der Fortgang der Sesenheim-Episode ist zunächst gekennzeichnet durch den Genuss reinsten Glücks:

> Ich war grenzenlos glücklich an Friedrikens Seite; gesprächig, lustig, geistreich, vorlaut, und doch durch Gefühl, Achtung und Anhänglichkeit gemäßigt. Sie in gleichem Falle, offen, heiter teilnehmend und mitteilend. Wir schienen allein für die Gesellschaft zu leben und lebten bloß wechselseitig für uns. (*DuW* 502)

Und doch sucht den jungen Verliebten, der nun Friederike tatsächlich geküßt hat, des Nachts der Schrecken der Erinnerung an Lucindes Kuss-Fluch heim. Und damit verbindet sich ein autobiographisches Moment empfundener Selbstbedeutung, wenn nicht gar der Ostentation, das in seiner analytischen Klarheit natürlich dem rückblickenden autobiographischen Erzähler zuzuschreiben ist.

> Was aber noch schmerzlicher für mich im Hintergrunde lag, will ich nicht verhehlen. Ein gewisser Dünkel unterhielt bei mir jenen Aberglauben; meine Lippen – geweiht oder verwünscht – kamen mir bedeutender vor als sonst, und mit nicht geringer Selbstgefälligkeit war ich mir meines enthaltsamen Betragens bewußt, indem ich mir manche unschuldige Freude versagte, teils um jenen magischen Vorzug zu bewahren, teils um ein harmloses Wesen nicht zu verletzen, wenn ich ihn aufgäbe. (*DuW* 503)

Indessen verfliegt der abergläubische Wahn im Liebesglück, das in der retrospektiven Erzählung da, wo es am reinsten zu sein scheint, bereits den Unterton des Endes mit sich führt:

> Allein das Schlimmste war, daß jener Wahn, indem er floh, eine wahre Betrachtung über den Zustand zurückließ, in welchem sich immer junge Leute befinden, deren frühzeitige Neigungen sich keinen dauerhaften Erfolg versprechen dürfen. So wenig war mir geholfen, den Irrtum los zu sein, daß Verstand und Überlegung mir nur noch schlimmer in diesem Falle mitspielten. Meine Leidenschaft wuchs, jemehr ich den Wert des trefflichen Mädchens kennen lernte, und die Zeit rückte heran, da ich so viel Liebes und Gutes, vielleicht auf immer, verlieren sollte. (*DuW* 505)

---

138 Ebd.

Sich/Für sich entscheiden. Goethe

Das Verhältnis währt noch »Monate lang« (*DuW* 508) in einer Szenerie beglückenden Landlebens fort, aber doch stellt es der Autobiograph als bereits vom Zwiespalt von Verstand und Gefühl geprägt dar. In Form einer allgemeinen Maxime liefert der Autobiograph eine erläuternde und rechtfertigende Erklärung für die Befindlichkeit seines jüngeren *alter ego*, wenn er festhält:

Der Mensch mag seine höhere Bestimmung auf Erden oder im Himmel, in der Gegenwart oder in der Zukunft suchen, so bleibt er deshalb doch innerlich einem ewigen Schwanken, von außen einer immer störenden Einwirkung ausgesetzt, bis er ein für allemal den Entschluß faßt, zu erklären, das Rechte sei das was ihm gemäß ist. (*DuW* 506)

Das Schwanken[139] ist also eine Phase im Entscheidensprozess, die mit dem Entschluss, sich zu erklären, beendet wird. Der Entschluss muss gefasst werden, und die Erklärung ist nicht so sehr eine Erklärung dessen, was evident geworden ist, sondern der Mensch muss sich gewissermaßen performativ auch selbst erklären, was »das Rechte sei das was ihm gemäß ist«. Auch Friederikes Familie sieht den Schwebezustand als Phase vor der Entscheidung; dabei misst sie – so stellt es zumindest der rückblickende Autobiograph dar – dem Zufall vor dem Plan das ausschlaggebende Gewicht bei: »Und welche Eltern finden sich nicht genötigt, Töchter und Söhne in so schwebenden Zuständen eine Weile hinwalten zu lassen, bis sich etwas zufällig für's Leben bestätigt, besser als es ein lange angelegter Plan hätte hervorbringen können« (*DuW* 507). Zur Entscheidung führt schließlich das Vorhaben, die Sesenheimer Familie mit ihren in Straßburg lebenden städtischen Verwandten zusammenzubringen. Goethe spricht von einer »Prüfung« (*DuW* 511). Er hat die in Straßburg lebenden Verwandten der Sesenheimer Pfarrersfamilie bereits aufgesucht, aber sie verlangen, »auch alle einmal beisammen zu sehen« (ebd.). Friederikes Mutter und die Schwestern sind der Stadt eher abgeneigt, aber nun ist es Goethe, der zum Zünglein an der Waage wird und den Ausschlag gibt: »und so verzögerte sich die Sache, bis sie endlich dadurch entschieden ward, daß es mir unmöglich fiel, innerhalb vierzehn Tagen auf's Land zu kommen, da man sich denn lieber in der Stadt und mit einigem Zwange als gar nicht sehen wollte« (ebd.). Die Dramatik der Entscheidenssituation bringt es mit sich, dass der Kulissenwechsel Land/Stadt die Figuren in einem anderen Licht erscheinen lässt:

Und so fand ich nun meine Freundinnen, die ich nur auf ländlicher Szene zu sehen gewohnt war, deren Bild mir nur auf einem Hinter-

---

139 Zum Schwanken als mit dem Unbegreiflichen verbundenem Erkenntnismodus in Goethes Heften zur Morphologie vgl. Geulen, *Aus dem Leben der Form*, 65.

grunde von schwankenden Baumzweigen, beweglichen Bächen, nickenden Blumenwiesen und einem meilenweit freien Horizonte bisher erschien – ich sah sie nun zum ersten Mal in städtischen zwar weiten Zimmern, aber doch in der Enge, in Bezug auf Tapeten, Spiegel, Stand-Uhren und Porzellanpuppen. (*DuW* 511)

Dieser Kulissenwechsel ist es, der die Entschiedenheit der Liebe in Frage stellt:

> Das Verhältnis zu dem was man liebt, ist so entschieden, daß die Umgebung wenig sagen will; aber daß es die gehörige, natürliche, gewohnte Umgebung sei, dies verlangt das Gemüt. Bei meinem lebhaften Gefühl für alles Gegenwärtige konnte ich mich nicht gleich in den Widerspruch des Augenblicks finden. (*DuW* 511 f.)

Liebe, so heißt dies, hat nicht nur ihre Zeit, sie hat auch ihren Ort. Die ›Gegenwärtigkeit‹ des Augenblicks, die Goethe in Sesenheim zu genießen vermochte, weil alles stimmig erschien, ist nun in Straßburg gespalten: Friederike und ihre Schwestern fügen sich in ihrer ländlichen Kleidung und ihrem Benehmen nicht in das städtische Ambiente ein. Sie scheinen an einen anderen Ort und für Goethe lebensgeschichtlich zu einer anderen Zeit zu gehören. Vielleicht ist es kein Zufall, dass Goethe den Schwestern und der in Straßburg zusammengekommenen Gesellschaft gerade den *Hamlet* vorliest, das Drama eines Zaudernden, und Friederike dieser Lesung bewegten Herzens folgt (vgl. *DuW* 513). Unter der Spannung des Augenblicks leidet aber insbesondere Friederikes Schwester, die in Goethes Darstellung den Wakefield'schen Namen Olivie behält und sich wegen ihres ländlichen Aufzugs besonders schämt:»Ich sah den Augenblick, da sie sich mir zu Füßen werfen und mich bei allem Heiligen beschwören werde, sie aus diesem Zustande zu retten« (*DuW* 514). Es kommt nicht zum Eklat, aber Goethe ist froh, als die Sesenheimer wieder abreisen:

> Endlich sah ich sie abfahren und es fiel mir wie ein Stein vom Herzen: denn meine Empfindung hatte den Zustand von Friedriken und Olivien geteilt; ich war zwar nicht leidenschaftlich geängstigt wie diese, aber ich fühlte mich doch keineswegs wie jene behaglich. (*DuW* 514)

Obwohl die Trennung hier noch nicht ausgesprochen ist, handelt es sich um den Augenblick der Scheidung, den der autobiographische Erzähler auch dadurch bekräftigt, dass er abrupt das Thema wechselt und sich der juristischen Dissertation seines jungen *alter ego*s zuwendet, von der bislang tatsächlich noch nicht die Rede war, obwohl eben ihre Anfertigung den Zweck des Straßburger Studienaufenthalts bildete. Erst nach etlichen Seiten kommt der Erzähler wieder auf Friederike zu sprechen. Für sein »leidenschaftliches Verhältnis zu Friedriken«, das ihn »nunmehr zu ängstigen anfing«, findet er das folgende sprechende Bild:

Eine solche jugendliche, auf's Geratewohl gehegte Neigung ist der nächtlich geworfenen Bombe zu vergleichen, die in einer sanften, glänzenden Linie aufsteigt, sich unter die Sterne mischt, ja einen Augenblick unter ihnen zu verweilen scheint, alsdann aber abwärts, zwar wieder dieselbe Bahn, nur umgekehrt, bezeichnet, und zuletzt da, wo sie ihren Lauf geendet, Verderben hinbringt. (*DuW* 542 f.)

Dieses kraftvolle Bild spricht gerade nicht von Entscheidung oder Entschiedenheit, seine Einrückung am Ende der Friederiken-Episode steht gleichwohl für eine rückblickende Reflexion des Autobiographen, der versucht, sich das Geschehene im Bild zu vergegenwärtigen. Die allgemeine Formulierung (»eine solche jugendliche […] Neigung«) mag allerdings im Rahmen der erzählten Geschichte auch die Funktion eines Mahnbildes erfüllen, mit dem Goethe seinen Abgang rechtfertigt. Friederikes Schwester Olivie bezeichnet den Rückzug eines jungen Mannes, der bei einem Mädchen weitgehende Hoffnungen geweckt hat, als »entschiedene[n] Leichtsinn«, weil man von dem »werdenden Manne […] schon eine gewisse Übersicht seines Zustandes« (*DuW* 543) erwartet. Wie sehr die Entscheidung zur Scheidung von Friederike der rückblickenden autobiographischen Bearbeitung bedarf, zeigt die wiederholte Einnahme einer verallgemeinernden Sicht: »Allein wie soll eine schmeichelnde Leidenschaft uns voraussehn lassen, wohin sie uns führen kann?« (ebd.) Sie steht für eine Distanznahme gegenüber der eigenen Geschichte und deren reflexive Betrachtung in übergeordneten, generalisierenden Begriffen. Da Goethe nun seltener nach Sesenheim kommt, gestaltet sich die Beziehung zu Friederike vermehrt brieflich, d.h. als »Unterhaltung in der Ferne« (ebd.); die nunmehr schriftliche Beziehung stellt einen Modus der Distanz her, wenngleich Goethe immer noch keine planerische Übersicht über die Gestaltung seines Lebens hat:

Die Abwesenheit machte mich frei, und meine ganze Zuneigung blühte erst recht auf durch die Unterhaltung in der Ferne. Ich konnte mich in solchen Augenblicken ganz eigentlich über die Zukunft verblenden; zerstreut war ich genug durch das Fortrollen der Zeit und dringender Geschäfte. (*DuW* 543)

Wiederholt betont Goethe, dass er ganz im Gegenwärtigen lebte, der Autobiograph nimmt aber natürlich eine andere, eine aus dem Wissen um die künftige Entwicklung zurückblickende Perspektive ein. So ist der Abschied von Friederike als autobiographisches Momentum *par excellence* modelliert:

In solchem Drang und Verwirrung konnte ich doch nicht unterlassen, Friedriken noch einmal zu sehn. Es waren peinliche Tage, deren Erinnerung mir nicht geblieben ist. Als ich ihr die Hand noch vom Pferde reichte, standen ihr die Tränen in den Augen, und mir war sehr übel zu Mute. Nun ritt ich auf dem Fußpfade gegen Drusenheim, und da überfiel mich eine der sonderbarsten Ahndungen. Ich sah nämlich, nicht mit den Augen des Leibes, sondern des Geistes, mich mir selbst, denselben Weg, zu Pferde wieder entgegen kommen, und zwar in einem Kleide wie ich es nie getragen: es war hechtgrau mit etwas Gold. Sobald ich mich aus diesem Traum aufschüttelte, war die Gestalt ganz hinweg. Sonderbar ist es jedoch, daß ich nach acht Jahren, in dem Kleide das mir geträumt hatte, und das ich nicht aus Wahl sondern aus Zufall gerade trug, mich auf demselben Wege fand, um Friedriken noch einmal zu besuchen. Es mag sich übrigens mit diesen Dingen wie es will verhalten, das wunderliche Trugbild gab mir in jenen Augenblicken des Scheidens einige Beruhigung. Der Schmerz, das herrliche Elsaß, mit allem, was ich darin erworben, auf immer zu verlassen, war gemildert, und ich fand mich, dem Taumel des Lebewohls endlich entflohn, auf einer friedlichen und erheiternden Reise so ziemlich wieder. (*DuW* 544 f.)

Dass Goethe keine Erinnerung an die letzten Tage mit Friederike hat, ist vielsagend und spricht für eine zumindest vorgegebene traumatische Verdrängung. Der Augenblick des Scheidens indessen ist mehrfach gespalten: Neben der grundlegenden autobiographischen Spaltung zwischen erzähltem und erzählendem Ich ist auch das erzählte Ich ein doppeltes. Die ›Ahndung‹, die Goethe befällt, reißt ihn in der *histoire* heraus in die Zukunft, die, bezogen auf die *narration*,[140] aber ebenfalls bereits in der Vergangenheit liegt. Die gespenstische Begegnung beruht auf einem Zusammenfall der Zeitperspektiven, stellt aber gleichwohl in der Konfrontation des lebensgeschichtlich früheren und des späteren Ichs einen gespaltenen Augenblick dar. Die Bewegung des Moments ist in diesem Fall durch das Aufeinanderzureiten der beiden Ichs figuriert. Wider Erwarten regt die ahnungsvolle Szene den von Sesenheim wegreitenden Goethe nicht auf, sondern die Aussicht auf eine Wiederkehr scheint den Trennungsschmerz eher zu mildern. Es kommt also zu einer Austarierung der aufgewühlten Gemütslage. So unheimlich die Selbstbegegnung als solche schon ist, der Moment spitzt sich nachträglich durch die Information des Autobiographen zu, dass er acht Jahre später in genau der

---

140 Vgl. die Unterscheidung nach Gérard Genette, *Die Erzählung*, 3., durchgesehene und korrigierte Auflage, übers. von Andreas Knop, mit einem Nachwort von Jochen Vogt, überprüft und berichtigt von Isabel Kranz, Paderborn: Fink, 2010, 12. Mit ›histoire‹ (Geschichte) bezeichnet Genette »das Signifikat oder den narrativen Inhalt«, mit ›narration‹ beschreibt er den »produzierenden narrativen Akt.«

nämlichen Kleidung tatsächlich nach Sesenheim geritten sei, und zwar nicht aufgrund einer bewussten Wahl seiner Kleidung, sondern durch puren Zufall. Mit der expliziten Nennung von ›Wahl‹ und ›Zufall‹ wird das Entscheidensparadigma aufgerufen, aber zugleich auch abgewiesen. Dass die Kleidung hier zum Indiz wird, unterstreicht einmal mehr den Integumentcharakter der Erzählung, deren ›Einkleidung‹ den Beweggrund einer für Goethe durchaus zukunftsweisenden Lebensentscheidung nicht nur verhüllt, sondern recht eigentlich zur Aufführung bringt. Wie es sich mit der unheimlichen Selbstbegegnung ›wirklich‹ zugetragen hat, sei dahingestellt, Dramatik und Unheimlichkeit der Begegnung erfahren durch die Beschreibung als Zufall allemal eine erzählwirksame Zuspitzung.[141]

Erst nachdem er im 12. Buch über die Rückkehr nach Frankfurt, die dortigen Bekanntschaften und Beschäftigungen, das eigene Bibelstudium, über Hamann, das Verhältnis zwischen Autoren und Buchhändlern gesprochen hat, kommt Goethe nochmals analeptisch auf Friederike zurück. »Die Antwort Friedrikens auf einen schriftlichen Abschied zerriß mir das Herz« (*DuW* 566), heißt es im Text einigermaßen unvermittelt. Man erfährt also erst rückblickend, dass Goethe Friederike einen Abschiedsbrief geschrieben hat – der Akt des Schreibens selbst wird ausgespart und umgangen.[142] Die vorausgegangenen Darstellungen vom Leben in Frankfurt nach der Rückkehr aus Straßburg und die literarischen Entwicklungen sind somit Teil des Integuments, das ganz offensichtlich ein so heikles wie prekäres Entscheiden ausagiert: »Gretchen hatte man mir genommen,« schreibt Goethe, »Annette mich verlassen, hier war ich zum ersten Mal schuldig; ich hatte das schönste Herz in seinem Tiefsten verwundet, und so war die Epoche einer düsteren Reue, bei dem Mangel einer gewohnten erquicklichen Liebe, höchst peinlich, ja unerträglich« (*DuW* 566 f.). Mit diesem Schuldbekenntnis bekräftigt der Text seine autobiographische Genrezugehörigkeit, bildet die *confessio* doch traditionellerweise das bewegende Moment literarischer Selbstdarstellung.[143] Diese Erfahrung macht ihn, so stellt der autobiographische Erzähler es dar, zum Vertrauten und Ratgeber anderer im geselligen Kreis, der seinerseits für Goethes eigenes literarisches Schaffen eine wichtige Rolle spielt. Auch wenn Goethe, der

---

141 Zu Goethes Besuch in Sesenheim 1779 vgl. die Notiz in *Dichtung und Wahrheit*, 891 f. (Paralipomena).

142 Goethes Brief und Friederike Brions Antwortbrief sind nicht erhalten.

143 Vgl. Breuer, *Bekenntnis*. Dilthey nennt *Dichtung und Wahrheit* in einem Atemzug mit Augustinus' *Confessio*s und Rousseaus *Confessions*; vgl. Dilthey, *Der Aufbau der geschichtlichen Welt in den Geisteswissenschaften*, 244. Auch wenn Goethes Autobiographie als ganze keine Konfessionsautobiographie ist, weist sie doch immer wieder Bekenntnisgesten auf.

von den Freunden nurmehr »Wanderer« (*DuW* 567)[144] tituliert wird, im
12. Buch den Beginn der Sturm und Drang-Epoche darstellt, beschreibt er
sich selbst mitnichten als einsames Sturm und Drang-Genie, sondern als
Teil eines geselligen Kreises, in dem er seine Werke vorliest und von dem
er »zu neuem Dichten und Schreiben aufgefordert wurde« (*DuW* 565). Es
ist der wechselseitige Austausch, der das eigene Dichten und Schaffen be-
flügelt. Und nun spricht es Goethe direkt aus, dass er bei der Dichtkunst
Hilfe suchte, um den »Schmerz über Friedrikens Lage« zu überwinden:
»Die beiden Marieen in Götz von Berlichingen und Clavigo, und die beiden schlechten Figuren, die ihre Liebhaber spielen, möchten wohl Resultate solcher reuigen Betrachtungen gewesen sein.« Mit der Überführung
Friederikes in Dichtung scheint der Fall erst einmal erledigt und Goethe
kann sich, unter dem Einfluss der Freunde und einiger enthusiastischer
Klopstock-Verse, ›rasch entschließen‹, sich dem Schlittschuhfahren zu
widmen: »Mein zaudernder und schwankender Entschluß war sogleich
bestimmt« (*DuW* 569; vgl. 568).[145] Es wird aber in der Friederiken-Episode nochmals deutlich, wie unterschiedlich die gesellschaftlichen Rahmenbedingungen der Partnerwahlentscheidung für Männer und Frauen
sind:[146] Goethe kann sich, wenngleich mit schlechtem Gewissen, aus
der Beziehung lösen und diese literarisch verarbeiten, Friederike bleibt
beschädigt zurück.

Lotte

Die erstarrten, entscheidensfeindlichen Verhältnisse am Reichskammergericht zu Wetzlar modelliert Goethe als Rahmung der Lotte-Episode von
1772: »Der Unzusammenhalt des Ganzen, das Widerspiel der Teile kamen
fortwährend zum Vorschein [...]; für einen frohen vorwärts schreitenden
Jüngling war doch hier kein Heil zu finden. Die Förmlichkeiten dieses
Prozesses an sich gingen alle auf ein Verschleifen« (*DuW* 586). Goethe
schildert, wie er in die Situation geriet, den *Werther* zu schreiben: Er ließ
seine »innere Natur nach ihren Eigenheiten gewähren, und die äußere

---

144 Als »Wanderer« führt er sich auch gleich zu Beginn des 12. Buchs ein (vgl.
   DuW 548). Rohde spricht von Goethes Bild des Wanderers als einem »Lebensleit-
   bild« (Rohde, *Spiegeln und Schweben*, 25). Die im April 1772 entstandene Hymne
   »Wanderers Sturmlied« bezeichnet Goethe rückblickend indes als »Halbunsinn«
   (*DuW* 567).

145 Vgl. dazu auch S. 157–159.

146 Vgl. S. 103 f.

nach ihren Eigenschaften auf [sich] einfließen« – »unversehens« kommt eine ›verhüllt auftretende‹ »Neigung« hinzu, die »alle guten Vorsätze« vereitelt (*DuW* 588 f.). Liebe, heißt das, plant und entscheidet nicht – sie ist einfach da. Umso mehr muss allerdings der Autor, der Verfasser von *Dichtung und Wahrheit*, planen und entscheiden, wie er diese biographisch wichtige Episode der Beziehung mit Charlotte Buff in seinen Lebenstext einbaut, erweist sie sich doch als ein veritabler/s Moment der Autobiographie:

> Und indem nun der Verfasser zu dieser Stufe seines Unternehmens gelangt, fühlt er sich zum ersten Mal bei der Arbeit leicht ums Herz: denn von nun an wird dieses Buch erst was es eigentlich sein soll. Es hat sich nicht als selbständig angekündigt; es ist vielmehr bestimmt die Lücken eines Autorlebens auszufüllen, manches Bruchstück zu ergänzen und das Andenken verlorner und verschollener Wagnisse zu erhalten. (*DuW* 589)

Die Autobiographie kommt also an dieser Stelle in besonderer Weise zu sich: Goethe bezieht sich zurück auf den Einsatz seiner Lebensbeschreibung, auf den zu Beginn von *Dichtung und Wahrheit* zitierten fingierten Freundesbrief, in dem er gebeten wird, die Lücken zwischen seinen Werken mit jenen biographischen und bildungsgeschichtlichen Informationen aufzufüllen, die sie motiviert haben (vgl. *DuW* 12). Dies geschieht hier im 12. Buch und nach fast 600 Seiten offensichtlich zum ersten Mal – und deshalb ist es dem Verfasser »leicht ums Herz«. Mit Luhmanns Konzept, dass sich jede Entscheidung nur in weitere Entscheidungen aufteilen lässt, welche die erste Entscheidung wiederum bestätigen,[147] liegt ein Moment der Autobiographie vor, das nicht allein den zeitlichen Hiat zwischen Figuren- und Erzählerperspektive vor Augen führt, sondern darüber hinaus die Entscheidung zur Autobiographie erneuert. Und: Die Schilderung des lebensgeschichtlich Gewesenen wird an den bereits 1774 erschienenen *Werther* delegiert, der hier als ein Werk der Dichtung für die Wahrheit des Lebens einsteht, ohne dass Leben und Werk als identisch erklärt werden müssten:

> Was aber schon getan ist, soll und kann nicht wiederholt werden; auch würde der Dichter jetzt die verdüsterten Seelenkräfte vergebens aufrufen, umsonst von ihnen fordern, daß sie jene lieblichen Verhältnisse wieder vergegenwärtigen möchten, welche ihm den Aufenthalt im

---

147 Vgl. Luhmann, »Disziplinierung durch Kontingenz«, 1081; ders., *Soziologische Aufklärung*, 344.

Lahntale so hoch verschönten. Glücklicherweise hatte der Genius schon früher dafür gesorgt, und ihn angetrieben, in vermögender Jugendzeit das nächst Vergangene festzuhalten, zu schildern und kühn genug zur günstigen Stunde öffentlich aufzustellen. Daß hier das Büchlein *Werther* gemeint sei, bedarf wohl keiner nähern Bezeichnung; von den darin aufgeführten Personen aber, so wie von den dargestellten Gesinnungen wird nach und nach einiges zu eröffnen sein. (*DuW* 589)

Die im autobiographischen Text eher nüchterne und knappe Darstellung der Beziehung zu Charlotte Buff, die im Duktus und in der Ausgestaltung so ganz anders ausfällt als die literarisch überformte Begegnung mit Friederike Brion, erklärt sich also mit und über die Existenz des *Werther*-Romans. Gleichwohl werden die Akteure eingeführt wie die *dramatis personae* eines Bühnenstücks: der »Bräutigam« Kestner, Gesandtschaftssekretär in Wetzlar, zeichnet sich »durch ein ruhiges gleiches Betragen, Klarheit der Ansichten, Bestimmtheit im Handeln und Reden« (*DuW* 589) aus, während die »Braut« Charlotte Buff für den Bräutigam »ein entschiedenes häusliches Glück erwarten« (*DuW* 590) lässt. Goethe zeigt sich höchst angetan davon, wie sie sich um ihre Geschwister kümmert; wenn dies Eltern tun, findet der autobiographische Erzähler, erscheine es eher als Trieb der Natur und bürgerliche Gewohnheit, im Falle Lottes aber glaube man – nicht er, sondern man – »mehr Wahl und freies Gemüt zu erblicken« (hier und im Folgenden *DuW* 591). Er selbst fühlt sich in die Verbindung des Brautpaars bald so sehr »eingesponnen und gefesselt, […] daß er sich selbst nicht mehr kannte.« Im autobiographischen Rückblick wird die Beziehung einmal mehr poetisch verklärt: »So lebten sie, den herrlichen Sommer hin, eine echt deutsche Idylle, wozu das fruchtbare Land die Prosa, und eine reine Neigung die Poesie hergab.« Auch Karl Wilhelm Ferdinand Jerusalems wird gedacht, der in Wetzlar Sekretär des Braunschweiger Gesandten war und eine »entschiedene […] Leidenschaft zu der Gattin eines Freundes« (*DuW* 592 f.) empfand; er ist im *Werther* das Modell für den Selbstmörder aus unerwiderter Liebe. Die Friederike-Geschichte wird insofern als Vergleichsfolie herangezogen, als erneut ein Wakefield-Szenario entworfen wird, mit dem Unterschied freilich, dass der Pfarrer in Sesenheim noch »präsent war, nun aber nur noch ein abgelebter elegischer Schatten im Sinne Gessner'scher Radierungen darstellt. Der autobiographische Erzähler setzt also alles daran, das Geschehen zu distanzieren. Tatsächlich wird die Affäre mit Lotte nur kursorisch abgehandelt. Man erfährt kaum, dass und wie sie begonnen hat, da fällt auch schon der »Entschluß« (*DuW* 603, 604), sie zu beenden. Gleichwohl erhält das Scheiden ein Setting: Goethe versucht, seinen Gießener Freund Ludwig Julius Friedrich Höpfner bei Lotte einzuführen, doch dieser zeigt sich unbeeindruckt von ihr, meint gar, »er sehe höchst ungern auch hier [Goethes] besondere Liebhaberei, die Zeit zu verderben.« Und der autobiographische Erzähler schließt die folgende Reflexion an:

Wenn es gefährlich ist, einen Freund mit den Vorzügen seiner Geliebten bekannt zu machen, weil er sie wohl auch reizend und begehrenswürdig finden möchte; so ist die umgekehrte Gefahr nicht geringer, daß er uns durch seine Abstimmung irre machen kann. Dieses war zwar hier der Fall nicht: denn ich hatte mir das Bild ihrer Liebenswürdigkeit tief genug eingedruckt, als daß es so leicht auszulöschen gewesen wäre; aber seine Gegenwart, sein Zureden beschleunigte doch den Entschluß, den Ort zu verlassen. Er stellte mir eine Rheinreise, die er eben mit Frau und Sohn zu machen im Begriff sei, so reizend vor, und erregte die Sehnsucht, diejenigen Gegenstände endlich mit Augen zu sehn, von denen ich so oft mit Neid hatte erzählen hören. Nun, als er sich entfernt hatte, trennte ich mich von Charlotten zwar mit reinerem Gewissen als von Friedriken, aber doch nicht ohne Schmerz. (*DuW* 603 f.)

Goethe lässt sich hier von Reaktion und Rat eines Freundes beeinflussen, macht sich die Entscheidung aber als vernunftmäßige zu eigen. Der Vergleich mit der Beziehung zu Friederike hilft, die Charlotte-Geschichte lebensgeschichtlich einzuordnen:

Auch dieses Verhältnis war durch Gewohnheit und Nachsicht leidenschaftlicher als billig von meiner Seite geworden; sie dagegen und ihr Bräutigam hielten sich mit Heiterkeit in einem Maße, das nicht schöner und liebenswürdiger sein konnte, und die eben hieraus entspringende Sicherheit ließ mich jede Gefahr vergessen. Indessen konnte ich mir nicht verbergen, daß diesem Abenteuer sein Ende bevorstehe: denn von der zunächsterwarteten Beförderung des jungen Mannes hing die Verbindung mit dem liebenswürdigen Mädchen ab; und da der Mensch, wenn er einigermaßen resolut ist, auch das Notwendige selbst zu wollen übernimmt, so faßte ich den Entschluß, mich freiwillig zu entfernen, ehe ich durch das Unerträgliche vertrieben würde. (*DuW* 604)

Also: es obsiegt die Vernunft. Und wie anders endet die Liaison in *Dichtung und Wahrheit* als bei dem unglücklichen Werther, in den der Verliebte seine Leidenschaft ausgelagert hat! Werther stirbt – und Goethe lebt stürmisch weiter. Dem lakonisch-nüchternen Bericht in *Dichtung und Wahrheit* steht mit dem *Werther* die passionierte literarische Verarbeitung[148]

---

148 Vgl. Niklas Luhmann, *Liebe als Passion. Zur Codierung von Intimität*, Frankfurt a. M.: Suhrkamp, [14]1994, insbes. 71–96, 119–122.

gegenüber. Die autobiographischen Liebeserzählungen, so lässt sich an dieser Stelle als Zwischenfazit festhalten, bedienen sich in besonderer Weise des dichterischen Modus: Während die frühen ›Geliebten‹, Gretchen, Emilie und Lucinde überhaupt Fiktionen sind, die Bearbeitung der Liebe zu Friederike und das Scheiden von ihr im Text der Autobiographie höchst komplexe literarische Schichtungen zeitigen, wird die Liebe zu Charlotte Buff gleich an die Literatur delegiert. Mit der Liebe zu Lili Schönemann und der Entscheidung, die Verbindung aufzulösen, wird es allerdings nochmals kompliziert.

Lili

Wenn Goethe im 15. Buch von *Dichtung und Wahrheit* von einem Aufenthalt des Schweizer Arzts und Schriftstellers Johann Georg von Zimmermann im September 1775 im Frankfurter Elternhaus berichtet (*DuW* 711–716), ist er bereits mit der sechzehnjährigen Lili Schönemann verlobt, hat aber noch gar nicht von ihr erzählt. Wie Friederike wird Lili qua Ellipse und Analepse eingeführt, ein Verfahren, das einmal mehr deutlich macht, dass sich Verlieben weder erzähl- noch entscheidensförmig ordnungsgemäß, d. h. in chronologischer Reihenfolge, vonstatten geht. Wenn dann doch rückwirkend einiges nachgetragen wird, ist die Liebe bereits Fakt. Zimmermanns Besuch in Frankfurt stellt eine Art Vorspiel zur nächsten Liebesepisode, derjenigen mit Lili Schönemann, dar. Zimmermann ist mit seiner Tochter gekommen, die, als Zimmermann einmal außer Haus ist, Goethes Mutter ihr Leid über ihren tyrannischen Vater klagt und sie unter Tränen bittet, sie bei sich zu behalten. Und da schreibt Goethe:

> Meine Mutter war sehr bewegt, als sie mir diesen leidenschaftlichen Erguß hinterbrachte, ja sie ging in ihrem Mitleiden so weit, daß sie nicht undeutlich zu verstehen gab, sie würde es wohl zufrieden sein das Kind im Hause zu behalten, wenn ich mich entschließen könnte, sie zu heiraten. – Wenn es eine Waise wäre, versetzt' ich, so ließe sich darüber denken und unterhandeln, aber Gott bewahre mich vor einem Schwiegervater, der ein solcher Vater ist! Meine Mutter gab sich noch viel Mühe mit dem guten Kinde, aber es ward dadurch nur immer unglücklicher. Man fand zuletzt noch einen Ausweg, sie in eine Pension zu tun. Sie hat übrigens ihr Leben nicht hoch gebracht. (*DuW* 713 f.)

Die Heirat scheint keine wirkliche Option gewesen zu sein, umso mehr erstaunt Goethes Antwort, dass er es sich überlegt hätte, wäre Katharina von Zimmermann eine Waise gewesen. Das Argument, den alten Zimmermann keinesfalls zum Schwiegervater haben zu wollen, scheint denn auch eher als schlagfertiges Bonmot präsentiert. Dass diese – stilisierte[149] – ›Entscheidensszene‹ auf ein Bewegungsmoment zurückgeht, nämlich die Gefühlsbewegung der Mutter, der ein Gefühlsausbruch der Zimmermann-Tochter vorausgeht, fügt sich in die dramatische Ikonographie des Entscheidens, wirkt jedoch im Erzählkontext des 15. Buchs von *Dichtung und Wahrheit* fast wie ein blindes Motiv. Die Verneinung der Ehe wird in der geschilderten Szene zum Vorzeichen[150] sich zuspitzender anderweitiger Entwicklungen. Während bürgerliche Berufsoptionen in Frankfurt erwogen werden, bahnt sich eine »zarte Neigung [an], welche zu bestimmter Häuslichkeit aufzufordern und jenen Entschluß zu beschleunigen schien« (*DuW* 718). Auch wenn die Schwester Cornelia nach ihrer Verehelichung das Elternhaus und Frankfurt verlassen hat, besteht der alte gemeinsame Freundeskreis weiter. Wie man dort früher schon zum Zweck der Unterhaltung und des Zeitvertreibs per Losentscheid unverbindliche Partner-Rollenspiele getrieben hat,[151] werden jetzt – verschärfter Spielmodus! – Ehepaare ausgelost: »es sollte [...] alle acht Tage gelost werden, nicht um, wie vormals, liebende Paare, sondern wahrhafte Ehegatten zu bestimmen. [...] Das Los wurde hierauf zur Entscheidung herbeigeholt« (ebd.). Und siehe da: Goethe wird drei Mal die gleiche Partnerin zugelost, deren Name im Text ungenannt bleibt.[152] Das Mädchen ist hübsch, klug und sympathisch und der dreifache Losentscheid scheint einen realen Geltungsanspruch zu haben: »Wie uns nun aber das Los zum dritten Male zusammen brachte, so erklärte der neckische Gesetzgeber feierlichst: der Himmel habe gesprochen, und wir könnten nunmehr nicht geschieden werden« (*DuW* 719). Es entsteht tatsächlich eine enge freundschaftliche Bindung und es scheint kein Zufall zu sein, dass Goethes Los-Ehefrau ihn veranlasst, das in der geselligen Gruppe vorgelesene »Memoire des Beaumarchais gegen Clavigo« (*DuW* 720)[153] zum Drama auszuarbeiten, geht es im *Clavigo* doch um einen unentschiedenen Charakter und ein nicht ein-

---

149 Vgl. *DuW* 1255 (Kommentar). Goethe war bereits mit Lili Schönemann verlobt, als Zimmermann und seine Tochter in Frankfurt waren. Das wird im Text der Autobiographie nicht ohne weiteres ersichtlich.

150 »Der in der realen Situation (nach der Verlobung mit Lili) undenkbare Vorschlag [einer Eheschließung mit Katharina v. Zimmermann] dient hier der Vorbereitung auf den Bräutigamsstand des 4. Teils«, schreibt Peter Sprengel im Kommentar der Münchner Ausgabe (Goethe, *Dichtung und Wahrheit*, MA, 1049).

151 Vgl. S. 108.

152 Vermutlich handelt es sich um Susanne Magdalena Münch, die Tochter eines Frankfurter Kaufmanns; vgl. *DuW* 1257 (Kommentar).

153 Vgl. Pierre Augustin Caron de Beaumarchais, *Fragment de mon voyage en Espagne*, Paris: Ruault, 1774.

gehaltenes Eheversprechen. Das Drama bindet die Akteure im »wunderliche[n] Mariage-Spiel« noch enger aneinander: »es war, als wenn unser Verhältnis, wie durch eine geistige Nachkommenschaft, durch diese Produktion sich enger zusammen zöge und befestigte« (*DuW* 721). Den Eltern gefällt die junge Frau und Mutter Goethe inspiziert bereits die Wiegen auf dem Dachboden. Goethe selbst nimmt die »Vorboten zuerneuernder Häuslichkeit« (*DuW* 723) erst einmal abwartend hin.[154] Um das gesellige Leben des Sohns einzudämmen, dessen zahlreich zu bewirtende literarische Freunde ihnen etwas beschwerlich werden, regen die Eltern eine Italienreise an. Zuvor, so der Wunsch der Mutter, sollte »die schon eingeleitete Verbindung« befestigt »und eine endliche Bestimmung entschieden« (*DuW* 722) werden. Zumindest unterstellt Goethe seiner Mutter diesen Vorsatz: »Ob ich ihr diesen Plan nur unterlege, oder ob sie ihn deutlich, vielleicht mit der seligen Freundin [dem Fräulein von Klettenberg], entworfen, möchte ich nicht entscheiden: genug, ihre Handlungen schienen auf einen bedachten Vorsatz gegründet.« (ebd.) Eine Entscheidung steht also zweifellos an; die Eltern versuchen sie auf den Weg zu bringen, aber der Sohn hält sich bedeckt, verhält sich »dabei ganz leidend« (*DuW* 723).

Wenn im Folgenden dann erst einmal von Spinoza und seinem Einfluss auf Goethe berichtet wird, bleibt die ›Entscheidung‹ bezüglich eines »Zustand[s] der für's Leben dauern sollte« (ebd.) zunächst offen und in der Schwebe.[155] Dabei ist nachzutragen, dass Goethe den *Clavigo* noch vor Erscheinen des *Werther* verfasste, die chronologische Ordnung der Geschehnisse in *Dichtung und Wahrheit* aber abweicht oder zumindest durch analeptische Rückgriffe verunklart wird, so dass die sich auftuende zeitliche Lücke zwischen Geschehen und Bericht zum kalkuliert eingesetzten erzählerischen Bewegungsmoment wird. Nicht zufällig verweist das Vorwort des vierten Teils von *Dichtung und Wahrheit* denn auch auf die Notwendigkeit gestalterischer Freiheit bei der Schilderung »einer mannigfaltig vorschreitenden Lebensgeschichte«, die es erfordere, »einiges was in der Zeit sich verschlingt, notwendig zu trennen, anderes was nur durch eine Folge begriffen werden kann in sich selbst zusammenzuziehn« (*DuW* 727). Entscheiden wird auf diese Weise auf der einen Seite zu einem erzählerischen Prozess, auf der anderen Seite zum resultathaften Bild.

---

154 Zum Abwarten als Modus sub-inkrementalistischen Entscheidens vgl. auch Schimank, *Entscheidungsgesellschaft*, 440–427. Als ›Inkrementalismus‹ werden Formen »begrenzt rationalen Entscheidens« gefasst, die auch als »Sich-durchwursteln« (ebd., 237 f.) bezeichnet werden.

155 »Jener [der äußere Friede] ward mir zu Teil, indem ich den Ausgang dessen [des inneren Friedens] gelassen abwartete« (*DuW* 728). Nichts entscheiden, abwarten und Tee trinken – lautet die Devise.

Eingeführt wird Lili im 16. Buch fast beiläufig zwischen der Schilderung der eigenen persönlichen Eigentümlichkeiten und der von Jung-Stilling in Frankfurt ausgeführten missglückten Star-Operation als namenlose klavierspielende Tochter eines zunächst ebenfalls namenlos bleibenden »reformierten Handelshause[s]« (*DuW* 739), in das ihn ein Freund zum Hauskonzert mitnimmt. Man ist sich sympathisch. Im ersten Satz des 17. Buchs wird Lili dann mit Namen genannt, aber so, als wäre sie bereits explizit eingeführt worden: »Wenn ich die Geschichte meines Verhältnisses zu Lilli wieder aufnehme« (*DuW* 748) heißt es hier. Die autobiographische Erzählung verfährt also sprunghaft und entwickelt die Geschichte nicht linear, sie hält Informationen zurück und trägt sie auf eine Weise nach, die der Leserin das Gefühl vermittelt, bei der Lektüre Informationen verpasst zu haben. Erzählung und lebensgeschichtliche Geschehnisse kommen nicht zur Deckung – eine Feststellung, die freilich für jede Autobiographie gilt, die Goethes Text jedoch herausstellt und nicht zu verbergen sucht. Wie stark die Erzählung zeitlich konstruiert, spricht Goethe direkt an, wenn er schreibt, »daß zwischen dasjenige was hier des Vortrags halben wie im Zusammenhange geschildert ist sich Tage und Wochen des Entbehrens, andere Bestimmungen und Tätigkeiten, sogar unerträgliche Langeweile widerwärtig einstellten« (*DuW* 754). Die deutlich vernehmbare Inkongruenz der Zeit-Perspektiven eröffnet den Spielraum für die Erzählung einer Beziehung, die von Beginn an unter dem Vorzeichen des Scheidens steht. Insofern bildet auch die Lili-Geschichte im dieser Studie zugrunde gelegten Sinn ein/en signifikanten/s ›Moment der Autobiographie‹, der bzw. das noch dadurch unterstrichen wird, dass am Beginn der näheren Bekanntschaft Lili ihrem späteren Verlobten »die Geschichte ihrer Jugend erzählte« – Goethe spricht gar von »Geständnisse[n]« (*DuW* 748). Geschildert wird im Folgenden das gesellschaftliche Leben, das Goethe an der Seite der neuen Freundin führt. Sie bezaubert durch ihr Spiel auf dem Flügel, er durch den Vortrag von Gedichten: »War der Gesellschaft die Wahl gelassen, welchen von uns beiden sie hören wolle, so fiel die Entscheidung oft zu meinen Gunsten« (*DuW* 753).

Alles läuft auf eine »baldige Entscheidung« (*DuW* 764) zu. Die Außenwelt registriert das sich anbahnende Verhältnis und ihre Wahrnehmung trifft sich durchaus mit Goethes eigener Wahrnehmung. Er ist häufig in Offenbach, wo ein Onkel von Lili Schönemann ein repräsentatives Anwesen bewohnt und auch Lili sich regelmäßig aufhält. Als im Juni 1775 Lilis 17. Geburtstag gefeiert werden soll und gesellige Vorbereitungen getroffen werden, bei denen sich Goethe besonders hervortut, erreicht ihn die Nachricht, dass Lili nicht wie geplant schon am Mittag, sondern erst gegen Abend nach Offenbach kommen könne, und er, Goethe, dies der Gesellschaft schonend beibringen möge. Da hat er einen dramatischen Einfall:

Ich schwieg einen Augenblick, hatte mich auch sogleich gefaßt und wie durch himmlische Eingebung gefunden was zu tun war. Eile, rief ich, George![156] sag ihr sie solle sich ganz beruhigen, möglich machen, daß sie gegen Abend komme, ich verspräche: gerade dieses Unheil solle zum Fest werden. [...]

Kaum war er weg, so ging ich mit sonderbarer Selbstgefälligkeit in meiner Stube auf und ab, und mit dem frohen freien Gefühl, daß hier Gelegenheit sei mich als ihren Diener auf eine glänzende Weise zu zeigen, heftete ich mehrere Bogen mit schöner Seide, wie es dem Gelegenheits-Gedicht ziemt, zusammen und eilte den Titel zu schreiben

Sie kommt nicht!

ein jammervolles Familienstück welches, geklagt sei es Gott, den 23. Juni 1775 in Offenbach am Mayn auf das allernatürlichste wird aufgeführt werden. Die Handlung dauert vom Morgen bis auf'n Abend. (*DuW* 758)

Da Goethe keine Aufzeichnung dieser Dichtung mehr hat, wie er schreibt, fasst er die Handlung im Folgenden zusammen: Sein Dramolett schildert die Festvorbereitungen in »Dorvilles Haus und Garten in Offenbach« wie sie sich in der Realität zugetragen haben mögen. Ein Bote tritt auf und bringt eben die Depesche, dass Lili nicht kommt. Es wird noch ein kleiner Scherz eingebaut, der sich auf eine liebenswerte Eigenart Lilis bezieht und die Gesellschaft zum Lachen bringt. Die Gesellschaft (im Stück) ist natürlich aufgeregt, dass das Geburtstagskind nicht kommt, aber der Autor lässt Onkel Bernhard auftreten, »der die Sache aus dem rechten Gesichtspunkte ansieht, beschwichtigende, vernünftige Reden äußert und alles ins Gleiche bringt, völlig wie in der Griechischen Tragödie ein Gott die Verworrenheiten der größten Helden mit wenigen Worten aufzulösen weiß« (*DuW* 760).[157] Immer wieder spricht Goethe von seiner Neigung, alles zu dramatisieren (vgl. *DuW* 642, 646, 706, 819). Er lässt seinen Text am nächsten Tag über einen Boten, der auch im Stück die Botschaft übermittelt, nach Offenbach bringen, erscheint aber selbst erst um Mittag. Diese Inszenierung hat den Effekt, dass gar nicht so sehr über das gestörte Fest, sondern viel mehr über Goethes Stück gesprochen wird und die Gesellschaft darüber diskutiert, wie gut oder schlecht die Akteure getroffen sind. Die »Kinder, als die entschiedensten, unbestechbarsten Realisten«

---

156 George ist Lilis jüngerer Bruder, der die Nachricht von Lilis Fernbleiben überbringt.

157 Zu erinnern ist in diesem Zusammenhang an den Auftritt der Göttin Athene in Aischylos' *Eumeniden* im Kontext einer wichtigen Entscheidensszene; vgl. dazu Vismann, »Das Drama des Entscheidens«.

(*DuW* 761) bestehen auf dem Unterschied zwischen Realität und Fiktion. Die inszenierte *mise en abyme* lenkt die Aufmerksamkeit von Lilis realem Fernbleiben auf die Gestaltung desselben und entschärft damit die Situation:»Ein fröhliches Mittagsmahl, eine Mäßigung aller Feierlichkeiten gab uns die Stimmung Lili ohne Prunk, aber vielleicht um desto lieblicher zu empfangen.« Nicht zuletzt verdoppelt diese Konstellation auch die autobiographische Situation, die das gelebte Leben im literarischen Medium nachvollzieht. Als ›Momentum der Autobiographie‹ kodieren sowohl das inszenierte als auch das in *Dichtung und Wahrheit* im Rückblick erzählte Fernbleiben Lilis die reale Situation zeitlich um und gewinnen daraus einen produktiven narrativen Impuls für den Fortgang der Geschehnisse: Goethe als autobiographische Figur weiß, *dass* Lili kommen wird, während die Festgesellschaft darüber im Ungewissen ist und nur hoffen kann, dass das Geburtstagskind wirklich kommt; natürlich weiß auch der autobiographische Erzähler, dass Lili tatsächlich am Abend erschienen ist:»Sie kam und ward von heitern ja lustigen Gesichtern bewillkommt beinah betroffen, daß ihr Außenbleiben so viel Heiterkeit erlaube. Man erzählte ihr alles, man trug ihr alles vor und sie nach ihrer lieben und süßen Art, dankte mir, wie sie allein nur konnte« (ebd.). Der literarische Text verändert im Sinn der Autofiktion[158] die außerliterarische Realität, eine Fähigkeit des jungen Autors, die Lili Schönemann Eindruck gemacht und sie von der Wirklichkeitsmächtigkeit des Freundes überzeugt haben dürfte. Tatsächlich ist die Situation eine das Verhältnis des Paars im Kern betreffende:»Es bedurfte keines sonderlichen Scharfsinnes um zu bemerken daß ihr Ausbleiben von dem ihr gewidmeten Feste nicht

---

158 ›Autofiktion‹ bezeichnet nicht lediglich eine irgendwie geartete Vermischung von ›Wirklichkeit‹ und ›Fiktion‹ wie Kritiker*innen des Konzepts oftmals vermuten, vielmehr stellt eine Dimension des von dem Autor und Literaturwissenschaftler Serge Doubrovsky in die Diskussion gebrachten Begriffs das konstitutive Oszillieren zwischen Realität und Fiktion dar, das eine Einwirkung der Fiktion auf die Wirklichkeit impliziert. Vgl. Serge Doubrovsky,»Nah am Text«, *Kultur & Gespenster: Autofiktion*, 7 (2008), 123–133, 132:»Die Autofiktion ist auf einmal Autobiographie geworden«. Vgl. grundlegend Frank Zipfel,»Autofiktion. Zwischen den Grenzen von Faktualität, Fiktionalität und Literarität?«, in: *Grenzen der Literatur. Zu Begriff und Phänomen des Literarischen*, hrsg. von Simone Winko, Fotis Jannidis und Gerhard Lauer, Berlin/New York: de Gruyter, 2009, 284–314, 299; Martina Wagner-Egelhaaf,»Einleitung: Was ist Auto(r)fiktion?«, in: *Auto(r)fiktion: Literarische Verfahren der Selbstkonstruktion*, hrsg. von ders., Bielefeld: Aisthesis, 2013, 7–21, 10. Man kann darüber spekulieren, ob sich Goethe, der nicht ohne Grund seine Autobiographie mit *Dichtung und Wahrheit* überschrieb, den Begriff, hätte er ihn gekannt, zueigen gemacht hätte.

zufällig, sondern durch Hin und Herreden über unser Verhältnis verursacht war« (*DuW* 761), erläutert der autobiographische Erzähler. Lili hat entschieden, sich dem Gerede und der Situation durch ihr Späterkommen zu entziehen; Goethes spontaner Einfall, diese ihre Entscheidung zu dramatisieren, bekräftigt indes die Situation:

> Dies mein wiederholtes oft nur kurzes Einwirken war aber immer desto kräftiger. [...] Es war eine durchaus glänzende Zeit; eine gewisse Exaltation waltete in der Gesellschaft, man traf niemals auf nüchterne Momente. [...]
> Es war ein Zustand von welchem geschrieben steht: »ich schlafe aber mein Herz wacht.« (*DuW* 762)

Im Ganzen vermittelt sich ein beglückender Schwebezustand, der den jungen Liebhaber veranlasst, seine berufliche Zukunft im Hinblick auf die sich abzeichnende Ehe-Entscheidung ernsthaft ins Auge zu fassen:

> Jemehr aber, um des wachsenden Geschäftskreises willen, den ich aus Liebe zu ihr erweitern und zu beherrschen trachtete, meine Besuche in Offenbach sparsamer werden und dadurch eine gewisse peinliche Verlegenheit hervorbringen mußten, so ließ sich gar wohl bemerken daß man eigentlich um der Zukunft willen das Gegenwärtige hintansetze und verliere.
> Wie sich nun meine Aussichten nach und nach verbesserten, hielt ich sie für bedeutender als sie wirklich waren und dachte um so mehr auf eine baldige Entscheidung, als ein so öffentliches Verhältnis nicht länger ohne Mißbehagen fortzuführen war. Und wie es in solchen Fällen zu gehen pflegt sprachen wir es nicht ausdrücklich gegen einander aus; aber das Gefühl eines wechselseitigen unbedingten Behagens, die volle Überzeugung eine Trennung sei unmöglich, das ineinander gleichmäßig gesetzte Vertrauen, das alles brachte einen solchen Ernst hervor, daß ich, der ich mir fest vorgenommen hatte, kein schleppendes Verhältnis wieder anzuknüpfen, und mich doch in dieses ohne Sicherheit eines günstigen Erfolges wieder verwickelt fand wirklich von einem Stumpfsinn befangen war von dem ich mich zu retten, mich immermehr in gleichgültige weltliche Geschäfte verwickelte, aus denen ich auch nur wieder Vorteil und Zufriedenheit an der Hand der Geliebten zu gewinnen hoffen durfte. (*DuW* 763 f.)

Die Passage ist so dicht wie vielsagend und zeigt paradigmatisch, wie eng aneinander geknüpft Berufs- und Heiratsentscheidung im bürgerlichen Zeitalter sind. Die Autobiographieforschung hat schon früh herausgestellt, dass die Autobiographie, im Unterschied zur Form der Memoiren, die »Entwicklung des Individuums von der Kindheit bis zur Übernahme der Berufsrolle«[159] darstellt, und mit der beruflichen Eingliederung in die Gesellschaft geht traditionellerweise die Eheschließung einher. Ein wichtiger Faktor ist die Außenwahrnehmung: Goethe und Lili Schönemann werden von der umgebenden Gesellschaft bereits als Paar wahrgenommen – schon deshalb steht eine Entscheidung an. Tatsächlich ist auch die Liebe da. Ein weiteres Motiv, das auf eine Entscheidung drängt, ist der Vorsatz, nicht wieder ein »schleppendes Verhältnis [...] anzuknüpfen« wie es bereits in der Friederike-Geschichte der Fall war, aus welcher der Autobiograph mit beträchtlichen Schuldgefühlen herausging. Es liegen also klare Motivationen vor, aber doch spricht Goethe von dem »Stumpfsinn«, in dem er befangen war. Anstatt die Entscheidung aktiv anzugehen und sich auch mit Lili offen auszusprechen, flüchtet er sich in weitere »weltliche Geschäfte«, die allerdings der Bindung an Lili zuarbeiten sollen.[160]

In diesem offenkundigen Schwebezustand der Unentschiedenheit wird eine Freundin des Goethe'schen Hauses, Demoiselle Delf, zum Zünglein an der Waage. Helena Dorothea Delph war eine Geschäftsfrau in Heidelberg und ganz offensichtlich eine resolute Person mit der

> Gabe die Gelegenheit zu ersehen, und wenn sie die Gesinnungen der Personen zwischen Zweifel und Entschluß schwanken sah, wenn alles auf Entschiedenheit ankam, so wußte sie eine solche Kraft der Charaktertüchtigkeit einzusetzen, daß es ihr nicht leicht mißlang ihr Vorhaben auszuführen. (*DuW* 764 f.)

Demoiselle Delf packt in »ihre[r] Lust zu wirken« (*DuW* 765) also die Gelegenheit beim Schopf, wie ihn das Bild des Kairos darbietet, und unterhandelt mit den Eltern des entschieden-unentschiedenen Brautpaars.

> Wie sie es begonnen, wie sie die Schwierigkeiten die sich ihr entgegen stellen mochten, beseitigt, genug sie tritt eines Abends zu uns und bringt die Einwilligung. »Gebt euch die Hände!« rief sie, mit ihrem pathetisch gebieterischen Wesen. Ich stand gegen Lilli über und reichte meine Hand dar, sie legte die ihre zwar nicht zaudernd aber doch langsam, hinein, nach einem tiefen Atemholen fielen wir einander lebhaft bewegt in die Arme.
>
> Es war ein seltsamer Beschluß des hohen über uns Waltenden daß ich in dem Verlaufe meines wundersamen Lebensganges doch auch erfahren sollte wie es einem Bräutigam zu Mute sei. (*DuW* 765)

159 Neumann, *Von Augustinus zu Facebook*, 170, vgl. auch ebd. 224.
160 Schimank, *Entscheidungsgesellschaft*, 424 fragt sich, ob »decision making by flight [...] noch begrenzt rational ist«. Goethe möchte und möchte zugleich nicht – »die Kugel im Spiel zu halten« (ebd., 420) stellt gleichwohl einen sub-inkrementalistischen Modus des Entscheidens dar.

Nicht Goethe oder Lilli haben entschieden, sondern der oder das über sie Waltende, das in der vorliegenden Formulierung nicht unbedingt mehr der christliche Gott ist, vielleicht noch das Schicksal, möglicherweise auch einfach die im Vorstehenden ausführlich dargelegten Umstände – oder sogar schlicht und einfach: Demoiselle Delf.

Doch die »Krise« (*DuW* 766) – und ›Krise‹ heißt bekanntlich ›Entscheidung‹[161] – folgt auf dem Fuß. Goethe spricht nun von einem »Trugschluß« und von »Inkongruenz« (*DuW* 767) und bemerkenswerterweise werden hierfür äußere Faktoren angeführt: Das Frankfurter Elternhaus passt alleine schon räumlich nicht für eine so vornehme Schwiegertochter wie sie Lili Schönemann verkörpern würde, ebenso wie sich Goethe, »um gegen die Tag- und Modemenschen nicht abzustechen [als Partner von Lili], [s]eine Kleidung von Zeit zu Zeit verändern ja wieder verändern mußte« (ebd.). Die Familien kommen nicht zusammen, die Religionsgebräuche – die Schönemanns gehören der reformierten Kirche an[162] – sind verschieden. Das klingt alles recht nach Nachrationalisierung, indessen wird der wahre Grund, der sich nicht zuletzt im Blick auf mögliche berufliche Optionen in Frankfurt artikuliert, ein »Unabhängigkeitsgefühl« (*DuW* 768), geltend gemacht. Aber: »Man verschweigt sich die Zweifel, man teilt sich das Günstige mit; man überwindet jedes Schwanken, durch gewaltsame Tätigkeit; es kommt dadurch etwas Unwahres in den Zustand, ohne dass die Leidenschaft deshalb gemildert werde« (ebd.). Trotz oder gerade wegen der getroffenen Entscheidung bleiben die Dinge weiter in der Schwebe.

Im 18. Buch von *Dichtung und Wahrheit* berichtet Goethe, dass es die Schwester Cornelia war, die ihm »auf das Ernsteste eine Trennung von Lilli empfohlen ja befohlen hatte« (*DuW* 791). Sie selber war als Frau des Oberamtmanns Schlosser in Emmendingen unglücklich verheiratet, nicht zuletzt, weil es ihr in der kleinen Stadt am ihr gemäßen gesellschaftlichen Umgang fehlte. Sie vergleicht ihre Situation mit der von Lili Schönemann, wiewohl in diesem Fall gerade das Goethe'sche Elternhaus als nicht standesgemäß erscheint:

> Es schien ihr hart ein solches Frauenzimmer [wie Lili], von dem sie sich die höchsten Begriffe gemacht hatte, aus einer wo nicht glänzenden

---

161 Vgl. S. 10, Fußnote 5.

162 »Die sogenannten Reformierten bildeten wie auch an anderen Orten die Refugié's, eine ausgezeichnete Klasse und selbst wenn sie zu ihrem Gottesdienst in Bockenheim Sonntags in schönen Equipagen hinausfuhren, war es immer eine Art von Triumph über die Bürgerabteilung welche berechtigt war bei gutem wie bei schlechten Wetter in die Kirche zu Fuße zu gehen« (*DuW* 777).

doch lebhaft bewegten Existenz herauszuzerren, in unser zwar löbliches aber doch nicht zu bedeutenden Gesellschaften eingerichtetes Haus, zwischen einen wohlwollenden ungesprächen aber gern didaktischen Vater, und eine in ihrer Art höchst häuslich-tätige Mutter, welche doch, nach vollbrachtem Geschäft, bei einer bequemen Handarbeit nicht gestört sein wollte, in einem gemütlichen Gespräch mit jungen herangezogenen und auserwählten Persönlichkeiten. (*DuW* 792 f.)

Die im Sommer 1775 zusammen mit den Brüdern Stollberg unternommene Reise in die Schweiz dient nicht zuletzt dem Experiment, herauszufinden, »ob man Lilli entbehren könne« (*DuW* 785). Die jungen Reisenden, denen sich in Zürich Jakob Ludwig Passavent anschließt, während die Stollbeg-Brüder dann doch eigene Wege gehen, sind wie berauscht von ihrem Sturm- und Drang-Natur- und Selbstgefühl, aber doch hat Goethe beständig Lili im Sinn, wie eingefügte Gedichte an sie (vgl. *DuW* 800, 811) und ihre Ikonisierung in der Imagination einer »durch einen talentvollen Maler verwirklicht[en]« (*DuW* 802) Krönung ihres Lockenhaupts mit einer kunstvollen goldenen Krone zeigen. Als sich Goethe am 22. Juni auf dem St. Gotthard am Scheideweg zwischen Italien und der Rückkehr nach Frankfurt sieht, fällt die Entscheidung zugunsten Frankfurts und Lili scheint hier das ausschlaggebende Moment darzustellen. Deutschland erscheint Goethe »als ein Bekanntes Liebwertes« (*DuW* 791) und noch trägt er ein von Lili empfangenes »goldnes Herzchen« um den Hals. Freilich stellt das nachträglich eingeschaltete Gedicht die Beziehung als faktisch beendet dar:

Angedenken du verklung'ner Freude,
Das ich immer noch am Halse trage,
Hältst du länger als das Seelenband uns beide?
Verlängerst du der Liebe kurze Tage?

Flieh' ich, Lili, vor dir! Muß noch an deinem Bande
Durch fremde Lande
Durch ferne Täler und Wälder wallen!
Ach, Lili's Herz konnte so bald nicht
Von meinem Herzen fallen.

Wie ein Vogel, der den Faden bricht
Und zum Walde kehrt,
Er schleppt, des Gefängnisses Schmach,
Noch ein Stückchen des Fadens nach,
Er ist der alte freigeborne Vogel nicht,
Er hat schon jemand angehört.
(*DuW* 811)

Das Gedicht[163] reflektiert, dass die Lili-Geschichte nicht spurlos am autobiographischen Ich vorübergegangen ist. Sie ist von lebensgeschichtlicher Bedeutung und hat das Ich dauerhaft gezeichnet. Dem freigeborenen Vogel stehen alle Flugrichtungen offen, derjenige, der schon einmal jemandem angehört hat, ist geprägt von der vorausgegangenen Bindung, die seine künftigen Entscheidungen beeinflusst. Der Mensch, so heißt es entsprechend in Goethes nachträglicher Reflexion der Scheidewegszene auf dem St. Gotthard, wird »von früheren Eindrücken regiert und bestimmt« (*DuW* 811). Schließlich wird die Trennung von Lili bei andauernder Liebe mit ein wesentliches Moment für die Entscheidung, Frankfurt zu verlassen und die berufliche Zukunft in Weimar zu suchen.

Nach der Rückkehr von der Schweizreise ist die Lili-Geschichte nämlich mitnichten ausgestanden. »Ich war unterrichtet man habe sie in meiner Abwesenheit völlig überzeugt sie müsse sich von mir trennen, und dieses sei um so notwendiger, ja tunlicher, weil ich durch meine Reise und eine ganz willkürliche Abwesenheit mich genugsam selbst erklärt habe« (*DuW* 829). Wer »man« ist, wird nicht ausgeführt. Doch Begegnungen lassen sich nicht vermeiden und tragen zu einem »verwünschte[n] Zustand« bei. Anscheinend ist auch auf Lilis Seite die Liebe noch groß – und offensichtlich kommunziert man über Dritte:

> Wohlwollende hatten mir vertraut, Lili habe geäußert, indem alle die Hindernisse unsrer Verbindung ihr vorgetragen worden: sie unternehme wohl aus Neigung zu mir alle dermaligen Zustände und Verhältnisse aufzugeben und mit nach Amerika zu gehen. Amerika war damals vielleicht noch mehr als jetzt das Eldorado derjenigen die in ihrer augenblicklichen Lage sich bedrängt fanden.
>
> Aber eben das was meine Hoffnungen hätte beleben sollen, drückte sie nieder. Mein schönes väterliches Haus, nur wenig Hundert Schritte von dem ihrigen, war doch immer ein leidlicher zu gewinnender Zustand als die über das Meer entfernte ungewisse Umgebung; aber ich leugne

---

163 Udo Friedrich verdanke ich den Hinweis, dass es sich bei diesem Gedicht um eine Kontrafaktur des berühmten Falkengedichts aus der Feder des Kürenberger handelt: »Ich zôch mir einen valken   mêre danne ein jâr. / dô ich in gezamete,   als ich in wolte hân, / und ich im sîn gevidere   mit golde wol bewant, / er huop sich ûf vil hôhe   und vlouc in ánderiu lant. // Sît sach ich den valken   schône vliegen: / er vuorte an sînem vuoze   sîdîne riemen, / und was im sîn gevidere   alrôt guldîn. / got sende sî zesamene,   die gelíeb wéllen gerne sîn« (*Des Minnesangs Frühling*, unter Benutzung der Ausgaben von Karl Lachmann und Moritz Haupt, Friedrich Vogt und Carl von Kraus bearb. von Hugo Moser und Helmut Tervooren, 1. Texte, Stuttgart: S. Hirzel, ³⁶1977, 25).

nicht, in ihrer Gegenwart traten alle Hoffnungen alle Wünsche wieder hervor und neue Unsicherheiten bewegten sich in mir. (*DuW* 830) Ein neuer Scheideweg scheint sich aufzutun: weit weggehen, nach Amerika oder – hierbleiben. Und Goethe argumentiert ganz ähnlich wie in der Scheidewegszene auf dem St. Gotthard, wo das Fremde gegenüber dem Bekannten-Behaglichen abgewiesen wird (vgl. *DuW* 811). Während also Lili bereit ist, ihre großbürgerlichen Verhältnisse aufzugeben, kann sich Goethe bezogen auf sein nicht ganz so großbürgerliches Elternhaus dazu nicht verstehen – deutlicher könnte sich die Asymmetrie oder das fehlende Gleichgewicht in der Beziehung nicht abbilden. In diesen neuen Schwebezustand greift jedoch Cornelia wieder in aller Entschiedenheit ein:

Freilich sehr verbietend und bestimmt waren die Gebote meiner Schwester; sie hatte mir mit allem verständigem Gefühl dessen sie fähig war die Lage nicht nur ins Klare gesetzt, sondern ihre wahrhaft schmerzlich mächtigen Briefe verfolgten immer mit kräftiger Ausführung den selbigen Text. Gut, sagte sie, wenn ihr's nicht vermeiden könntet, so müßtet ihr's ertragen; dergleichen muß man dulden aber nicht wählen. Einige Monate gingen hin in dieser unseligsten aller Lagen; alle Umgebungen hatten sich gegen diese Verbindung gestimmt; in Ihr allein glaubt' ich wußt' ich, lag eine Kraft die das alles überwältigt hätte. (*DuW* 830)

Also: Cornelia steht hier für das ausschlaggebende Moment, indem sie ausführt, dass man nicht freiwillig, nur in höchster Not nach Amerika gehe. Amerika »wählt« man nicht![164] Ein Gegengewicht freilich stellt Goethes Wissen über Lilis »Kraft« dar, alle Schwierigkeiten zu überwinden. Und doch entscheidet er sich nicht dafür, mit Lili auszuwandern. Ein möglicherweise verborgenes eigenes inneres Motiv wird auf etwas lauwarme Weise externalisiert: »alle Umgebungen hatten sich gegen diese Verbindung gestimmt«.

So wenig explizit wie die Entscheidung für Lili als Eheentscheidung war – und ganz offensichtlich war es auch keine ›echte‹ Entscheidung aus vollem Herzen – so qualvoll zieht sich das Ende der Beziehung hin. Auch hier scheint kein klares Wort gesprochen worden zu sein. Lili wird entsagt,

---

164 Kurt R. Eissler macht eine inzestuöse Bruder-Schwester-Bindung geltend, wenn es um die Verhinderung der Eheschließung mit Lili Schönemann geht (vgl. Kurt R. Eissler, *Goethe. Eine psychoanalytische Studie 1775–1786*, in Verbindung mit Wolfram Mauser und Johannes Cremerius hrsg. von Rüdiger Scholz, 2 Bde., Bd. 1, aus dem Amerikanischen übers. von Peter Fischer, Bd. 2, aus dem Amerikanischen übers. von Rüdiger Scholz, Frankfurt a. M.: Stroemfeld/Roter Stern, 1983 und 1985, Bd. 1, 74–174, insbes. 161–174).

aber ihr Bild bleibt präsent. Eine sich an die Lili-Episode anschließende und sie auch abschließende generalisierende Überlegung des autobiographischen Erzählers mag als Erklärung dafür fungieren, warum es in *Dichtung und Wahrheit* keine Entscheidungen *für* eine Liebesbeziehung gibt, nur Entscheidungen fürs Scheiden. Goethe räsonniert:

> Gestehen wir im Allgemeinen, daß bei einer neuen Bekanntschaft, einer neu sich anknüpfenden Neigung über das Vorhergehende der Liebende gern einen Schleier zieht; die Neigung kümmert sich um keine Antezedenzien, und wie sie blitzschnell genialisch hervortritt, so mag sie weder von Vergangenheit noch Zukunft wissen. (*DuW* 830)

Beim Scheiden ist dies offensichtlich anders. Da spielt der Blick in die Zukunft eine ›entscheidende‹ Rolle.

Beruf oder Berufung

Zweifellos stellt die Berufsentscheidung im Leben des modernen Individuums die zentrale Lebensentscheidung dar, bestimmt sie doch die Stellung des Einzelnen in der sozialen Ordnung und entsprechend die Wahrnehmung durch die Gesellschaft sowie die Selbstwahrnehmung. Die Entscheidung für den Beruf des Dichters zieht sich wie ein roter Faden durch Goethes Autobiographie, ein Faden, der, versteht sich, rückwirkend eingezogen wurde und an dem entlang das Leben erzählt wird. Sie ist eingebunden in eine umfassende Bildungserzählung. So gesehen, ist die ganze Erzählung von *Dichtung und Wahrheit* ein Berufs-Entscheiden, das mit bemerkenswerter Entschiedenheit wegführt von der beruflichen (Nicht-)Existenz des Vaters. Und tatsächlich sind mit der Berufsentscheidung andere Entscheidungen, religiöse oder Liebesent-scheidungen, eng verknüpft. Komplexe Entscheidenskonstellationen spielen ineinander, auch wenn nicht immer entschieden werden kann.

Ein eigener Lebensplan

Goethes Vater Johann Kaspar Goethe (1710–1782) hatte Rechtswissenschaft studiert und wurde 1739 zum Doktor beider Rechte promoviert. Nach einer kurzen juristischen Tätigkeit am Reichskammergericht in Wetzlar lebte er als Privatier, da sich eine öffentliche Laufbahn nicht ergab. 1742 konnte er gegen Bezahlung den Titel eines Wirklichen Kaiserlichen Rathes erwerben; mit dem Tod Kaiser Karls VII., der 1745 starb, zerschlug sich auch die Aussicht auf eine Laufbahn als kaiserlicher Diplomat. Als Privatier hatte er hinreichend Zeit, seine Bildungsinteressen zu verfolgen und seine Kinder selbst zu unterrichten. Goethe und seine Schwester Cornelia verdankten der sorgfältigen Erziehung durch ihren Vater einiges, litten aber auch unter der väterlichen Observanz und Prinzipienstrenge. Der Vater wollte den Sohn auf seinen eigenen Lebens- und Bildungsgang verpflichten – es liegt nahe, dass der Sohn gerade das nicht wollte und andere Ambitionen entwickelte. Sicher lassen sich für diese gewissermaßen ›normale‹ Entwicklung auch psychologische Erklärungen anbringen;[165] im vorliegenden Zusammenhang interessiert jedoch vor allem die gewiss auch mit Affekten belegte autobiographische *Darstellung* der Entscheidensprozesse für den eigenen Werdegang. Dass Goethe das Leben und die Entwicklung des Menschen wegförmig denkt, formuliert er im 4. Buch von *Dichtung und Wahrheit*, wo es heißt: »Der Mensch mag sich wenden wohin er will, er mag unternehmen was es auch sei, stets wird er auf jenen Weg wieder zurückkehren, den ihm die Natur einmal vorgezeichnet hat« (*DuW* 143). Das klingt allerdings nicht so, als müsse oder könne man sich entscheiden. Wo einem die Natur den vorbestimmten Weg weist, gibt es eigentlich keine Wegscheiden. Indessen bedarf es, wie gerade Goethes Autobiographie zeigt, durchaus der Impulse und Begegnungen, die dem autobiographischen Ich Einsicht in die eigene Bestimmung geben, die ihm helfen, sich über sich bewusst zu werden und sich gleichsam ›für sich selbst zu entscheiden‹.[166] Freilich ist das ganze Bildungsprogramm, das der junge Goethe, zunächst unter väterlicher Anleitung, absolviert, eine ›Ressource‹ des Entscheidens, eine zentrale Rolle spielen aber etwa auch die Begegnungen mit anderen Vertretern der stadtbürgerlichen Öffentlichkeit als dem eigenen Vater. Dieser versuchte, wie Goethe schildert, das »Gedächtnis« des Sohnes, »[s]eine Gabe etwas zu fassen und zu kombinieren, auf juristische Gegenstände zu lenken« (*DuW* 161), doch bereits am Ende des 4. Buchs formuliert das autobiographische Ich sein eigenes berufliches Wunschziel:

> Was mich betrifft, so hatte ich auch wohl im Sinne, etwas Außerordentliches hervorzubringen; worin es aber bestehen könne, wollte mir nicht

---

165 Vgl. dazu auch Eissler, *Goethe*, 1051 f., passim.
166 Kirk Wetters verweist auf Goethes Bewusstsein von der Rolle des Zufalls in *Dichtung und Wahrheit*; vgl. Kirk Wetters, »Biographical Demons (Goethe's *Poetry and Truth*)«, in: ders., *Demonic History. From Goethe to the Present*, Evanston: Illinois, 2014, 59–85, 77.

deutlich werden. Wie man jedoch eher an den Lohn denkt, den man erhalten möchte, als an das Verdienst, das man sich erwerben sollte; so leugne ich nicht, daß wenn ich an ein wünschenswertes Glück dachte, dieses mir am reizendsten in der Gestalt des Lorbeerkranzes erschien, der den Dichter zu zieren geflochten ist. (*DuW* 180)

Der Lorbeerkranz steht hier als Symbol gesellschaftlich-kultureller Anerkennung, das zum Leitbild der eigenen beruflichen Orientierung wird. Die verhängnisvolle Begegnung mit Pylades und seinem Freundeskreis im 5. Buch geht tatsächlich bereits auf Goethes dichterische Begabung zurück, die ihm in Gestalt von poetischen Proben und Auftragsarbeiten den Respekt der Freunde verschafft. Das eigene poetische Credo schärft er im Disput mit dem Aufseher, den ihm die Eltern nach dem Einbruch im 5. Buch zur Seite geben;[167] ihm gegenüber insistiert Goethe, dass es der Philosophie als einer eigenen Disziplin nicht bedürfe, »indem sie schon in der Religion und Poesie vollkommen enthalten sei« (*DuW* 243). Als Vertraute löst die Schwester Cornelia nun die Geliebte Gretchen ab, und einer Vertrauten bedarf es nunmehr in der Tat, denn mit dem Studienbeginn ist das autobiographische Ich mehr und mehr entschlossen, eigene Wege zu gehen. Zwar darf Goethe nicht frei über den Studienort entscheiden – er möchte gern nach Göttingen, aber der Vater besteht auf Leipzig – und auch das Studienfach, die Jurisprudenz, wird vom Vater vorgegeben, aber Goethe ist entschlossen, die väterlichen Pläne weitgehend zu unterlaufen. Der Werdegang des Vaters ist für den Sohn nämlich ganz und gar kein Vorbild:

Mein Vater, in die Angelegenheiten der Stadt nur als Privatmann verflochten, äußerte sich im Verdruß über manches Mißlungene sehr lebhaft. Und sah ich ihn nicht, nach so viel Studien, Bemühungen, Reisen und mannigfaltiger Bildung endlich zwischen seinen Brandmauern ein einsames Leben führen, wie ich mir es nicht wünschen konnte? Dies zusammen lag als eine entsetzliche Last auf meinem Gemüte, von der ich mich nur zu befreien wußte, indem ich mir einen ganz anderen Lebensplan, als den mir vorgeschriebenen, zu ersinnen trachtete. Ich warf in Gedanken die juristischen Studien weg und widmete mich allein den Sprachen, den Altertümern, der Geschichte und allem was daraus hervorquillt. (*DuW* 264)

167 Man weiß nicht genau, wer das war (vgl. *DuW* 1127 [Kommentar]). Sprengel nennt, mit einem Fragezeichen versehen, den Namen Müller, den Goethe in Briefen aus der Leipziger Zeit erwähnt; vgl. Goethe, *Dichtung und Wahrheit*, MA, 956 (Kommentar).

Sich/Für sich entscheiden. Goethe

Die Vorstellung eines ›Lebensplans‹[168], den man offensichtlich haben muss, um das Leben in die eigene Hand nehmen zu können, wird hier bedeutsam – das Leben entwickelt sich also tatsächlich nicht zwanglos und natürlicherweise von selbst. Es bedarf der Entschließung, also der aktiven Umsetzung der Idee in die Tat:

> Nun hielt ich den Entschluß, daß ich, gegen seine Gesinnungen und Willen, eine eigne Studien- und Lebensweise ergreifen wollte, erst recht für Notwehr. Die Hartnäckigkeit meines Vaters, der, ohne es zu wissen, sich meinen Planen entgegensetzte, bestärkte mich in meiner Impietät, daß ich mir gar kein Gewissen daraus machte, ihm Stunden lang zuzuhören, wenn er mir den Kursus der Studien und des Lebens, wie ich ihn auf Akademien und in der Welt zu durchlaufen hätte, vorerzählte und wiederholte. (*DuW* 265)

Widerstand gegen die Pläne des Vaters ist also das, was in dieser Lebensphase angesagt ist, und Goethe fügt hinzu, dass es ihm »sogar romantisch ehrenvoll [erschien], sich seine eigne Lebensbahn vorzuzeichnen, die [ihm] um so weniger phantastisch vorkam, als *Griesebach* auf dem ähnlichen Wege schon große Fortschritte gemacht hatte und deshalb von Jedermann gerühmt wurde.«[169] Romantische Leitbilder und konkrete Vorbilder sind also gleichsam die Ressourcen, die zur Bestärkung des eigenen Lebensgangs herangezogen werden. Zwar erschrickt die ins Vertrauen gezogene Schwester ob der Unbotmäßigkeit des Bruders, aber es gelingt Goethe, ihre Bedenken zu zerstreuen. Jedenfalls wird die Vorstellung, »für sein eigen Selbst zu leben« (*DuW* 266) zur Orientierung gebenden Maxime. Allerdings gibt es noch Widerspruch auf diesem Weg: Goethe, im Oktober 1765 in Leipzig angekommen, sucht schon bald den Geschichtsprofessor Johann Gottlob Böhme auf, in dem er einen Verbündeten wähnt. Dieser aber erweist sich als ›Hasser‹ »gegen alles was nach schönen Wissenschaften schmeckte« (*DuW* 270) und versucht, den jungen Studiosus wieder zurück auf den väterlichen Weg zu schicken. Gleichermaßen von Einfluss auf Goethe ist die Leipziger Damenwelt, zu der er über die Gattinnen von Professoren Zutritt hat. Diese kritisieren seine altväterische Kleidung, von der er sich allerdings erst nach einem entsprechenden Theatererlebnis bereit ist zu trennen:

---

168 In anderen Zusammenhängen spricht Goethe durchaus von seiner ›Planlosigkeit‹ (vgl. etwa *DuW* 684, 847, 850). Plan und Planlosigkeit sind gleichermaßen Beurteilungen des rückblickenden autobiographischen Erzählers; die autobiographische Figur dürfte kaum in diesen Kategorien auf sich reflektiert haben.

169 Johann Jakob Griesbach (1745–1812) war Professor der Theologie in Halle und Jena und stand mit Goethe in enger Verbindung (vgl. *DuW* 1116 [Kommentar]).

Als aber Herr von *Masuren*, der so beliebte *poetische Dorfjunker*, einst auf dem Theater in einer ähnlichen Kleidung auftrat, und mehr wegen seiner äußeren als inneren Abgeschmacktheit herzlich belacht wurde, faßte ich Mut und wagte, meine sämtliche Garderobe gegen eine neumodische, dem Ort gemäße, auf einmal umzutauschen, wodurch sie aber freilich sehr zusammenschrumpfte. (*DuW* 274 f.)

Die Szene auf dem Theater wird zum Spiegel der eigenen Situation. Goethe nimmt sich als auf der Bühne der Leipziger Gesellschaft stehend wahr. Der Affekt des Lachens, mit dem das Leipziger Theaterpublikum den Auftritt des Schauspielers quittiert, gibt den Ausschlag: Goethe trennt sich von seinen altmodischen, aus Frankfurt mitgebrachten Kleidern und schafft neumodische Garderobe an, um auf der Gesellschaftsbühne desto besser bestehen zu können. – Kleider machen Leute. – Was seinen von den Leipziger Damen ebenfalls kritisierten Dialekt anbelangt, so zeigt er sich hier nicht kompromissbereit, denn in ihm sieht er »das Element, in welchem die Seele ihren Atem schöpft« (*DuW* 275).

Ästhetische Kontingenz(bewältigung)

Obwohl Goethe trotzig am Dialekt festhält, verunsichert ihn das Bewusstsein, sich nicht so artikulieren zu können, wie es seine neue Umgebung von ihm erwartet, auf das Tiefste: »ich fühlte mich in meinem Innersten paralysiert und wußte kaum mehr, wie ich mich über die gemeinsten Dinge zu äußern hatte« (*DuW* 276). Die Entscheidung, sich vom väterlich vorgezeichneten Weg zu lösen und den eigenen einzuschlagen, ist also mit tiefgreifenden äußeren Eingriffen und Irritationen verbunden. Dies geht so weit, dass er sich auch die eigenen poetischen Hervorbringungen schlecht reden lässt und sie schließlich verbrennt, »mehr aus Mißmut als aus Überzeugung« (*DuW* 309) wie es wenig später heißt. In dem wenig dichtungsfreundlichen Umfeld, in dem er sich in Leipzig bewegt, vermag auch der alte Gellert, dessen Poetik-Kollegium Goethe besucht, kein Gegengewicht darzustellen. Goethe ist *in poeticis* zutiefst verwirrt und stellt fest: »Ich forderte einen Maßstab des Urteils, und glaubte gewahr zu werden, daß ihn gar Niemand besitze: denn keiner war mit dem Andern einig, selbst wenn sie Beispiele vorbrachten« (*DuW* 281). Wenn sich nun im 7. Buch eine systematische Bestandsaufnahme der deutschen Literatur zur Zeit von Goethes Aufenthalt in Leipzig anschließt, treffen sich einmal mehr die rückblickende und in ihrem poetischen Urteil gefestigte Perspektive des autobiographischen Erzählers und diejenige der autobiographischen Figur, die in »vielfache[r] Zerstreuung, ja Zerstückelung [ihres] Wesens und [ihrer] Studien« (ebd.) nach einer Basis für ihr dichterisches Urteil sucht.

> Über den Zustand der deutschen Literatur jener Zeit ist so Vieles und Ausreichendes geschrieben worden, daß wohl Jedermann, der einigen Anteil hieran nimmt, vollkommen unterrichtet sein kann; wie denn auch das Urteil darüber wohl ziemlich übereinstimmen dürfte, und was ich gegenwärtig stück- und sprungweise davon zu sagen gedenke, ist nicht sowohl wie sie an und für sich beschaffen sein mochte, als vielmehr wie sie sich zu mir verhielt. (*DuW* 283)

Auch und gerade wenn hier und im Folgenden der ältere Goethe für den jüngeren sichtet, sortiert und kommentiert, ist offenkundig, dass das Zusammentreffen der Erzählperspektiven und der Zeiten einen bedeutsamen Moment darstellt, in dem sich in der autobiographischen Darstellung Entscheidendes für den Werdegang des künftigen Dichters Goethe vollzieht. Die Zielperspektive für den eigenen Werdegang wird trotz aller Unsicherheit, wenngleich im Rückblick, klar benannt: die deutsche Literatur! Das im Hinblick auf das eigene literarische Urteil formulierte Kontingenzbewusstsein wiederholt sich, wenn die poetischen Positionen der tonangebenden Autoren und Kritiker gesichtet werden. Breitingers *Critische Dichtkunst* von 1740 führt den nach Orientierung Suchenden »in einen größeren Irrgarten« (*DuW* 287), insofern als das Postulat der Naturnachahmung ein Entscheidensproblem darstellt:

> Aber die Natur, wie sie vor uns liegt, kann doch nicht nachgeahmt werden: sie enthält so vieles Unbedeutende, Unwürdige, man muß also wählen; was bestimmt also die Wahl? man muß das Bedeutende aufsuchen; was ist aber bedeutend? (*DuW* 288)

Es gebricht dem jungen Mann also an Kriterien der Unterscheidung, die es ihm ermöglichen würden, zwischen ›gut‹ und ›schlecht‹ zu scheiden, um seine eigenen poetischen Entscheidungen treffen zu können. In dieser Situation der »Verwirrung« (*DuW* 289) wird die Begegnung mit anderen Menschen wichtig und hilft, den eigenen Weg zu finden. Da ist zum einen Johann Georg Schlosser, Goethes späterer Schwager, der nach Leipzig kommt und in dessen »Ernst, Strenge und vielleicht Eigensinn« Goethe »gewissermaßen das Gegenteil von [sich]« (*DuW* 292), auch und gerade *in poeticis*, erkennt. Da ist aber auch der Hofrat Pfeil, Schriftsteller und Hofmeister in Leipzig, der sich des Studenten annimmt und sein »Urteil über manches zu leiten und zu bestimmen suchte« (*DuW* 295). Und der junge Mann gelangt recht bald zu kontingenzmindernden Einsichten:

Bei diesem Umgange wurde ich durch Gespräche, durch Beispiele und durch eigenes Nachdenken gewahr, daß der erste Schritt, um aus der wäßrigen, weitschweifigen, nullen Epoche sich herauszuretten, nur durch Bestimmtheit, Präzision und Kürze getan werden könne. Bei dem bisherigen Styl konnte man das Gemeine nicht vom Besseren unterscheiden, weil alles untereinander ins Flache gezogen wird. (*DuW* 295)

»Bestimmtheit, Präzision und Kürze« sind Eigenschaften, deren ›entschiedener‹ Gestus dem angestrebten Unterscheidungsvermögen zuarbeitet. Vor dem Hintergrund der Klage über konstatierte Weitschweifigkeit stellt das autobiographische Ich fest, dass es das »Gedrungene« ist, das eher eine Beurteilung ermöglicht, weil es »eine sichere Vergleichung zuläßt« (*DuW* 296). Der Vergleich wird hier also als Entscheidenshilfe im Bereich des ästhetischen Urteils profiliert. Und die »um den deutschen Parnaß angeschwollene[] Wasserflut« (*DuW* 298) erhöht und verfeinert die Möglichkeiten des Vergleichs:

> Wir besaßen nunmehr, wo nicht Homere, doch Virgile und Miltone, wo nicht einen Pindar, doch einen Horaz; an Theokriten war kein Mangel; und so wiegte man sich mit Vergleichungen nach Außen, indem die Masse poetischer Werke immer wuchs, damit auch endlich eine Vergleichung nach Innen Statt finden konnte. (*DuW* 298 f.)

Das heißt, die deutschen Nachahmer der antiken und der internationalen Literatur ermöglichen zum einen den Vergleich nach ›außen‹ und befördern eben dadurch die Vergleichskultur innerhalb der deutschen Literatur. Das 7. Buch von *Dichtung und Wahrheit* unternimmt aber nicht nur eine Bestandsaufnahme der schönen Literatur, sondern berücksichtigt auch Philosophie, Recht, Medizin und Theologie. Von der Philosophie hält Goethe immer noch nicht allzu viel, bezeichnet sie als »mehr oder weniger gesunde[n] und geübte[n] Menschenverstand« (*DuW* 299); doch hat sie sich etabliert, indem sie in der Fülle der Meinungen die »Mittelstraße« (*DuW* 300) zwischen »helle[m] Scharfsinn und eine[r] besondere[n] Mäßigkeit« (*DuW* 299) einschlug. Das ist zunächst eine beobachtete Strategie, mit Kontingenz umzugehen. Für den Autobiographen Goethe ist die Leipziger Zeit geprägt von einem »chaotischen Zustande […], in welchem sich [s]ein armes Gehirn befand« (*DuW* 308); als Hauptgrund nennt er einen Konflikt, und zwar den Konflikt zwischen dem Alten und dem Neuen: Kaum hat er das Alte kennengelernt, scheint er schon Ursache zu haben, »ihm völlig entsagen zu dürfen.« Dieses Dilemma ruft einmal mehr die Wegmetaphorik auf, wenn es heißt: »Welchen Weg ich einschlug, mich aus dieser Not, wenn auch nur Schritt vor Schritt zu retten, will ich gegenwärtig möglichst zu überliefern suchen« (*DuW* 308 f.).

Obwohl er eine gewisse Hilfe beim Hofrat Pfeil findet, stellt der Autobiograph rückblickend fest, dass er genötigt war, »alles in [sich] selbst zu
suchen« (*DuW* 309). Die Strategie der dichterischen Selbstfindung besteht darin, »nicht aus dem Kreise heraus[zu]treten, der [ihn] zu berühren,
[ihm] ein Interesse einzuflößen geeignet war.« Der eigene Weg liegt zwischen den vorgegebenen Alternativen, im vorliegenden Fall zwischen dem
Alten und dem Neuen. Und nun fallen auch die vielfach zitierten Worte:

Und so begann diejenige Richtung, von der ich mein ganzes Leben über
nicht abweichen konnte, nämlich dasjenige was mich erfreute oder
quälte, oder sonst beschäftigte, in ein Bild, ein Gedicht zu verwandeln
und darüber mit mir selbst abzuschließen, um sowohl meine Begriffe
von den äußeren Dingen zu berichtigen, als mich im Innern deshalb zu
beruhigen. Die Gabe hierzu war wohl Niemand nötiger als mir, den
seine Natur immerfort aus einem Extreme in das andere warf. Alles was
daher von mir bekannt geworden, sind nur Bruchstücke einer großen
Konfession, welche vollständig zu machen dieses Büchlein ein gewag-
ter Versuch ist. (*DuW* 309 f.)

In der krisenhaften Zeit ästhetischer Kontingenzerfahrung wird in der
zitierten Passage rückblickend ein für das eigene Leben bedeutsamer
Moment erkannt (»Und so begann diejenige Richtung«). Dieser Moment
als Zeitpunkt verbindet sich mit einem ausschlaggebenden Moment der
Kontingenzbewältigung: Die Transposition in ein Bild oder in ein Gedicht ist es, die dem autobiographischen Ich eine Auseinandersetzung mit
schwierigen Lebenssituationen ermöglicht. Das Bild bzw. das Gedicht
steht zwischen Äußerem und Innerem; es schafft eine Beziehung zum
Außen und bewirkt Beruhigung des Inneren. Nicht zufällig erfolgt genau
hier mit dem Hinweis, dass die bislang bekannten »Bruchstücke einer
großen Konfession« mit *Dichtung und Wahrheit* vervollständigt würden,
eine Bekräftigung der Autobiographie-Entscheidung. Der kritische Blick
auf die eigenen Werke dieser Zeit verbindet sich mit einer retrospektiven
Wahrnehmung der eigenen ›entschiedenen‹ Natur: »Über diesen Ernst,
der meine ersten Stücke verdüsterte, beging ich den Fehler, sehr günstige
Motive zu versäumen, welche ganz entschieden in meiner Natur lagen«
(*DuW* 313). Wenngleich sich das so liest, als habe die Natur immer schon
entschieden, wird doch deutlich, dass Irrwege nicht ausgeschlossen sind und
sich das Ich entscheiden muss, der Entscheidung seiner Natur zu folgen.

Auch im Zeichnen versucht sich Goethe in der Leipziger Zeit auszu-
bilden und besucht den Zeichenunterricht bei Adam Friedrich Oeser.
Allerdings fehlt es an »einer strengen und entschiedenen Ausübung«
(*DuW* 341) – ›entschieden‹ ist hier gleichbedeutend mit ›systematisch‹ und
›konsequent‹. Stattdessen führt die Betrachtung von Bildern zur Er-

weckung des poetischen Talents, insofern als Goethe sich veranlasst sieht, Gedichte zu Kupferstichen zu verfassen (vgl. *DuW* 342). Insgesamt muss er jedoch feststellen, dass er auf der Universität »die Zwecke [s]einer Familie, ja [s]eine eignen versäumte« (*DuW* 345), d. h.: von ›entschiedenen‹ juristischen Studien ist nicht die Rede, aber auch der eigene dichterische Weg noch nicht gefunden.

Freiheit und Notwendigkeit

Mit der juristischen Unentschiedenheit hat es in Straßburg ein Ende, wo Goethe ab April 1770 auf Wunsch des Vaters nach der krankheitsbedingten Rückkehr aus Leipzig und einer Zeit der Rekonvaleszenz im Frankfurter Elternhaus sein Studium fortsetzt. Er erhält einen Repetenten,[170] von dem er, sich dabei selbst charakterisierend, schreibt:

> er wunderte sich nicht wenig über mein Schwadronieren: denn mehr als ich in meiner bisherigen Darstellung aufzuführen Gelegenheit nahm, hatte ich bei meinem Aufenthalte in Leipzig an Einsicht in die Rechtserfordernisse gewonnen, obgleich mein ganzer Erwerb nur als ein allgemeiner enzyklopädischer Überblick, und nicht als eigentliche bestimmte Kenntnis gelten konnte. Das akademische Leben, wenn wir uns auch bei demselben des eigentlichen Fleißes nicht zu rühmen haben, gewährt doch in jeder Art von Ausbildung unendliche Vorteile, weil wir stets von Menschen umgeben sind, welche die Wissenschaft besitzen oder suchen, so daß wir aus einer solchen Atmosphäre, wenn auch unbewußt, immer einige Nahrung ziehen.
>
> Mein Repetent, nachdem er mit meinem Umhervagieren im Diskurse einige Zeit Geduld gehabt, machte mir zuletzt begreiflich, daß ich vor allen Dingen meine nächste Absicht im Auge behalten müsse, die nämlich, mich examinieren zu lassen, zu promovieren und alsdann allenfalls in die Praxis überzugehen. (*DuW* 393)

Bislang hat Goethe sein juristisches Wissen offenbar eher *en passant* aufgeschnappt, nun muss das Studium systematischer werden. Während des zwischenzeitlichen Aufenthalts im Frankfurter Elternhaus ist es immer wieder zu Spannungen mit dem Vater gekommen, den die dem Sohn unterstellte Willensschwäche ungeduldig macht (vgl. *DuW* 388).

---

170 Es wird vermutet, dass dies Johann Konrad Engelbach gewesen sein könnte (vgl. *DuW* 1172 [Kommentar]; Goethe, *Dichtung und Wahrheit*, MA, 988 [Kommentar]).

Über dem Verhältnis zu Friederike Brion ist Goethe das Straßburger »Hauptgeschäft« seiner Promotion zu einer »Nebensache« (*DuW* 514) geworden. Nach dem unglücklichen Besuch der Sesenheimer in Straßburg, der das Ende der Beziehung zu Friederike bedeutet, wendet sich der Erzähler nun wieder dem Promotions-Hauptgeschäft zu. Einmal mehr wird klar, dass es der Vater ist, der die Promotion seines nicht übermäßig zur Rechtswissenschaft neigenden Sohnes wünscht, so dass dieser sich fügen muss. Allerdings gibt es auch die »Freunde« (*DuW* 515) als Ratgeber, die Goethe auf die Idee bringen, dass man auch über Thesen disputieren könne. Durch die Wahl seines Themas, das Verhältnis von Staats- und Kirchenrecht, unterläuft der Sohn die väterlichen Pläne, insofern als er in seiner Dissertation postuliert, dass »der Gesetzgeber nicht allein berechtigt, sondern verpflichtet sei, einen gewissen Kultus festzusetzen, von welchem weder die Geistlichkeit noch die Laien sich lossagen dürften« (*DuW* 516). Er hofft, dass seine Arbeit die Zensur nicht passieren möge, wie es denn auch tatsächlich geschieht, so dass der Studienabschluss denn doch in Gestalt einer Thesendisputation erfolgt, recht zur Unzufriedenheit von Goethes Vater. Obwohl Goethe von sich sagt, er sei leicht bestimmbar gewesen, widersteht er den akademischen Berufsplänen, die seine anteilnehmenden Freunde für ihn hegen, wenn sie ihn »für Geschichte, Staatsrecht, Redekunst, erst nur im Vorübergehn, dann aber entschiedener, zu erwerben« (*DuW* 521) suchen. Im Hinblick auf den Verlauf (s)eines Lebens findet sich im 11. Buch von *Dichtung und Wahrheit* eine aufschlussreiche Reflexion:

> Es sind wenig Biographieen, welche einen reinen, ruhigen, steten Fortschritt des Individuums darstellen können. Unser Leben ist, wie das Ganze in dem wir enthalten sind, auf eine unbegreifliche Weise aus Freiheit und Notwendigkeit zusammengesetzt. Unser Wollen ist ein Vorausverkündigen dessen, was wir unter allen Umständen tun werden. Diese Umstände aber ergreifen uns auf ihre eigne Weise. Das *Was* liegt in uns, das *Wie* hängt selten von uns ab, nach dem *Warum* dürfen wir nicht fragen, und deshalb verweist man uns mit Recht auf's *Quia*. (*DuW* 522)

Das Verhältnis von Freiheit und Notwendigkeit steckt also den Entscheidensrahmen und -spielraum des Menschen ab: Seine Entwicklung, d. h. das, *was* er wird, ist im Grunde vorgegeben; da gibt es keine grundsätzlichen, d. h. freien Entscheidungen zu treffen. Das *Wie* ist kontingent und liegt nicht in der Verfügung des Menschen. Eine allumfassende Begründung für das menschliche Da- und Sosein gibt es nicht. Trotzdem muss der Mensch in der Lage sein, kausale Begründungen für sein Handeln und Entscheiden anzugeben. Ähnlich formuliert Goethe in seinem Gedicht

»Gott, Gemüt und Welt«: »Wie? Wann und Wo? – Die Götter bleiben
stumm! | Du halte dich ans Weil und frage nicht Warum?«[171] Die Gegen-
überstellung von Warum und *Quia* bzw. Weil scheint auch eine Gegenüberstellung von transzendenter und immanenter Begründung menschlichen Handelns darzustellen. Damit verbinden sich zwei unterschiedliche
Zeitperspektiven, die im Sinn des dieser Studie zugrundeliegenden auto-
biographietheoretischen Ansatzes von Bedeutung sind: Das Warum zielt
auf eine das Hier und Jetzt transzendierende Antwort und enthält einen
Zukunftsindex, insofern als seine Beantwortung auch zukünftige Handlungen plausibilisiert, während das immanente Weil Handlungen aus einander und d. h. retrospektiv erklärt. Das *Quia* ist also die Perspektive des
rückblickenden autobiographischen Erzählers, wo die autobiographische
Figur gerade dabei ist, ihren Glauben an die transzendente Gottesmacht
zu verlieren.

Wie schon in der Leipziger Zeit schildert sich Goethe auch in Straßburg
als Teil einer Kommunität. Er erscheint als geselliger Mensch und versteht
sich so sehr als Teil der Gemeinschaft, dass er sich in Gesellschaft als Ratgeber anbietet (vgl. *DuW* 401). Auch orientiert sich Goethe, wie es bereits
in Leipzig der Fall war, in Modefragen an den Vorgaben seiner Umgebung. So wird sein Haarschnitt als nicht zeitgemäß befunden und der
Straßburger Friseur rät zur Perücke: »Er versprach mir, daß Niemand diesen unschuldigen Betrug, gegen den ich mich erst sehr ernstlich wehrte,
jemals bemerken solle, wenn ich mich sogleich dazu entschließen könnte«
(*DuW* 402). Und man sieht den rückblickenden Autobiographen förm-
lich schmunzeln, wenn er schreibt: »Er hielt Wort und ich galt immer
für den bestfrisierten und bestbehaarten jungen Mann« (ebd.) – der sich
unter diesen Umständen nur nicht allzu heftig bewegen durfte und sich
daher einmal mehr auf das gesellige Gespräch konzentrierte. Gleichwohl
beschreibt sich Goethe als mit sich, »mit den Gegenständen, ja mit den
Elementen im Streit« liegend; eine von der Krankheit zurückgebliebene
»Reizbarkeit« lässt ihn des öfteren das »Gleichgewicht« verlieren (*DuW*
407). Seine Empfindlichkeiten und Idiosynkrasien geht er allerdings mit
System und d. h. denn doch ›planvoll‹ an: um »keine Zeit [zu] verlieren«
(*DuW* 408) setzt er sich, geradezu im Sinn Foucault'scher Selbstpraktik[172]

---

171 Vgl. *DuW* 1195 (Kommentar). Das Gedicht »Gott, Gemüt und Welt« findet sich
     in der Ausgabe von Goethes Gedichten letzter Hand 1827. Es spricht davon, dass
     das Ganze im Kleinen zu erkennen sei, und beschwört den produktiven Gegen-
     satz von übersinnlicher und körperlicher Welt. Vgl. auch Goethe *Dichtung und
     Wahrheit*, MA, 1002 f. (Kommentar).
172 Vgl. Michel Foucault, *Sexualität und Wahrheit*, Bd. 3: *Die Sorge um sich*, Frank-
     furt a. M.: Suhrkamp, 1986, 67, 90.

absichtsvoll unliebsamen Eindrücken wie Lärm oder Höhen in selbstdisziplinierender Weise gezielt aus und zwar, wie er berichten kann, durchaus mit Erfolg für das weitere Leben.

Von besonderem Eindruck auf den jungen Goethe der Straßburger Zeit ist bekanntlich das Münster, in dem er »das Erhabene mit dem Gefälligen in Bund getreten« (*DuW* 417) und eine friedliche Durchdringung widersprechender Elemente sieht. Die tausendfache ornamentale Durchbrechung erzeugt einen »Begriff von unerschütterlicher Festigkeit« und bewirkt, dass »das Angenehme im Ungeheueren sich darstellt« (*DuW* 419). Dass dieser bemerkenswerte Eindruck, den Goethe in seinem Aufsatz »Von deutscher Baukunst«, veröffentlicht 1793 in Herders Sammlung *Von deutscher Art und Kunst*, ausarbeitete, in engem Konnex mit dem autobiographischen Projekt steht, wird deutlich, wenn Goethe direkt im Anschluss an seine Ausführungen über das Straßburger Münster das Motto erläutert, das er dem zweiten Teil von *Dichtung und Wahrheit* vorausgestellt hat: »Was man in der Jugend wünscht, hat man im Alter die Fülle« (*DuW* 237). Das ist zweifellos ein bemerkenswerter Satz, der einmal mehr die ›vorwärts wünschende‹ autobiographische Figur im Blick des rückblickend urteilenden autobiographischen Erzählers präsentiert:

Unsere Wünsche sind Vorgefühle der Fähigkeiten, die in uns liegen, Vorboten desjenigen, was wir zu leisten im Stande sein werden. Was wir können und möchten, stellt sich unserer Einbildungskraft außer uns und in der Zukunft dar; wir fühlen eine Sehnsucht nach dem, was wir schon im Stillen besitzen. So verwandelt ein leidenschaftliches Vorausergreifen das wahrhaft Mögliche in ein erträumtes Wirkliche. Liegt nun eine solche Richtung entschieden in unserer Natur, so wird mit jedem Schritt unserer Entwickelung ein Teil des ersten Wunsches erfüllt, bei günstigen Umständen auf dem geraden Wege, bei ungünstigen auf einem Umwege, von dem wir immer wieder nach jenem einlenken. (*DuW* 421)

Damit wiederholt der autobiographische Erzähler, dass die Natur über den Lebensweg eines Menschen immer schon entschieden hat, dass der Mensch, wie Herkules am Scheideweg, eigentlich keine oder, nur vorübergehend, eine falsche Entscheidung treffen kann. Der junge Mensch mag sich verzetteln und Dinge am Weg liegenlassen, auf die er, wenn sie von wirklicher Bedeutung für ihn sind, wieder zurückkommen kann. In diesem Sinn schloss sich Goethe, nachdem er als junger Student in Straßburg viel Zeit in Betrachtung und Beschreibung des Münsters verwandte, später dem Projekt von Sulpiz Boisserée an, den Kölner Dom zu vollenden.

Sehen wir nun während unseres Lebensganges dasjenige von Andern geleistet, wozu wir selbst früher einen Beruf[173] fühlten, ihn aber, mit manchem Andern aufgeben mußten; dann tritt das schöne Gefühl ein, daß die Menschheit zusammen erst der wahre Mensch ist, und daß der Einzelne nur froh und glücklich sein kann, wenn er den Mut hat, sich im Ganzen zu fühlen. (*DuW* 422)

Wie die Schönheit des Münsters darin besteht, dass das einzelne Teil vom Ganzen getragen ist und in ihm aufgeht (vgl. *DuW* 418), so kann sich auch der einzelne Mensch im Rückblick auf sein Leben als Teil der ganzen Menschheit im Sinn des Menschseins fühlen. Genau genommen kann es also nach Goethe keine freie Entscheidung geben. Der Mensch folgt – im Idealfall – seiner Bestimmung, d. h. seinen natürlichen Anlagen, so der im Rückblick Räsonnierende. Die Crux besteht indes darin, dass sie sich vielleicht im autobiographischen Rückblick, aber nicht unbedingt dem auf seinem Lebensweg Vorwärtsstrebenden zu erkennen gibt. Gleichwohl oder gerade deshalb sind jene autobiographischen Momente von besonderer Dramatik, in denen sich die ›natürliche Bestimmung‹ zwar artikuliert, die autobiographische Figur sich dieser aber (noch) nicht bewusst ist, sie bestenfalls ahnt, aber unsicher ist, ob dem ›Ruf‹ zu folgen ist.

Urteil und Vergleich

Dass die französische Sprache abzulehnen sei, ist ein »Entschluß« (*DuW* 525), den Goethe und seine Straßburger Freunde fassen, weil in ihrer Wahrnehmung die Franzosen ihre Sprache übertrieben hochhalten und diejenigen schulmeistern, die sie nicht korrekt sprechen. Hinzu kommt ein Gefühl von der Erstarrtheit der französischen Literatur. »Das was ich hier gedrängt und in einigem Zusammenhange vortrage«, schreibt Goethe, »tönte zu jener Zeit, als Ruf des Augenblicks, als ewig zwiespältiger Mißklang, unzusammenhängend und unbelehrend in unseren Ohren. Immer hörte man nur das Lob der Vorfahren. Man forderte etwas Gutes, Neues; aber immer das Neuste wollte man nicht« (*DuW* 530). Was die jungen Leute, die sich mit einer gewissen Enttäuschung über die französische Literatur vermehrt der eigenen Sprache und Literatur zuwenden, suchen, ist die Begründetheit des Urteils: »Wir waren überzeugt, durch

---

173 ›Beruf‹ steht hier nicht zufällig in der alten Bedeutung von ›Berufung‹ im Sinne von ›innerer Bestimmung‹, wobei auch noch die religiöse Bedeutung der göttlichen Berufung (›vocatio‹) mitklingt vgl. »Beruf«, in: *Duden. Herkunftswörterbuch*, 163; *Der digitale Grimm*, Bd. 1, 1531 f.

treues Aufmerken, durch fortgesetzte Beschäftigung lasse sich allen Dingen etwas abgewinnen, und man müsse durch beharrlichen Eifer doch endlich auf einen Punkt gelangen, wo sich mit dem Urteil zugleich der Grund desselben aussprechen lasse« (*DuW* 531). Die Konfrontation zwischen der französischen und der deutschen Sprache und Literatur wird schließlich aufgefangen und abgemildert durch die im Folgenden geschilderte Begegnung mit Shakespeare, dem ›Originalgenie‹ der jungen Stürmer und Dränger.

Wie bereits wiederholt deutlich wurde, ist ›entscheiden‹ bei Goethe eine Kategorie, die nicht zuletzt im Kontext der Ausbildung der ästhetischen Unterscheidungs- und Urteilskraft Bedeutung erlangt.[174] Nach der im 11. Buch von *Dichtung und Wahrheit* beschriebenen turbulenten Trennung von Friederike Brion besucht Goethe 1771 den Antikensaal in Mannheim, der ihn zunächst von den Sesenheimer Erlebnissen ablenkt. Da heißt es: »Auf Laokoon jedoch war meine größte Aufmerksamkeit gerichtet, und ich entschied mir die berühmte Frage, warum er nicht schreie, dadurch, daß ich mir aussprach, er könne nicht schreien« (*DuW* 546). Diese Begründung ist physiologisch gemeint: die Haltung der Laokoon-Figur ist so verdreht, dass er tatsächlich nicht schreien kann. Aus der Perspektive des modernen Sprachgebrauchs stolpert man eher über die Dativkonstruktion, in der das Verb ›entscheiden‹ hier verwendet wird: »entschied mir« ist vermutlich im Sinne von ›entschied für mich‹ parallel zu dem gleich darauf folgenden ›mir aussprach‹ zu verstehen, als ›legte ich mir zurecht‹. Wenn in Bezug auf das ästhetische Urteil der Vergleich die Grundlage eines dem Entscheiden vorausgehenden Unterscheiden darstellt, so postuliert der kunstbeflissene junge Goethe, dass man die deutsche, d. h. die gotische Baukunst »nicht mit der Baukunst der Griechen und Römer vergleichen dürfe, weil sie aus einem ganz anderen Prinzip entsprungen sei« (*DuW* 553). Die Baukunst der Griechen und Römer

---

174 Kants *Kritik der Urteilskraft* hat Goethe wohl kurz nach ihrem Erscheinen 1790 gelesen (vgl. Karl Vorländer, »Goethes Verhältnis zu Kant in seiner historischen Entwicklung«, *Kant-Studien* 1 [1897], 60–99). In der autobiographischen Erzählung geht es ihm aber nicht um den philosophischen Begriff, sondern um die praktische Schwierigkeit des jungen Manns, klare Kunsturteile fällen zu können. In *Dichtung und Wahrheit* wird Kant nur einmal indirekt erwähnt und zwar im Zusammenhang mit dem Genie-Begriff. Im 19. Buch schreibt Goethe: »Es war noch lange hin bis zu der Zeit wo ausgesprochen werden konnte, daß Genie diejenige Kraft des Menschen sei, welche durch Handeln und Tun, Gesetze und Regel gibt, damals manifestierte sichs nur indem es die vorhandenen Gesetze überschritt, die eingeführten Regeln umwarf und sich für grenzenlos erklärte« (*DuW* 823).

geht, so Goethe, aus einem warmen Klima hervor und kann daher durchbrochene Wände gestalten, während das Bauen im Norden massiver Wände bedarf, die mittels Verzierungen Durchbrochenheit simulieren. Goethe vergleicht hier, obwohl er gerade die Legitimität des Vergleichs negiert und damit auch eine Entscheidung für die eine oder die andere Kunst abweist.

Im Bildungsgeschäft werden ältere Berater anerkannt und gewürdigt. Während des sich an die Straßburger Zeit anschließenden erneuten Aufenthalts in Frankfurt – und das sind die Jahre 1771 bis 1775 –, spielt Hieronymus Schlosser, Advokat, Ratsherr und Bürgermeister in Frankfurt, diese Rolle. Einigermaßen ambivalent heißt es von ihm: »Öfters beriet ich mich mit ihm über meinen einzuleitenden Lebens- und Geschäftsgang, und hätten mich nicht hundertfältige Neigungen, Leidenschaften und Zerstreuungen von diesem Wege fortgerissen, er würde mir der sicherste Führer geworden sein« (*DuW* 550) – wurde es aber nicht. Eindeutiger verhält es sich mit Johann Heinrich Merck, Kriegszahlmeister und Kriegsrat, Autor, Übersetzer und Kritiker. Von ihm sagt Goethe, »[d]ieser eigne Mann« habe »auf [s]ein Leben den größten Einfluß gehabt« (ebd.; vgl. 613). Und er charakterisiert ihn folgendermaßen: »Treffend und scharf zu urteilen war ihm gegeben. Man schätzt ihn als einen wackern entschlossenen Geschäftsmann und fertigen Rechner« (*DuW* 551). Die Urteilsfähigkeit des jungen Goethe ist, wie er selbst ausführt, nicht ausgebildet bzw. kann sich noch nicht begründen; umso positiver werden urteilskräftige und entschlossene Männer gewürdigt.

Im 12. Buch berichtet Goethe vom Gießener Kreis um die von Johann Heinrich Merck und Hieronymus Peter Schlosser herausgegebenen *Frankfurter Gelehrten Anzeigen*. Dort diskutiert man Fragen wie »ob […] die Literatur im Auf- oder Absteigen, im Vor- oder Rückschritt begriffen sei? […] ohne daß man gerade die Absicht gehabt hätte, sich darüber entschieden zu verständigen« (*DuW* 596). Goethe selbst verweigert sich auf humoristische Weise einer Entscheidung, indem er mit Hilfe eines Naturgleichnisses die Alternative ad absurdum führt und für einen permanenten, gleichsam natürlichen Wechsel von Auf- und Abschwungstendenzen plädiert. Urteile über Neuerscheinungen werden in dieser literarischen Runde, wie Goethe berichtet, bemerkenswerterweise nicht apodiktisch von einer Person gefällt, sondern gemeinschaftlich formuliert: »Wer das Buch zuerst gelesen hatte, der referierte, manchmal fand sich ein Korreferent; die Angelegenheit ward besprochen, an verwandte angeknüpft, und hatte sich zuletzt ein gewisses Resultat ergeben, so übernahm Einer die Redaktion. Dadurch sind mehrere Rezensionen so tüchtig als lebhaft, so angenehm als befriedigend« (*DuW* 599).

Bestimmt unbestimmt

Immer wieder präsentiert *Dichtung und Wahrheit* Konstellationen, die Entscheiden nicht als *decisio*, d. h. als rationalen und bewussten Einschnitt, darstellen, sondern aus dem Zusammenwirken von Unbestimmtheit und Bestimmtheit, dem Spiel mit Uneindeutigkeit, dem Schwanken zwischen Optionen oder auch der Konfrontation von vermeintlich göttlicher Berufung und Berufspragmatik, reflexive Entscheidensmomente figurieren.

So ›entschließt‹ sich, wie bereits an anderer Stelle ausgeführt,[175] der 23-jährige Goethe »rasch« (*DuW* 568), das Schlittschuhlaufen zu erlernen. Man stutzt, wenn es auf der nächsten Seite heißt: »Mein zaudernder und schwankender Entschluß war zugleich bestimmt« (*DuW* 569). Offensichtlich ist dem ›raschen Entschluss‹ ein Zögern und Schwanken vorausgegangen, das durch das Vorbild Klopstocks sowie das Zitat seiner Oden »Braga« und »Der Eislauf« beendet wird und schließlich zum ›Entschluss‹ führt:

Schon von dem Gefühle der Gesundheit froh,
Hab' ich, weit hinab, weiß an dem Gestade gemacht
Den bedeckenden Krystall.[176]

Wie erhellt des Winters werdender Tag
Sanft den See? Glänzenden Reif, Sternen gleich,
Streute die Nacht über ihn aus![177]
(ebd.)

Der Eisläufer erscheint geradezu als das ganze Leben reflektierende autobiographische Figur, die »den Jüngling seiner Gelenkheit ganz zu genießen aufruft«, ihn »mit der frischesten Kindheit in Berührung setzt« und »ein stockendes Alter abzuwehren geeignet ist« (*DuW* 569; Abb. 11). Der bis in die Nacht hinein der eigenen »Bewegung« folgende Eisläufer wird aber auch zum Bild für den schwebenden[178] Zustand der Latenz, der insofern kreativ ist, als aus ihm heraus neue schöpferische Pläne, im vorliegenden Fall die Beschäftigung mit Götz von Berlichingen, gefasst werden können. Als Gegenbild zum »Beruf«, d. h. zu den anstehenden Aufgaben bürgerlichen Wirkens wird ein malerisches poetisches Bild

---

175 Vgl. S. 126.
176 Vgl. Klopstock, »Braga«, in: ders., *Oden*, in: *Werke* I 1, 280–282, 280 (vv. 19–21).
177 Vgl. Klopstock, »Der Eislauf«, in: ders., *Oden*, *Werke* I 1, 249–251, 250 (vv. 26–28).
178 Unter der Überschrift »Spiegeln und Schweben« fasst Rohde das poetische Prinzip von Goethes nicht auf Linearität setzender autobiographischen Poetik; vgl. Rohde, *Spiegeln und Schweben*, insbes. 352–358.

Abb. 11: Sir Henry Raeburn zugeschrieben,
The Skating Minister (Rev. Robert Walker), 1790er-Jahre.

entworfen, das, kaum entscheidensförmig gedacht, den Prozess künstlerischer Kreativität in gleichmäßig ziehenden Kreisen vor Augen führt. Dabei geht es keineswegs um geniehafte Inspiration, vielmehr befördert die schwebende Bewegung »im Unbestimmten« ein Wiederanknüpfen und die weitere Ausformung früherer Vorhaben:

> Und so wie talentreiche Kinder, deren Geistesgaben schon früh wundersam ausgebildet sind, sich, wenn sie nur dürfen, den einfachsten Knabenspielen wieder zuwenden, vergaßen wir nur allzu leicht unseren Beruf zu ernsteren Dingen; doch regte gerade diese oft einsame Bewegung [des Schlittschuhlaufens], dieses gemächliche Schweben im Unbestimmten, gar manche meiner inneren Bedürfnisse wieder auf, die eine Zeitlang geschlafen hatten, und ich bin solchen Stunden die schnellere Ausbildung älterer Vorsätze schuldig geworden. (*DuW* 570)

Dass aus dem Schwebend-Unbestimmten Bestimmtes hervorgehen möge und dabei nicht im Widerspruch zur Beförderung alter Vorsätze steht, ist zweifellos ein sprechendes Bild für einen im Wortsinn ›gleitenden‹ Entscheidensprozess.

Der Beginn des 13. Buchs zeigt Goethe, der gerade Charlotte hinter sich gelassen hat, wie er im Sommer 1774 »dem Entschluß nach frei, dem Gefühle nach befangen« (*DuW* 605) die Lahn hinunter wandert, auf dem Weg zum Besuch bei Familie Laroche in Koblenz. Die malerische Natur regt in ihm einmal mehr den Wunsch bildkünstlerischer Nachahmung an, aber er ist unsicher hinsichtlich seines Talents. Da lässt er ein Orakel sprechen:

> Zufällig hatte ich ein schönes Taschenmesser in der linken Hand, und in dem Augenblicke trat aus dem tiefen Grunde der Seele gleichsam befehlshaberisch hervor: ich sollte dies Messer ungesäumt in den Fluß schleudern. Sähe ich es hineinfallen, so würde mein künstlerischer Wunsch erfüllt werden; würde aber das Eintauchen des Messers durch die überhängenden Weidenbüsche verdeckt, so sollte ich Wunsch und Bemühung fahren lassen. So schnell als diese Grille in mir aufstieg, war sie auch ausgeführt. Denn ohne auf die Brauchbarkeit des Messers zu sehn, das gar manche Gerätschaften in sich vereinigte, schleuderte ich es mit der Linken, wie ich es hielt, gewaltsam nach dem Flusse hin. Aber auch hier mußte ich die trügliche Zweideutigkeit der Orakel, über die man sich im Altertum so bitter beklagt, erfahren. Des Messers Eintauchen in den Fluß ward mir durch die letzten Weidenzweige verborgen, aber das dem Sturz entgegenwirkende Wasser sprang wie eine starke Fontaine in die Höhe, und war mir vollkommen sichtbar. Ich legte diese Erscheinung nicht zu meinen Gunsten aus, und der durch sie in mir erregte Zweifel war in der Folge Schuld, daß ich diese Übungen unterbrochner und fahrlässiger anstellte, und dadurch selbst Anlaß gab, daß die Deutung des Orakels sich erfüllte. (*DuW* 605 f.)

Auch dieses Bild ist in entscheidenstechnischer Hinsicht aufschlussreich: Zu entscheiden, ob man eine Begabung hat oder nicht bzw., ob sie ausreicht, um zum Erfolg zu führen, ist in der Tat schwierig. Der Impuls, ein Orakel zu befragen, kommt im vorliegenden Fall, so will es jedenfalls der autobiographische Bericht, nicht von außen, sondern »aus dem tiefen Grunde der Seele«. Und dass das Orakel die Entscheidung, die dem Ich selbst nicht möglich ist, ebenfalls nicht treffen kann, entspricht einer immanenten Systemlogik und verschiebt das Problem der Entscheidung nur, denn das Ich hat nun zu entscheiden, wie es das Ergebnis des Orakels deuten soll. Goethe hat das Eintauchen des Messers in das Wasser gesehen und zugleich nicht gesehen; d.h. er hat nur die Folgen des Eintauchens gesehen, nicht dieses selbst. Dass er »diese Erscheinung nicht zu [s]einen Gunsten auslegt«, ist eine Entscheidung, die genauso gut hätte anders ausfallen können. Er hätte sich entscheiden können, gesehen zu haben, wie das Messer in das Wasser gefallen ist. Die Entscheidung jedoch, das Eintauchen des Messers ins Wasser zum ausschlaggebenden Kriterium zu machen, erscheint nicht motiviert. Sie erscheint nur dann motiviert, wenn man davon ausgeht, dass der sein Orakel Befragende seine Sache skeptisch genau nimmt und sich daher streng an den Wortlaut der formulierten Alternative »Sähe ich es hineinfallen« hält. Möglich wäre aber auch die Deutung, dass der Messerwerfer doch eine Intuition hat, also genau spürt, ohne es bereits zu wissen, dass seine wahre Begabung nicht bei der bildenden Kunst liegt. Wie auch immer: Die negative Lesart des Orakels hat eine konkrete Auswirkung auf das Leben des autobiographischen Ichs: Da die künstlerische Begabung nach wie vor ungewiss ist, nimmt es Goethe mit Übung und Disziplin nicht so genau und trägt damit im Sinn einer *self fulfilling prophecy* zur Bekräftigung des Orakelspruchs bei, der sich somit im Nachhinein als richtig erweist. Was die autobiographische Figur vielleicht immer schon intuitiv gewusst hat, ohne es mit Bewusstsein zu wissen, externalisiert sich in der Messer-Episode zum sprechenden, wenngleich ambivalenten Bild.[179]

Hinsichtlich Beruf und Bildung erscheint Lavater, den Goethe in der Nach-Straßburger-Zeit in Frankfurt persönlich kennenlernt, als mustergültiges Exempel: »Überhaupt gehörte er zu den wenigen glücklichen Menschen, deren äußerer Beruf mit dem innern vollkommen übereinstimmt, und deren früheste Bildung, stetig zusammenhängend mit der spätern, ihre Fähigkeiten naturgemäß entwickelt« (*DuW* 661). Goethe dagegen schwankt immer wieder zwischen bildender Kunst und Literatur, wiewohl er doch »[d]as Unzulängliche [seines] Abbildens« immer wieder spürt, und konstatiert, dass ihm »Sprache und Rhythmus […] besser zu Gebote standen« (*DuW* 697). Dass das Bildmuster ›Herkules am Scheideweg‹ im 18. Jahrhundert noch präsent war und als Folie für berufliches Schwanken verwendet wurde, zeigt exemplarisch das Gemälde der spä-

---

179 Wie die Loskugel und das Bücherstechen kann auch das Messer als ambivalentes kulturelles Medium des Entscheidens gefasst werden. Es stellt eine Postfiguration des in Entscheidenskontexten im Sinne des Dezisionismus ›einschneidenden Schwerts‹ dar (vgl. S. 36, 90). Scheinen die geworfenen, gezogenen und sonstwie aktivierten Objekte einem vormodernen Entscheidensparadigma anzugehören, das auf die Entscheidung übergeordneter Mächte zu hören gewillt ist, so handelt es sich im modernen Kontext um ein Spiel mit dem Zufall. Indessen ist auch zu sehen, dass die Delegation der Entscheidungsmacht an äußere Medien auch vorausweist auf den Einsatz technischer Dispositive, die dem Menschen das Entscheiden abnehmen sollen.

Sich/Für sich entscheiden. Goethe

Abb. 12: Angelika Kauffmann (1741–1807),
Self-portrait hesitating between the Arts of Music and Painting, 1791.

teren römischen Freundin Angelika Kauffmann aus dem Jahr 1791, das
sie zwischen Musik und Bildender Kunst darstellt. Noch hält die Musik
sie an der Hand; auch körperlich ist die Protagonistin noch näher bei der
Musik. Und auch wenn die Gesichter der Künstlerin und der Musik einander zugewandt sind, so sprechen die Blicke doch von einem Abschied-
nehmen und auch die Körperhaltung der weiß gekleideten Entscheidensfigur folgt dem ausgestreckten Zeigefinger der Malerei (Abb. 12).

Dass Berufs- und Partnerwahl als in Verbindung stehend gesehen werden, zeigt sich nicht nur an Goethes eigener Entscheidensbiographie, sondern auch am Beispiel von Heinrich Jung-Stilling, der sich mit der Durch-
führung von Star-Operationen einen Namen gemacht hat und Anfang
1775 eine Zeitlang im Frankfurter Elternhaus Goethes Quartier nimmt.
Unglücklicherweise missglückt die Operation an Friedrich Maximilian
von Lersner, dem dänischen Gesandtschaftssekretär, so dass dieser aufgrund des Eingriffs sein Augenlicht verliert. Das ist dramatisch und Goethe schreibt dazu: »wir spielten das unerfreuliche Drama Hiobs von Anfang bis zu Ende durch« (*DuW* 744). Jung-Stilling macht sich Vorwürfe,
dass er ohne professionelle Ausbildung praktiziert hat, weil er davon aus-
ging, dass er einen »göttlichen Beruf zu diesem Geschäft« habe. Zwar verständigt man sich darauf, »daß Gottes Ratschlüsse unerforschlich seien«
(*DuW* 745), doch stellt sich für Jung-Stilling neben allen anderen Begleit-

umständen des Falls das Problem, dass seine Schwiegereltern, die für seine Schulden aufgekommen sind, zu der Meinung gelangen könnten, sich »in der Wahl eines Lebensgefährten für ihre Tochter vergriffen zu haben« (*DuW* 746 f.). In Jung-Stilling stehen sich die Paradigmatik einer unbestimmten göttlichen Berufung[180] und die bestimmte Pragmatik einer regelgerechten Berufsausbildung sowie der mit dem Beruf verbundenen bürgerlichen Stellung wie ein Memento spannungsvoll gegenüber.

Der neue Herkules

Im 15. Buch von *Dichtung und Wahrheit* ist erstmals von Weimar, dem Flucht- und Zielpunkt von Goethes Lebensweg, die Rede. Am 11. Dezember 1774 erhält der fünfundzwanzigjährige Goethe in Frankfurt Besuch von dem Schriftsteller und Übersetzer Karl Ludwig von Knebel, der als Erzieher des Prinzen Constantin am Hof von Sachsen-Weimar tätig ist. Dieser teilt ihm nach einem kundigen Gespräch über Literatur mit, dass die Weimarer Prinzen auf der Durchreise durch Frankfurt kämen und ihn, Goethe, kennenzulernen wünschten. Da Goethe bislang nur Positives über den kunstfreundlichen Weimarer Hof gehört hat, gibt es kein Säumen. Man begibt sich sofort zur fürstlichen Gesellschaft und Goethe berichtet, dass »ein Zufall« (*DuW* 699) ihn in das beste Licht setzte: Auf dem Tisch liegt ein unaufgeschnittenes Exemplar von Justus Mösers *Patriotischen Phantasien*, die Goethe bereits gelesen hat und über die er sich sachkundig äußern kann. Er findet ein sehr offenes Ohr bei dem Erbprinzen Carl August, »der den besten Willen und den festen Vorsatz hatte, an seiner Stelle entschieden Gutes zu wirken« (*DuW* 700). Das Gespräch geht über Staatsrechtliches, Regierungsform und Religion und Goethe macht einen positiven Eindruck:

> Denn anstatt daß ich diejenigen Arbeiten, die ich selbst zu liefern vermochte, zum Gegenstand des Gesprächs gemacht, für das Schauspiel, für den Roman eine ungeteilte Aufmerksamkeit gefordert hätte; so schien ich vielmehr in Mösern solche Schriftsteller vorzuziehen, deren Talent aus dem tätigen Leben ausging und in dasselbe unmittelbar nützlich sogleich wieder zurückkehrte, während eigentlich poetische Arbeiten, die über dem Sittlichen und Sinnlichen schweben, erst durch einen Umschweif und gleichsam nur zufällig nützen können. (*DuW* 701)

---

180 Zu Jung-Stilling und seiner Vorstellung der göttlichen Führung vgl. auch Wetters, »Biographical Demons«, 80–84.

Also: Bescheidenheit zahlt sich aus! Da die Zeit kurz ist und die Prinzen weiterzureisen genötigt sind, muss Goethe versprechen, ihnen nach Mainz zu folgen, um dort mit den fürstlichen Herrschaften einige Tage zuzubringen. Dies ist nun ganz und gar nicht nach dem Sinn von Goethes Vater, der, wie Goethe berichtet, »nach seinen reichsbürgerlichen Gesinnungen [...] sich jederzeit von den Großen entfernt gehalten« (*DuW* 701) hatte. Und er erzählt von einer Gepflogenheit im väterlichen Haus, derzufolge mit Sinnsprüchen aus alten Schriften und Chroniken eine Art Streitgespräch über das Für und Wider des Lebens am Hof geführt wurde nach dem Motto:

A.
Lang bei Hofe, lang bei Höll!

B.
Dort wärmt sich mancher gute Gesell!

A.
So wie ich bin, bin ich mein eigen;
Mir soll Niemand eine Gunst erzeigen.

B.
Was willst du dich der Gunst denn schämen?
Willst du sie geben, mußt du sie nehmen.

(Weitere Beispiele folgen; *DuW* 702)

Diesen Wettstreit in Sinnsprüchen, der nach dem Wunsch von Goethe senior »geistreich und witzig« (*DuW* 701) geführt werden soll und bei dem Johann Caspar Goethe den Part A., der Rest der Familie offenbar die Widerrede B. übernimmt, wird ausführlich über knapp zwei Seiten hinweg dokumentiert, wobei der autobiographische Erzähler zu erkennen gibt, dass er »die vorstehenden Reime« »aus alten Denkblättchen« (*DuW* 704) zusammensucht. Er modelliert die Streitsituation im Rückblick und berichtet, dass Vater Goethe seinen stärksten Trumpf bis zum Schluss der Auseinandersetzung zurückhielt, indem er nämlich auf das Unglück Voltaires verwies, der am Hof Friedrichs II. in Ungnade gefallen war. Behält der Vater im rhetorischen Streit die Oberhand – »wir gaben uns aus kindlicher Achtung jedesmal gefangen« (ebd.) – wird es nun, wo eine reale Entscheidung ansteht, ernst. Johann Caspar Goethe wird zum Verschwörungstheoretiker und argwöhnt, sein Sohn solle von den Weimarern in eine Falle gelockt werden, um sich an ihm für seine satirische Schrift *Götter, Helden und Wieland* zu rächen, in der er sich über den seit 1772 als Erzieher Carl Augusts tätigen Wieland lustig gemacht hatte.[181]

181 Vgl. dazu auch S. 47 f.

Das glaubt Goethe selbst zwar nicht, möchte aber als einigermaßen gehorsamer Sohn nicht gegen den Willen seines Vaters handeln. Da er jedoch den weimarischen Prinzen versprochen hat, ihnen nach Mainz zu folgen, hat er jetzt ein ernthaftes Problem, das unter Hinzuziehung vermittelnder Ratgeberinnen gelöst wird. Die eine ist die Mutter und die andere seine spirituelle Freundin von Klettenberg.

> An ihr und meiner Mutter hatte ich zwei vortreffliche Begleiterinnen; ich nannte sie nur immer *Rat* und *Tat*: denn wenn jene einen heitern ja seligen Blick über die irdischen Dinge warf, so entwirrte sich vor ihr gar leicht was uns andere Erdenkinder verwirrte, und sie wußte den rechten Weg gewöhnlich anzudeuten, eben weil sie ins Labyrinth von oben herabsah und nicht selbst darin befangen war; hatte man sich aber entschieden, so konnte man sich auf die Bereitwilligkeit und auf die Tatkraft meiner Mutter verlassen. Wie jener das Schauen, so kam dieser der Glaube zu Hülfe, und weil sie in allen Fällen ihre Heiterkeit behielt, fehlte es ihr auch niemals an Hülfsmitteln, das Vorgesetzte oder Gewünschte zu bewerkstelligen. Gegenwärtig wurde sie nun an die kranke Freundin abgesendet, um deren Gutachten einzuholen, und da dieses für meine Seite günstig ausfiel, sodann ersucht, die Einwilligung des Vaters zu erlangen, der denn auch, obgleich ungläubig und ungern, nachgab. (*DuW* 705)

Die zitierte Passage ist symptomatisch für Entscheidensprozesse, wie sie in *Dichtung und Wahrheit* dargestellt werden. Hat Goethe im vorliegenden konkreten Fall bereits mit seinem Versprechen nach Mainz zu kommen entschieden, ist in der allgemeiner gehaltenen Ausführung des Zitats die Entscheidung ebenfalls bereits gefallen (»hatte man sich aber entschieden«). Der Prozess des Entscheidens hat aber ein Vorher und ein Nachher: Es bedarf des Rats vertrauter Personen, um zu einer Entscheidung zu gelangen, und es werden Personen benötigt, die bei der Vermittlung sowie der Umsetzung des Entschiedenen tatkräftig helfen – zumal wenn es um die Entscheidung eines Fünfundzwanzigjährigen gegen die Wünsche väterlicher *potestas* geht. Der *Rat* des Fräulein von Klettenberg, zu dessen Personifikation die zitierte Textstelle sie erhebt, ist hilfreich, weil sie von außen – in sozialwissenschaftlicher Diktion sozusagen etisch – auf den als Weg imaginierten Lebensgang des Protagonisten blickt, während die Mutter als Verkörperung der *Tat* gleichsam emisch aktiv wird.

Das satirische Dramolett *Götter, Helden und Wieland* war 1773 entstanden und von Lenz gegen Goethes Willen veröffentlicht worden.[182]

---

182 Vgl. *DuW* 1253 (Kommentar).

Wiederholt spricht Goethe in *Dichtung und Wahrheit* von der »Lust [...], die über jene Gesellschaft gekommen war, alles was im Leben einigermaßen bedeutendes vorging, zu *dramatisieren*« (*DuW* 646; vgl. auch 642 f.). Auch im Zusammenhang mit der Entstehung von *Götter, Helden und Wieland* ist die Rede von der »gewöhnliche[n] Wut alles zu dramatisieren« (*DuW* 706). Im Gespräch mit den Fürsten in Mainz kommt die Rede auf das in jugendlichem Übermut verfasste Dramolett und Goethe kann offen berichten, wie es zu diesem frechen kleinen Werk kam. Dabei ist das, was die fürstlichen Gastgeber zu hören bekommen, identisch mit dem, was im autobiographischen Rückblick von *Dichtung und Wahrheit* mitgeteilt wird. Der autobiographische Erzähler erzählt seinen Leserinnen und Lesern eben das, und mit den gleichen Worten, was die autobiographische Figur den Weimarer Prinzen berichtet. Es handelt sich um dieselbe Erzählung, die zwei Zeitperspektiven, *narration* und *histoire* nach Genette, zusammenfasst. Goethe erzählt (und die Erzählung nimmt hier Konfessionscharakter an), wie sich die jungen Frankfurter Verehrer Shakespeares über den gleichfalls verehrten Wieland geärgert hatten, der »bei der entschiedenen Eigenheit sich und seinen Lesern das Interesse zu verderben und den Enthusiasmus zu verkümmern, in den Noten zu seiner Übersetzung gar manches an dem großen Autor getadelt, und zwar auf eine Weise, die uns äußerst verdroß und in unsern Augen das Verdienst dieser Arbeit schmälerte« (ebd.). Da, so der Bericht, wandelt es Goethe »eines Sonntags Nachmittags« an und »mit einer Flasche guten Burgunders« schreibt er das ganze Stück nieder. Sein Geständnis wird mit Heiterkeit aufgenommen, aber man veranlasst ihn, Wieland einen freundlichen Brief zu schreiben (vgl. *DuW* 707).

Götter, Helden und Wieland ist eine »Posse« (ebd.), in der Goethe einen Sturm und Drang-Herkules gegen den empfindsamen Herkules aus Wielands Feder ins Feld schickt. Wieland hatte 1773 ein »lyrisches Drama« mit dem Titel *Die Wahl des Herkules* zum 17. Geburtstag Carl Augusts verfasst und zur Aufführung gebracht. Das Motiv ›Herkules am Scheideweg‹ spielte, wie bereits herausgestellt,[183] als Exempel in der Fürstenerziehung eine wichtige Rolle, insofern als der Halbgott Herkules, der sich am Scheideweg für die Tugend entschieden hatte, zum europäischen Vorbild des tugendhaften Fürsten wurde. Aus diesem Grund ließ sich etwa auch der Landgraf Karl von Hessen-Kassel eine monumentale Herkules-Statue in seinem Bergpark Wilhelmshöhe errichten (Abb. 13).

---

183 Vgl. S. 38.

Im Unterschied zu älteren Verarbeitungen des Motivs,[184] in denen Herkules' Entscheidung für die Tugend immer schon feststeht, macht es sich der Wieland'sche Herkules nicht einfach. Er zögert lange, ist zwischen den erbittert streitenden Damen Arete und Kakia hin- und hergerissen und stellt wiederholt die verzweifelte Frage, ob »nicht für beide Raum«[185] in seiner Seele bzw. seinem Herzen sein könne. Doch schließlich obsiegt auch hier, gemäß der Tradition, Arete, die Personifikation der Tugend. So endet das Dramolett mit einem einträchtigen, von Herkules und Arete gemeinsam gesungenen Duett:

HERKULES.
　Dich hab' ich mir auf ewig
　Zur Göttin auserkohren,
　Dir weih' ich meine Jugend!

ARETE.
　Du bist dazu geboren,
　Alcid, der Held der Tugend
　Der Menschen Stolz zu seyn.

BEIDE.
　Dich hab' ich mir erkohren
　Du bist/Ich bin dazu geboren
　Den Göttern gleich/Auf ewig dein zu sein.[186]

Gegen diese Entscheidung erhebt Goethe mit seinem Dramolett Einspruch, indem sich sein Herkules der Wahl verweigert. Er macht sich über das traditionelle und seiner Meinung nach allzu brave, sich von Prodikos' Fabel herschreibende Herkules-Bild Wielands lustig. Wie schon von Wielands Herkules erwogen, weigert sich der Goethe'sche, zwischen ›Tugend‹ und ›Laster‹ im Wieland'schen Sinn zu wählen. Dem im Stück *in persona* auftretenden Wieland hält er forsch entgegen – und in diesem Zusammenhang sei die Stelle nochmals zitiert:

HERK.　Dadurch wird eben alles so halb bei euch daß ihr euch Tugend und Laster als zwei Extrema vorstellt zwischen denen ihr schwankt. Anstatt euern Mittelzustand als den positiven anzusehn, und den besten, wies eure Bauern und Knechte und Mägde noch tun.
　[…]

184　Vgl. dazu Wagner-Egelhaaf, »Herkules – (k)ein Entscheider«.
185　Wieland, »Die Wahl des Herkules«, 178.
186　Ebd., 186. Alcide ist ein Beinahme des Herkules, der an seine Abkunft von Alkaios, dem Vater seiner Mutter Alkmene erinnert.

Abb. 13: Herkules-Statue im Bergpark Wilhelmshöhe in Kassel, 1701–1717.

Will dir das nicht in Kopf. Aber des Prodikus Herkules, das ist dein Mann. Eines Schulmeisters Herkules. Ein unbärtiger Sylvio[187] am Scheideweg. Wären mir die Weiber begegnet, siehst du eine unter den Arm, eine unter den, und alle beide hätten mit fortgemußt.[188]

Goethes Herkules, ein Mann der Tat,[189] reißt also das vorgegebene Entscheidenssetting ein, indem er sich der Wahl verweigert und ganz ähnlich wie in den religiösen Entscheidenskonstellationen einen eigenen Weg beschreitet. Im vorliegenden Fall ist das ein Weg der Mitte, der aber nichts Verbindliches hat, sondern die Alternativen gewaltsam auflöst. Die von Goethe erwähnte »Lust«, ja gar die »Wut« zu dramatisieren findet nicht

187 Hierbei handelt es sich um eine Anspielung auf Wielands 1764 erschienenen satirischen, stilistisch dem Rokoko verhafteten Roman *Der Sieg der Natur über die Schwärmerey, oder die Abentheuer des Don Sylvio von Rosalva. Eine Geschichte worinn alles Wunderbare natürlich zugeht.*
188 FA 4, 436; vgl. 435.
189 Vgl. S. 42.

zufällig im entscheidenmächtigen Herkules ihr Bild. Das dramatische Setting profiliert die Dramatik des Entscheidens, die im Herkules-Dramolett dadurch auf die Spitze getrieben wird, dass hier einer gewaltsam entscheidet, sich nicht zu entscheiden![190] Mit Benjamin gelesen entschließt sich Herkules, sich nicht auf das »Nichts der [vorgegebenen] Wahl« einzulassen, sondern stattdessen die »chimärische Freiheit« der Wahl hinter sich zu lassen und im emphatischen Sinne zu »entscheiden« – im vorliegenden Fall bedeutet dies, geniehaft Regeln und Gesetze umzuwerfen und gegebenenfalls neue, eigene Gesetze und Regeln zu etablieren.[191]

Dass ausgerechnet ein literarisches Werk, in dem Goethe den Topos von Herkules am Scheideweg aufgreift und ihn in seinem jugendlichen Sturm-und-Drang-Sinn umfunktioniert, zu einem kritischen Moment in Goethes sich anbahnender Beziehung zum Weimarer Hof wird, macht deutlich, in welcher Weise Mythen des Entscheidens[192] nicht nur als reflexive Matrix für Goethes eigene Lebensführung dienen, sondern auch lebenslaufwirksame Handlungsimpulse mit sich führen.

Der Widerstand von Goethes Vater gegen die neuen Hof-Verbindungen seines Sohns bleibt ungebrochen (vgl. *DuW* 708). Goethe berichtet, dass sich »der mäßige Lebensplan, den sich [s]ein Vater für [ihn] ausgedacht hatte, Schritt für Schritt verrückt, verschoben und von einem Tag zum andern wider Erwarten umgestaltet« wurde (vgl. *DuW* 717). Die Berufsperspektiven in Frankfurt werden ausgelotet: Da Goethes Großvater Johann Wolfgang Textor seit 1747 Stadtschultheiß und sein Onkel Johann Jost Textor Schöffe sind, kann Goethe selbst nicht Ratsmitglied werden, aber es »gab […] doch noch manche bürgerliche Stellen, an die man Anspruch machen, sich einstweilen festsetzen und die Zukunft erwarten konnte. Manche Agentschaften gaben zu tun genug, und ehrenvoll waren die Residenten-Stellen«[193] (ebd.). Freilich äußert Goethe auch bereits Zweifel, ob er sich zu einer solchen Tätigkeit eigne. Zunehmend entdeckt er seine ›natürliche‹ Dichtungsgabe. Diese ist so natürlich und geradezu

---

190 Die Gewaltförmigkeit von Herkules' Entscheidung ließe sich mit Derrida begründen, der schreibt: »Weil sie sich definitionsgemäß auf nichts anderes stützen können als auf sich selbst, sind der Ursprung der Autorität, die (Be)gründung oder der Grund, die Setzung des Gesetzes in sich selbst eine grund-lose Gewalt(tat)« (Derrida, *Gesetzeskraft*, 29).

191 Vgl. Benjamin, »Goethes Wahlverwandtschaften«, 170f., sowie diese Studie S. 110.

192 Vgl. dazu den Band *Mythen und Narrative des Entscheidens*, hrsg. v. Wagner-Egelhaaf/Quas/Basu.

193 »Agentschaften« und »Residenten-Stellen« sind Positionen als Bevollmächtigte von auswärtigen Fürsten (vgl. *DuW* 1257 [Kommentar]).

›nachtwandlerisch‹, dass er immer noch Skrupel hat und ›zaudert‹, seine Gedichte drucken zu lassen und sie »gegen Geld umzutauschen« (*DuW* 733). Zwar bringt »die Natur [...] größere und kleinere Werke unaufgefordert in [ihm] hervor[]« (*DuW* 734), aber sie legt auch Pausen ein und Goethe überlegt sich nun, ob er die unkreativen Zeiten nicht »den Weltgeschäften widmen und dergestalt nichts von [s]einen Kräften ungebraucht lassen sollte?« (*DuW* 734 f.). Damit scheint sich auf den ersten Blick eine Scheideweg-Konstellation aufzutun mit den Wegoptionen des Dichterberufs und eben der ›Weltgeschäfte‹, die nach Weimar weisen. Doch sieht Goethe dies gar nicht als Alternativen. Wie sich sein Herkules in *Götter, Helden und Wieland* beide Frauen schnappt, gedenkt auch Goethe den Beruf des Dichters mit einer den Weltgeschäften dienenden beruflichen Tätigkeit zu verbinden, so »daß [er] den Entschluß faßte auf diese Weise zu handeln und [s]ein bisheriges Schwanken und Zaudern dadurch zu bestimmen« (*DuW* 735). Ein spontaner Löscheinsatz bei einem Brand in der Frankfurter Judengasse Ende Mai 1774, bei dem er kurzentschlossen und umsichtig die Löschkräfte organisiert, sowie negative Vorbilder wie dasjenige Jung-Stillings, der alle Zufälle und Begegnungen seines Lebens auf Gottes Wirken zurückführt, bestärken den Entschluss. Die »gewisse Unentschlossenheit« (*DuW* 742), die er dem Menschen generell zuspricht, sieht er nun in dem ihm eigenen »Leichtsinn im Handeln [...] hervortretend aus einem glücklichen Selbstgefühl« (*DuW* 737) umgelenkt. ›Leichtsinn‹ bedeutet dabei nicht primär ›verantwortungsloses Handeln‹, sondern zunächst lediglich »*nicht überlegender, nicht erwägender sinn*«.[194]

Dass das tradierte Entscheidensbild ›Herkules am Scheideweg‹ unter Goethes Feder geradezu zum Bild des Nicht-Entscheidens wird oder vielmehr aus dem Entscheidensdilemma den Impuls zum Finden einer ganz neuen, eigenen Lösung gewinnt, ist symptomatisch genug. Die Verbindung von Gegensätzen, die scheinbar unvereinbare Alternativen auflöst, ist auch eine produktive, gleichsam metareflexiv agierende Vermittlung, die freilich – dies setzt Goethes jugendliche Farce ins Bild – des aggressiven Entschlussmoments bedarf.[195]

---

194 *Der digitale Grimm*, Bd. 12, 651. Vgl. auch Goethes Formulierung im Zusammenhang seiner Schuldgefühle Friederike gegenüber: Von »einem werdenden Manne [...] erwartet man schon eine gewisse Übersicht seines Zustandes, und ein entschiedener Leichtsinn will ihn nicht kleiden« (*DuW* 543). Hier spielt freilich stärker die Konnotation der Verantwortungslosigkeit mit.

195 Ich danke Jane K. Brown für den Impuls zum produktiven Weiterdenken dieser Entscheidenskonstellation.

Momentum daimonicum

Zwar kommt es in der Frankfurter Zeit zu einer Zusammenarbeit zwischen Vater und Sohn Goethe in Advokaten-Geschäften, die »sich sowohl auf Rechtsangelegenheiten, als auf mancherlei Aufträge Bestellungen und Speditionen« (*DuW* 755) beziehen, aber Goethe bemerkt, dass der Vater »[s]ein [des Sohnes] Talent höher schätzte als [s]eine Praxis und deswegen alles tat um [ihm] Zeit genug zu [s]einen Studien und Arbeiten der Art zu lassen« (ebd.). »[S]eine kleine Kanzlei« betreibt Johann Caspar Goethe zunehmend mit einem »gewandte[n] Schreiber« (*DuW* 833) und setzt immer weniger auf die Mitwirkung des Sohnes, dessen poetisches Talent er aber um so stärker zu fördern bestrebt ist. Das ist nun offenbar der modifizierte Lebensplan, den Johann Caspar Goethe für den Sohn entworfen hat: ein wenig gemeinsame Juristerei und ansonsten wird aus dem Sohn ein berühmter Dichter.

Auf der im Mai/Juni 1775 mit den Brüdern Stollberg unternommenen Reise in die Schweiz trifft Goethe in Darmstadt den Herzog von Sachsen-Weimar mit seiner Braut, der Prinzessin Louise von Hessen-Darmstadt, wieder. Die fürstlichen Herrschaften wiederholen die Einladung nach Weimar und quittieren Goethes Beschreibung der neuesten *Faust*-Szenen »mit entschiedenem Beifall« (*DuW* 789). Die Scheidewegszene auf dem St. Gotthard, deren alternative Wege nach Italien und nach Frankfurt weisen und die im Kapitel »Scheidewege« (S. 187–219) nochmals ausführlicher beleuchtet wird, verdankt die Option für Frankfurt nicht nur Lili, von der die Trennung ja bereits mehr oder weniger entschieden, wenngleich emotional noch nicht bewältigt ist. Da Goethe nach der Rückkehr Lili in Frankfurt aus dem Weg gehen muss, scheint der Weg nach Weimar vorprogrammiert. Hinter den »freundlichen einheimischen Aussichten« (*DuW* 811), die Goethe auf dem St. Gotthard nach Frankfurt zurücklocken, steht wohl auch schon der Impuls für die Wendung nach Weimar. Die Entscheidung für Weimar, von der Müller schreibt, dass sie »nicht planvoll« erfolgte, sondern »im Zusammenhang mit verschiedenen anderen Lebensperspektiven« stand, wobei das »bestimmende Moment [...] die Notwendigkeit der endgültigen Trennung von Lili und damit die Entfernung aus Frankfurt«[196] sei, bereitet der autobiographische Erzähler geschickt dadurch vor, dass er zu Beginn des 20. Buchs von seiner Bekanntschaft mit dem Zeichner Georg Melchior Kraus berichtet. Dieser, in Frankfurt geboren und in Weimar tätig, zeigt Goethe bei einem Besuch in der Heimatstadt seine Werke mit Weimarer Motiven und berichtet

---

196 *DuW* 1290 (Kommentar).

vom künstlerisch-geselligen Leben am Hof in Weimar, so dass sich Goethe der Eindruck eines dort herrschenden »frisch tätige[n] literarische[n] und Künstlerleben[s]« (*DuW* 838) vermittelt. Die Bilder und der Maler Kraus selbst werden in der autobiographischen Retrospektive gewissermaßen zu Medien des Entscheidens, indem sie, zumindest in der retrospektiven Darstellung, die Entscheidung für Weimar befördern.[197]

Gegen Ende des 20. Buchs von *Dichtung und Wahrheit* fasst Goethe seinen bisherigen Lebensgang unter einem Begriff zusammen, welcher der Goethe-Forschung einiges Kopfzerbrechen bereitet hat und der einigermaßen enigmatisch geblieben ist: das ›Dämonische‹. Die im Verlauf der Selbstbiographie geschilderte religiöse Entwicklung[198] scheint im Rückblick geradezu zwangsläufig auf den ›Beruf‹ des Dichters hinauszulaufen:

Man hat im Verlaufe dieses biographischen Vortrags umständlich gesehn, wie das Kind, der Knabe, der Jüngling sich auf verschiedenen Wegen dem Übersinnlichen zu nähern gesucht, erst mit Neigung nach einer natürlichen Religion hingeblickt, dann mit Liebe sich an eine positive festgeschlossen, ferner durch Zusammenziehung in sich selbst seine eignen Kräfte versucht und sich endlich dem allgemeinen Glauben freudig hingegeben. Als er in den Zwischenräumen dieser Regionen hin und wider wanderte, suchte, sich umsah, begegnete ihm manches was zu keiner von allen gehören mochte, und er glaubte mehr und mehr einzusehn, daß es besser sei den Gedanken von dem Ungeheuren, Unfaßlichen abzuwenden. Er glaubte in der Natur, der belebten und unbelebten, der beseelten und unbeseelten etwas zu entdecken, das sich nur in Widersprüchen manifestierte und deshalb unter keinen Begriff noch viel weniger unter ein Wort gefaßt werden könnte. Es war nicht göttlich, denn es schien unvernünftig, nicht menschlich, denn es hatte keinen Verstand, nicht teuflisch, denn es war wohltätig, nicht englisch, denn es ließ oft Schadenfreude merken. Es glich dem Zufall, denn es bewies keine Folge, es ähnelte der Vorsehung, denn es deutete auf Zusammenhang. Alles was uns begrenzt schien für dasselbe durchdringbar, es schien mit den notwendigen Elementen unsres Daseins willkürlich zu schalten, es zog die Zeit zusammen und dehnte den Raum aus. Nur im Unmöglichen schien es sich zu gefallen und das Mögliche mit Verachtung von sich zu stoßen. Dieses Wesen, das zwi-

---

197 Dass Medien der Beratung und Medien der Entscheidung nicht voneinander zu trennen sind, heben Tobias Conradi, Florian Hoof und Rolf F. Nohr hervor; vgl. dies., »Medien der Entscheidung – Einleitung«, in: *Medien der Entscheidung*, hrsg. von dens., Münster: Lit Verlag, 2016, 7–22, 16.

198 Vgl. das Kapitel »Gott und/oder die Welt«, S. 92–103.

schen alle übrigen hineinzutreten, sie zu sondern, sie zu verbinden schien, nannte ich dämonisch nach dem Beispiel der Alten und derer die etwas Ähnliches gewahrt hatten. Ich suchte mich vor diesem furchtbaren Wesen zu retten, indem ich mich, nach meiner Gewohnheit, hinter ein Bild flüchtete. (*DuW* 839 f.)

Dieses Bild ist der Graf Egmont, der Protagonist des Stücks, an dem Goethe zu arbeiten begonnen hat und auf dessen Fertigstellung insbesondere Vater Goethe drängt (vgl. *DuW* 834). Goethe lässt seinen religiösen Bildungsgang, der ihn bereits zum Bild des Prometheus geführt hat, nochmals in die Dichtung, das dichterische Bild, münden.

Das Dämonische stehe »wie ein unabgeschliffener Monolith« in der »Ebene« von *Dichtung und Wahrheit*, schreibt Benjamin im *Wahlverwandtschaften*-Aufsatz.[199] Die Metapher des unabgeschliffenen Monoliths bezeichnet etwas befremdlich ein in den Text von *Dichtung und Wahrheit* Hineinragendes, das sich nicht ohne Weiteres interpretieren und der Bildungsgeschichte von *Dichtung und Wahrheit* integrieren lässt. Die Goethe-Forschung hat darauf aufmerksam gemacht, dass bei Goethe zwischen den Begriffen ›Dämonen‹, ›Dämonisches‹ und ›Dämon‹ unterschieden werden muss, insofern als er mit ihnen »drei ganz verschiedene Wortwelten beschwört, die sich allerdings oftmals miteinander berühren, aber niemals eine begriffliche Einheit darstellen.«[200] Man hätte vielleicht eher erwartet, dass nun am Ende von *Dichtung und Wahrheit* der Dämon aus Goethes »Urworte orphisch« aufgerufen wird, der, wie Goethe erläutert, für »die nothwendige, bey der Geburt unmittelbar ausgesprochene, begränzte Individualität der Person, das Charakteristische wodurch sich der Einzelne von jedem andern, bey noch so großer Aehnlichkeit unterscheidet« steht.[201] Die erste Stanze von »Urworte orphisch« lautet:

ΔΑΙΜΩΝ, Dämon.
Wie an dem Tag der Dich der Welt verliehen
Die Sonne stand zum Gruße der Planeten,
Bist alsobald und fort und fort gediehen

---

199 Benjamins, »Goethes Wahlverwandtschaften«, 149.
200 Friedrich Hiebel, *Goethe. Die Erhöhung des Menschen – Perspektiven einer morphologischen Lebensschau*, Bern/München: Francke Verlag, 1961, 21.
201 Vgl. FA 20, 491–497, 492. Die Verse wurden zuerst in den Heften zur Morphologie notiert. Der Dämon nach Sokrates, so führt Nicholls aus, »is something that endows the individual with a sense of freedom from determination, and that enables the individual to make not just personal but also political choices or choices of conscience, at certain crucial moments« (Nicholls, *Goethe's Concept of the Daemonic*, 244).

Nach dem Gesetz wonach du angetreten.
So mußt Du seyn, Dir kannst Du nicht entfliehen,
So sagten schon Sibyllen, so Propheten,
Und keine Zeit und keine Macht zerstückelt
Geprägte Form, die lebend sich entwickelt.[202]

In das Narrativ von *Dichtung und Wahrheit* fügte sich der Daimon auch deshalb, weil er sich, wie Goethe erläutert, gemäß der orphischen Lehren »dem einwirkenden Gestirn« und den »unendlich mannigfaltigen Bewegungen und Beziehungen der Himmelskörper« bei der Geburt verdankt. Dieser Konnex hätte den ›dämonischen‹ Schluss des Lebensberichts harmonisch mit der astrologischen Konstellation am Anfang des 1. Buchs von *Dichtung und Wahrheit* verbunden – sieht man einmal von der ironischen Distanz des Erzählers gegenüber dem Sternenbild ab. Auch Benjamin bringt das Dämonische in eine Verbindung mit dem Dämon.[203] Umso bemerkenswerter ist es, dass der Dämon an der zitierten Stelle nicht auftaucht, sondern der ›ungeschliffene Monolith‹ des Dämonischen, das Hiebel mit dem Schicksal gleichsetzt. Goethe sei hier Grieche geblieben, schreibt er, und erfasse »das Schicksal noch mehr oder weniger als das blindwütende, unerforschliche, erbarmungslose Fatum der vorchristlichen Antike.«[204] Hans Blumenberg hingegen hat im Dämonischen den »ungelösten Rest« von Goethes Erfahrung gesehen.[205] Das *Goethe-Wörterbuch* vermerkt:

Das Dämonische in konkr Manifestationen im menschl Bereich, meist mBez auf Personen von genialer, alle Normen sprengenden Kraft u Wirkung u auf schicksalhafte Konstellationen; insbes in seiner Korrespondenz mit einer lebensgeschichtl-psych (seltener einer hist-gesellschaftl) Disposition; vereinzelt auch krit als Phänomen des Aberglaubens [...].[206]

---

202 FA 20, 492.
203 Vgl. Benjamin, »Goethes Wahlverwandtschaften«, 150.
204 Hiebel, *Goethe*, 31.
205 Vgl. Hans Blumenberg, Arbeit am *Mythos*, Frankfurt a. Main: Suhrkamp, 2006, 437. Zu *Dichtung und Wahrheit* im Allgemeinen schreibt Blumenberg: »Es ist kein exemplarisches Leben, das dieses Theaterdirektors und Sammlers von allem und jedem, keins eines möglichen Führers und Geleiters zur Sinnentdeckung oder Sinnerfindung des Daseins. Aber, frage ich dagegen, gibt es ein anderes Leben, das wir je in so vielfachen Wirklichkeits- und Illusionsbeziehungen vor uns ausgebreitet gesehen hätten? Dessen Durchbildung in Selbstgewinn und Selbstverlust, Selbstfiktion und Selbstenttäuschung uns vergleichbar einsichtig geworden wäre?« (ebd., 435).
206 R.[ose] U.[nterberger], »dämonisch«, in: *Goethe-Wörterbuch*, hrsg. von der Akademie der Wissenschaften der DDR, der Akademie der Wissenschaften in Göt-

Man nimmt eine gewisse Hilflosigkeit in all diesen Bestimmungsversuchen wahr. Die neuere Forschung argumentiert, dass sich das Dämonische jeglicher Konzeptualisierung entziehe[207] und dass es sich keinesfalls, so wie etwa auch Gundolf argumentiert hatte,[208] um Vorbestimmung und Vorsehung handelt.[209] Friedrich/Geulen/Wetters beschreiben das Dämonische als »Sammelplatz für das, was sich nicht versammeln lässt, eine Kategorie für Zwei- und Mehrdeutiges«, die Goethe im 20. Buch von *Dichtung und Wahrheit* »für die Moderne sozusagen salonfähig gemacht[]«[210] habe.

Goethe vergleicht das Dämonische mit dem Zufall, weil es sich nicht kausal begründet, und er verweist auf seine Ähnlichkeit mit der Vorsehung, weil es auf einen Zusammenhang deute. Stellen Zufall und Vorsehung gewissermaßen die Pole einer Skala lebensbestimmender Momente dar, ist das Dämonische aber weder das Eine noch das Andere. Es bewegt sich zwischen allem: zwischen Zufall und Vorsehung, zwischen Göttlichem und Menschlichem, zwischen Teuflischem und Engelhaftem, zwischen Unmöglichem und Möglichem, Moralität und Immoralität. Dieses Zwischenwesen,[211] das für Benjamin von »unfaßbarer Naturzweideutigkeit ist«,[212] stellt die Verkörperung des Widerspruchs dar und ist als solche aktiv schaltend und waltend. Es scheint dem sich über den Hiatus der

tingen und der Heidelberger Akademie der Wissenschaften, 2. Bd.: B – einweisen, Stuttgart/Berlin/Köln, Mainz: Verlag W. Kohlhammer, 1989, 1057 f., 1058.

207 Vgl. Nicholls, *Goethe's Concept of the Daemonic*, 229, 234 f.

208 Gundolf spricht von der »Einheit von Natur- und Schicksalsgesetz« (Gundolf, *Goethe*, 629).

209 Vgl. Wetters, »Biographical Demons«, 59 f. In Bezug auf die »Urworte« argumentiert Wetters, dass nicht allein die Dämon-Stanze, sondern alle fünf Stanzen – weitere thematisieren »das Zufällige«, »Liebe«, »Nötigung« und »Hoffnung« – zusammen *ein* Konzept des Dämonischen unter anderen bilden. Es sei nicht Goethes Absicht gewesen, das Dämonische in einem einzigen Begriff oder in einer Definition festzuscheiben (vgl. ebd., 63 f.).

210 Lars Friedrich, Eva Geulen und Kirk Wetters »Einleitung«, in: *Das Dämonische. Schicksale einer Kategorie der Zweideutigkeit*, hrsg. von dens., Paderborn: Fink, 2014, 9–23, 9.

211 Das äußerst vielschichtige, nur im Deutschen und im Niederländischen vorkommende Wort ›Wesen‹ changiert zwischen ›Dasein‹, ›höherem Wesen‹, ›Lebewesen‹, ›Gegenstand‹, ›wahrer Natur‹ und ist in jedem Fall aktiv-wirkend konnotiert. Im Spätmittelalter und in der frühen Neuzeit konnte es auch noch eine ›Lebensform‹ oder ›Lebensweise‹ bezeichnen. Vgl. *Der digitale Grimm*, Bd. 29, 510–582. Im vorliegenden Zusammenhang des Dämonischen scheint es zwischen einem das Subjekt transzendierenden äußeren und einem inneren Wesen zu oszillieren.

212 Benjamin, »Goethes Wahlverwandtschaften«, 150.

Gründe hinwegsetzenden paradoxen Moment des Entscheidens struktur-
verwandt, setzt es sich doch über Grenzen und Normen hinweg, zieht, so
formuliert der Text, die Zeit zusammen und dehnt den Raum. Friedrich
et al. vermerken weiter, dass es in Diskursen des Dämonischen stets um
»Modelle für den Umgang mit Kontingenz«[213] gehe. Dies legt eine systematische Nähe zum Moment des Entscheidens nahe, insofern als auch das
Entscheiden eine Form der Kontingenzbewältigung darstellt.[214] Gerade
weil sich das Dämonische nicht konzeptualisieren lässt, hat Wetters überzeugend vorgeschlagen, es aus seinem Verwendungskontext heraus zu verstehen.[215] Und dieser Verwendungskontext ist im 20. Buch – so viel sei
vorweggenommen – ein Entscheidenskontext. Es geht um die Entscheidung, nach Weimar zu gehen, die finale Berufsentscheidung in *Dichtung
und Wahrheit*, die im Kapitel »Italien/Weimar« (S. 196–204) dieser Studie
unter dem Gesichtspunkt des Scheidewegs nochmals systematisch auf-
gerollt wird. Im vorliegenden Zusammenhang geht es zunächst um den
Begriff und seine Nichtkonzeptualisierbarkeit. »In book 20«, schreibt
Wetters, »Goethe's state of mind is defined by the indecision caused by
the breakup of a romantic relationship (with Lili). The breakup has been
outwardly decided but Goethe cannot internalize it.«[216] Und er vermerkt
weiter: »The experience of the demonic is related to indecisiveness«.[217]
Das Medium des Dämonischen ist also die Unentschiedenheit. Es selbst
entscheidet nicht, insofern als es zwischen Göttlichem und Menschlichem, Teuflischem und Englischem, Vernunft und Moral oszilliert. Aber
es wirkt im Medium des Unentschiedenen – wie der Entschluss, der die
Gründe der Entscheidung überspringt. Und wie der Moment der Entscheidung immer erst im Rückblick gefasst werden kann, hat Peter Sprengel auch das Dämonische als rückblickendes Deutungsmuster qualifiziert.[218] Wenn, wie die Entscheidenstheorie postuliert hat, Entscheiden
nur unter Zeitdruck möglich ist, erscheint es wie das Dämonische als an
eine Verknappung der Zeit gebunden. Allerdings ist die Struktur spiegelverkehrt: Zeitknappheit erzwingt bzw. ermöglicht Entscheiden, während
das Dämonische selbst die Zeit zusammenzieht. In der absoluten Reduk-
tion der Zeit auf einen Punkt oder, anders gesagt: einen Moment, begegnen sich jedoch Entscheidensmoment und Dämonisches, können gar

---

213 Friedrich/Geulen/Wetters, »Einleitung«, 19.
214 Vgl. S. 12.
215 Wetters, »Biographical Demons«, 66.
216 Ebd., 75.
217 Ebd., 77; vgl. ebd., 78.
218 Vgl. Goethe, *Dichtung und Wahrheit*, MA, Kommentar, 1073; vgl. im Anschluss
    an Sprengel Nicholls, *Goethe's Concept of the Daemonic*, 228.

strukturell in eins fallen. Jedenfalls werden in beiden Fällen aus der Verknappung der Zeit neue Handlungsspielräume gewonnen. Wie eine Entscheidung trennt das Dämonische (›decisio‹), fügt aber auch wieder zusammen. Es erscheint als eine Mittelkraft, die im Konflikt zwischen dem »Liebenswürdige[n]« und dem »Gehaßte[n]« ein Drittes hervorzubringen verspricht (*DuW* 841). Damit wiederholt es die Scheidewegstruktur, die in Goethes religiösem Entwicklungsgang für die Entscheidung steht, nicht zwischen den Optionen zu wählen, sondern vielmehr selbst produktiv zu werden. Auch Wetters bezeichnet das Dämonische in diesem Sinn als »a productive Power«.[219]

Zwar liegt das Dämonische – im Unterschied zum Daimon als *principium individuationis* – außerhalb des Menschen, es ist aber doch auf sein Wirken bezogen.

Obgleich jenes Dämonische sich in allem Körperlichen und Unkörperlichen manifestieren kann, ja bei den Tieren sich aufs merkwürdigste ausspricht; so steht es vorzüglich mit dem Menschen im wunderbarsten Zusammenhang und bildet eine der Weltordnung wo nicht entgegengesetzte, doch sie durchkreuzende Macht, so daß man die eine für den Zettel, die andere für den Einschlag könnte gelten lassen. (*DuW* 841)

Das sprechende Gewebebild von Zettel und Einschlag gibt zu verstehen, dass das Dämonische zwar der moralischen Weltordnung und damit moralischen Entscheidungen entgegensteht, dass es aber doch auf diese bezogen bleibt und im Geflecht moralischer Beziehungen den ausschlaggebenden Faktor bilden kann.[220] Insofern steht das Dämonische für ein Medium des Unentschiedenen, in dem entschieden werden kann, freilich nicht im Sinn deliberativen Abwägens, sondern eher im ›durchkreuzenden‹ Entschluss, der bemerkenswerterweise kritisch und konstruktiv zugleich gedacht ist.

Eckermann gegenüber äußert Goethe am 2. März 1831: »Das Dämonische […] ist dasjenige, was durch Verstand und Vernunft nicht aufzu-

---

219 Wetters, »Biographical Demons«, 65.
220 Auch Eva Geulen verweist auf die von Goethe gern verwendete Metapher von Zettel und Einschlag, wo es in der Morphologie um ein Darstellungsproblem geht und »zwischen menschlicher Gesetzgebung und Eigengesetzlichkeit der Natur« nicht entschieden werden kann (Geulen, *Aus dem Leben der Form*, 75; vgl. 98). Zwar lässt sich im Dämonischen gerade nicht zwischen den Positionen, zwischen denen es agiert, unter- und entscheiden, aber doch ist es selbst, wie insbesondere im Kapitel »Italien/Weimar« (S. 196–204) zu zeigen sein wird, von entscheidender, ausschlaggebender Kraft.

Sich/Für sich entscheiden. Goethe

lösen ist. In meiner Natur liegt es nicht, aber ich bin ihm unterworfen.«[221] Und: es »äußert sich in einer durchaus positiven Tatkraft.«[222] Dämonen waren bei den Griechen die Halbgötter, erläutert er, das Dämonische kann sich allerdings auch in Menschen verkörpern, heißt es im 20. Buch von *Dichtung und Wahrheit* weiter:

> Am furchtbarsten erscheint dieses Dämonische, wenn es in irgend einem Menschen überwiegend hervortritt. Während meines Lebensganges habe ich mehrere teils in der Nähe, teils in der Ferne beobachten können. Es sind nicht immer die vorzüglichsten Menschen, weder an Geist noch an Talenten, selten durch Herzensgüte empfehlend; aber eine ungeheuere Kraft geht von ihnen aus, und sie üben eine unglaubliche Gewalt über alle Geschöpfe, ja sogar über die Elemente, und wer kann sagen, wieweit sich eine solche Wirkung erstrecken wird? Alle vereinten sittlichen Kräfte vermögen nichts gegen sie; vergebens, daß der hellere Teil der Menschen sie als Betrogene oder als Betrüger verdächtig machen will, die Masse wird von ihnen angezogen. Selten oder nie finden sich Gleichzeitige ihres Gleichen, und sie sind durch nichts zu überwinden als durch das Universum selbst, mit dem sie den Kampf begonnen; und aus solchen Bemerkungen mag wohl jener sonderbare, aber ungeheure Spruch entstanden sein, nemo contra deum nisi deus ipse. (*DuW* 841 f.)

Diese dämonischen Menschen reflektieren nicht, weil sie, wie Wetters interpretiert, »no dissonance between self and world, premises and experience«[223] empfinden. Während beispielsweise Napoleon, der verstorbene Weimarer Großherzog, Friedrich der Große, Peter der Große, aber auch Paganini und Lord Byron dämonische Menschen sind,[224] nimmt Goethe für sich selbst das Dämonische nicht in Anspruch, sucht sich aber vor ihm ›hinter das dichterische Bild‹ zu retten.[225] Den Spruch »nemo contra deum nisi deus ipse« übersetzt Goethe selbst mit »Ein Gott kann nur wieder durch einen Gott balanciert werden.«[226] Dass Eckermann diesen Spruch als Motto des vierten Teils von *Dichtung und Wahrheit* wählte,

---

221 Eckermann, *Gespräche mit Goethe*, 455; vgl. Hiebel, *Goethe*, 31.
222 Eckermann, *Gespräche mit Goethe*, 456.
223 Wetters, »Biographical Demons«, 83.
224 Vgl. Eckermann, *Gespräche mit Goethe*, 455 f., 458 f.
225 Dass er sich ›hinter‹ das Bild rettet, macht Goethe für Blumenberg zum Nicht-Philosophen – also wohl doch zum Dichter; vgl. Blumenberg, *Arbeit am Mythos*, 437.
226 *DuW* 1295 (Kommentar).

unterstreicht die autobiographische Bedeutung dieser Reflexion über das Dämonische, das vor dem Hintergrund des einmal mehr beschworenen Ideals eines ausbalancierten Kräftegleichgewichts das Moment des Dämonischen in seiner lebenslaufkonstitutiven Wirkkraft anerkennt. Auch Blumenberg hebt auf den Begriff der Balance ab, wenn er schreibt, der ›ungeheure‹ Spruch bezeichne »die Lösung einer Lebenskrise, den Verzicht auf das Prometheische durch den Gedanken der Balance«.[227] Für Wetters ist das Dämonische das, was der Autobiograph im Rückblick nicht wirklich versteht und auflösen kann:

> At the time of writing, in his old age, he knows that the demonic was not a real force, but a force of his own making. What he once called »the demonic« is presented with the ironic awareness that it was mostly a product of his own blindness. It was his approach to things that exposed him to determinations and indeterminacies which – if he had known then what he knows now – he could have subjected to his own will.[228]

Der Hiatus zwischen zurückblickendem Erzähler und vorwärtseilender Figur macht das Dämonische zu einem veritablen Momentum der Autobiographie, nicht zuletzt, weil die Flucht vor ihm Bilder hervorbringt, wie das des Grafen Egmont, das am beruflichen Scheideweg zwischen Italien und Weimar zum ausschlaggebenden Integument wird.

Werk-Entscheidungen

Ob ein Werk geschrieben wird oder welcher Stoff zu wählen ist, gestaltet sich in Goethes Autobiographie nicht entscheidensförmig in dem Sinn, dass sich Optionen auftun, die den jungen Autor vor schwierige Erwägungen stellen würden. Dies wären ›Werkentscheidungen‹. Die Stoffe finden sich zur rechten Zeit ein und wollen dann verarbeitet werden. Allerdings lassen sich im Zusammenhang der sich in *Dichtung und Wahrheit* spiegelnden Werkbiographie dennoch einige entscheidensrelevante Aspekte

---

227 Blumenberg, *Arbeit am Mythos*, 574; vgl. ebd., 575. Blumenbergs einläßliche Lektüre des ›ungeheuren‹ Spruchs resultiert in der Feststellung seiner »Vieldeutigkeit« (ebd. 604).

228 Wetters, »Biographical Demons«, 79.

herausstellen. Unter der Überschrift ›Werk-Entscheidungen‹, die das Verhältnis von Werk und Entscheidung eher als Konstellation denn als klassifikatorische Zuschreibung begreift, werden schlaglichtartig einige diversifizierte Entscheidensaspekte, die mit der Werkproduktion verbunden sind, ins Licht gerückt.

Autodafé

Die Autorschaft des jungen Goethe beginnt bemerkenswerterweise mit einem zweifachen Autodafé.[229] Die Leipziger Zeit ist, wie im Kapitel »Ästhetische Kontingenz(bewältigung)«[230] dargestellt, durch eine stark empfundene, ja krisenhafte Verunsicherung im Hinblick auf künstlerische Wertmaßstäbe gekennzeichnet. Und so endet das 6. Buch von *Dichtung und Wahrheit* mit einer Verzweiflungstat:

> Diese Geschmacks- und Urteilsungewißheit beunruhigte mich täglich mehr, so daß ich zuletzt in Verzweiflung geriet. Ich hatte von meinen Jugendarbeiten was ich für das Beste hielt, mitgenommen, teils weil ich mir denn doch einige Ehre dadurch zu verschaffen hoffte, teils um meine Fortschritte desto sicherer prüfen zu können; aber ich befand mich in dem schlimmen Falle, in den man gesetzt ist, wenn eine vollkommene Sinnesänderung verlangt wird, eine Entsagung alles dessen, was man bisher geliebt und für gut befunden hat. Nach einiger Zeit und nach manchem Kampfe warf ich jedoch eine so große Verachtung auf meine begonnenen und geendigten Arbeiten, daß ich eines Tages Poesie und Prose, Plane, Skizzen und Entwürfe sämtlich zugleich auf dem Küchenherd verbrannte, und durch den das ganze Haus erfüllenden Rauchqualm unsre gute alte Wirtin in nicht geringe Furcht und Angst versetzte. (*DuW* 282)

Eine ›sichere Prüfung‹ des Geleisteten ist unmöglich und da bleibt offensichtlich nur die wohl einsam getroffene Affekt-Entscheidung, die bislang verfassten Texte zu vernichten. Ein zweites Autodafé erfolgt im achten Buch, vor der Abreise nach Straßburg. Die Urteilskraft scheint nun schon etwas gefestigter: Goethe findet die frühen Hervorbringungen »kalt, trocken und in Absicht dessen, was die Zustände des menschlichen Herzens

---

229 Das Autodafé, die Schriftenverbrennung, geht auf die spanische Inquisition zurück und stellt das Ergebnis einer Verurteilung, mithin eines wie auch immer verlaufenden Entscheidensprozesses dar.
230 Vgl. S. 146–150.

oder Geistes ausdrücken sollte, allzu oberflächlich« und schreitet zur Vernichtungstat:

> Mehrere angefangene Stücke, deren einige bis zum dritten oder vierten Akt, andere aber nur bis zu vollendeter Exposition gelangt waren, nebst vielen anderen Gedichten, Briefen und Papieren wurden dem Feuer übergeben, und kaum blieb etwas verschont außer dem Manuskript von Behrisch, die Laune des Verliebten und die Mitschuldigen, an welchem letzteren ich immer fort mit besonderer Liebe besserte, und da das Stück schon fertig war, die Exposition nochmals durcharbeitete, um sie zugleich bewegter und klarer zu machen. Lessing hatte in den zwei ersten Akten der Minna ein unerreichbares Muster aufgestellt, wie ein Drama zu exponieren sei, und es war mir nichts angelegener, als in seinen Sinn und seine Absichten einzudringen. (*DuW* 381 f.)

Immerhin dürfen hier schon einige Werke überleben. Freilich ist der Feuertod ein radikaler – von den dem Feuer überantworteten Papieren bleibt (bis auf etwas Asche) nichts übrig. Dass der Aufbau eines Werks mit Vernichtungsentscheidungen beginnt, ist insofern signifikant, als ein ›Werk‹ um als ›Werk‹ zu gelten einheitlichen Qualitätsstandards genügen muss.[231] Während Goethes erstes Autodafé das Ergebnis gänzlicher Verunsicherung darstellt, vermag der ›Selbst-Inquisitor‹ im zweiten Fall immerhin schon zu unterscheiden. Die Vernichtung des unzulänglichen Vorausgegangenen setzt das Zeichen zum Neuanfang und bekundet zugleich den Willen zur Autorschaft. Aber noch eine ganze Zeit hat der künftige Autor eine Abneigung, Texte von sich gedruckt zu sehen (vgl. *DuW* 733), offenkundig, weil Autorschaft immer auch von außen zugesprochen und bestätigt wird und der junge Autor sich seiner Sache noch nicht ganz sicher ist. Ihm genügt vorderhand die Vorlesung im kleineren Kreis.

Kollaboration

Dass Werkentscheidungen keineswegs auf einsame Entschlüsse reduziert werden können, sondern Rat und Zuspruch bedürfen, zeigt nicht allein die Entstehung des *Clavigo*, von der im Vorfeld der Lili-Geschichte bereits die Rede war,[232] sondern wird auch in der Genese des *Götz von Berlichin-*

---

231 Zur ›Einheit des Schreibens‹ (»unité d'écriture«) als Kriterium für die Werkkategorie vgl. Michel Foucault, »Qu'est-ce qu'un auteur?« in: ders., *Dits et écrits*, t. 1: *1954–1975*, édition établie sous la direction de Daniel Defert et François Ewald avec la collaboration de Jacques Lagrange, Paris: Gallimard, 2001, 817–849, 830.
232 Vgl. S. 131 f.

gen deutlich, von der das 13. Buch von *Dichtung und Wahrheit* berichtet. Schon seit geraumer Zeit beschäftigt sich Goethe mit dem Stoff (vgl. *DuW* 450, 568, 583, 588).[233] Eingebettet wird die ›Geburt‹ des Werks in eine Schilderung der Theaterverhältnisse in Deutschland, die u. a. auf die zeitgenössische Debatte eingeht, ob der Theaterbesuch nützlich oder schädlich sei (vgl. *DuW* 617). Diese allgemeinen Reflexionen motivieren die eigene Produktion. Goethe hatte wohl 1771 die *Lebensbeschreibung des Herrn Gözens von Berlichingen, zugenannt mit der Eisernen Hand,* die 1731 erschienen war, gelesen. Der Stoff stimulierte seine Einbildungskraft, wie er schreibt. Zur Geburtshelferin wird gewissermaßen die Schwester Cornelia, mit der er sich »umständlich« darüber unterhält und die ihn drängt, sich »nur nicht immer mit Worten in die Luft zu ergehn, sondern endlich einmal das was [ihm] so gegenwärtig wäre, auf das Papier festzubringen« (*DuW* 620). Und so geschieht es: »ohne Plan und Entwurf« (*DuW* 621) setzt er sich eines Morgens nieder und schreibt die ersten Szenen, die am Abend der Schwester vorgelesen werden. Diese lobt, reizt den Bruder aber durch den zum Ausdruck gebrachten »entschiedenen Unglauben« (*DuW* 620) an seine Beharrlichkeit. Goethe legt den Text Merck vor, der lobt ebenfalls, und Herder, der kritisiert, lässt sich aber »dadurch nicht irre machen, sondern faßte [s]einen Gegenstand scharf ins Auge, der Wurf war einmal getan, und es fragte sich nur, wie man die Steine im Brett vorteilhaft setzte« (*DuW* 621). Das Bild ist sprechend: Der ›Wurf‹ steht für einen Anfang, der zwar einen Entschluss erfordert, aber mit diesem gleichsam die Kontrolle über den Akt aus der Hand gibt; der Wurf kann glücken oder weniger, bildet aber die Voraussetzung für weitere – und in diesem Fall – reflektierte Aktionen. »Ich sah wohl, daß mir […] hier Niemand raten würde« (ebd.). Es gelingt dem jungen Goethe, sein Werk von außen, d. h. mit den Augen eines Fremden zu betrachten, und im Bewusstsein dessen, dass er die Regeln von der Einheit der Zeit und der Einheit des Orts nicht beachtet hat, sieht er, dass es seinem Werk auch an einer »höheren Einheit« fehlt. Das aus »einem innern Trieb« planlos Geschaffene wird binnen weniger Wochen planmäßig (»nahm ich mir vor, das Ganze umzuschreiben« [*DuW* 622]) umgearbeitet und mit Mercks Hilfe schließlich im Selbstverlag zum Druck gebracht, so dass Goethe berichten kann: »Wir vollendeten das Werk« (*DuW* 623). Das liest sich geradezu wie die Herstellung eines Gemeinschaftswerks.[234] Was in jedem

---

233 Müller weist darauf hin, dass die Entstehung der beiden Sturm und Drang-Hauptwerke, *Götz* und *Werther,* im Widerspruch zur Chronologie in einen zeitlichen Zusammenhang gebracht werden (vgl. ebd., 1220 [Kommentar]).

234 Martha Woodmansee verweist darauf, dass der moderne Autor eine vergleichsweise späte Erfindung darstellt, und spricht von der »Illusion, dass Schreiben ein

Fall deutlich zum Ausdruck kommt, ist die Tatsache, dass der junge Autor die Mitwirkung anderer in seiner Werkproduktion akzeptiert und anerkennt. In den *Gesprächen mit Eckermann* heißt es unter dem Datum vom 17. Februar 1832 entsprechend:

> Was hatte ich aber, wenn wir ehrlich sein wollen, das eigentlich mein war, als die Fähigkeit und Neigung, zu sehen und zu hören, zu unterscheiden und zu wählen, und das Gesehene und Gehörte mit einigem Geist zu beleben und mit einiger Geschicklichkeit wiederzugeben. Ich verdanke meine Werke keineswegs meiner eigenen Weisheit allein, sondern tausenden von Dingen und Personen außer mir, die mir dazu das Material boten. Es kamen Narren und Weise, helle Köpfe und bornierte, Kindheit und Jugend wie das reife Alter; Alle sagten mir, wie es ihnen zu Sinne sei, was sie dachten, wie sie lebten und wirkten und welche Erfahrungen sie sich gesammelt, und ich hatte weiter nichts zu tun, als zuzugreifen und das zu ernten, was Andere für mich gesäet hatten.[235]

In der Forschung wurde versucht, aus dieser Stelle die Vorstellung von Goethe als »das eines Kollektivwesens«[236] abzuleiten, die sich diametral gegen das – mittlerweile freilich obsolet gewordene – Bild von Goethe als einzigartigem Dichtergenie wendet.[237] Allerdings ist zu sehen, dass die »Anderen« doch eher als Zulieferer erscheinen und sich Goethe neben der Sinnesbegabung des Sehens und Hörens und der Belebung des Gesehenen und Gehörten mit Geist die Unterscheidungskraft und die Fähigkeit zu wählen zugute hält!

Die besprochene Stelle um die Entstehung des *Götz* in *Dichtung und Wahrheit* macht indessen auch deutlich, dass sich Goethe gegenüber Kritik schon eine gewisse geistige Unabhängigkeit zurechtgelegt hat. Dass Kritik häufig grundlos ist und sich gebildete Menschen nicht selten widersprechen, wird im Folgenden als Folie für die Aufnahme seines Stücks konstatiert. Goethe vergleicht die Veröffentlichung eines Werks bemerkenswerterweise mit dem »Entschluß [...] Soldat zu werden« (*DuW* 625): Wie ein Soldat, der sich vornimmt, alle Widrigkeiten mutig zu bestehen, so geht es auch dem Autor, umso mehr als beide von den konkreten Vor-

---

singulärer und originärer Prozess sei« (Martha Woodmansee, »Der Autor-Effekt. Zur Wiederherstellung von Kollektivität«, in: *Texte zur Theorie der Autorschaft*, hrsg. und kommentiert von Fotis Jannidis, Gerhard Lauer, Matias Martinez und Simone Winko, Stuttgart: Reclam, 2007, 298–314, 309, vgl. 298).

235 Eckermann, *Gespräche mit Goethe*, 745.

236 FA 38, 522.

237 Vgl. im Anschluss an Kai Sina Dirk von Petersdorff, »*Und lieben, Götter, welch ein Glück«. Glaube und Liebe in Goethes Gedichten*, Göttingen: Wallstein, 2019, 47.

Sich/Für sich entscheiden. Goethe

kommnissen denn doch überrascht werden, im konkreten Fall Goethes von unterschiedlichen und unerwarteten Reaktionen.

Aber Goethe wird auch zum Werkberater anderer: Lavater, den er in Frankfurt kennengelernt und den er auf der Schweizer Reise 1775 bei Zürich besucht hatte, schickt ihm das Manuskript seiner von 1775 bis 1778 in 4 Bänden erscheinenden *Physiognomischen Fragmente zur Beförderung der Menschenkenntniß und Menschenliebe*. Goethe ist kritisch, insbesondere im Hinblick auf die Bildtafeln.[238] Eine Ausnahme bilden die Vorlagen des Zeichners und Kupferstechers Johann Heinrich Lips, dem Goethe ein »entschiedene[s] Talente« (*DuW* 795) attestiert. Mit einem (an die Leserschaft gerichteten) lakonischen »Man urteile selbst« (*DuW* 794) schreibt er, dass er von Lavater das Recht erhalten hatte zu tilgen, was ihm nicht gefiel, zu ändern und Einfügungen vorzunehmen, dass er davon aber nur spärlich Gebrauch machte. Die Gründe mögen diplomatischer Art gewesen sein. Die Sozialität von Werkgenese und Werkkritik, wie sie im Umfeld des jungen Goethe offensichtlich gepflegt wurde, verschiebt sich beim Autobiographen zum Gespräch mit seinen Leserinnen und Lesern und verweist einmal mehr auf die sozialkommunikative Funktion der Autobiographie, die das Lesepublikum zur kritischen Instanz erhebt.

Auf Leben und Tod

Seine Geschichte mit Charlotte Buff hat Goethe in seinen Erstlingsroman *Die Leiden des jungen Werther* (1774/1784) ausgelagert[239] und folgt damit seiner autobiographischen Poetik von ›Dichtung und Wahrheit‹, aber auch dem Wunsch des anonymen Briefschreibers, der am Anfang von *Dichtung und Wahrheit* zu Wort kommt, Goethe möge seinen Freunden den Zusammenhang von Leben und Werk vor Augen stellen. Dies kann freilich immer nur momenthaft geschehen. Der *Werther* ist Lebens-Werk in dem Sinn, dass er eine enge biographische Rückbindung hat und in seiner freien literarischen Faktur den ersten großen schriftstellerischen Erfolg seines Autors darstellt, mithin im autofiktionalen Sinn bzw. in eben dem Sinn von ›Dichtung und Wahrheit‹ von unmittelbarer Lebensrelevanz für seinen Autor ist.

In *Dichtung und Wahrheit* stellt Goethe die Entstehung des *Werther* in eine doppelte Perspektive: Zum einen berichtet er, dass er Selbstgespräche als innere Zwiegespräche führte, indem er sich eine andere, nicht allzu

---

238 Vgl. etwa in diesem Buch S. 91.
239 Vgl. das Kapitel »Lotte« (S. 126–130)

vertraute Person vorstellte und mit dieser – geradezu im geschilderten Modus des Kollaborativen – die ihn beschäftigenden Themen erörterte.

Gewöhnt am liebsten seine Zeit in Gesellschaft zuzubringen, verwandelte er auch das einsame Denken zur geselligen Unterhaltung, und zwar auf folgende Weise. Er pflegte nämlich, wenn er sich allein sah, irgend eine Person seiner Bekanntschaft im Geiste zu sich zu rufen. Er bat sie, nieder zu sitzen, ging an ihr auf und ab, blieb vor ihr stehen, und verhandelte mit ihr den Gegenstand, der ihm eben im Sinne lag. Hierauf antwortete sie gelegentlich, oder gab durch die gewöhnliche Mimik ihr Zu- oder Abstimmen zu erkennen; wie denn jeder Mensch hierin etwas Eignes hat. Sodann fuhr der Sprechende fort, dasjenige was dem Gaste zu gefallen schien, weiter auszuführen, oder was derselbe mißbilligte, zu bedingen, näher zu bestimmen, und gab auch wohl zuletzt seine These gefällig auf. (*DuW* 627)

Dass der Autobiograph hier von sich in der dritten Person spricht und damit »den Verfasser« (*DuW* 626) meint, unterstreicht den dramatischen Charakter der evozierten imaginären Szene. Sie stellt einen »Übergang zu einer andern Darstellungsart [dar], welche nicht zu den dramatischen gerechnet zu werden pflegt und doch mit ihnen große Verwandtschaft hat« (*DuW* 627). Ein solches »Gespräch im Geiste« sei nämlich »mit dem Briefwechsel verwandt« (*DuW* 628) – und Werthers Briefe seien eben auf diese Weise entstanden.

Jene in diesem Sinne geschriebenen Wertherischen Briefe haben nun wohl deshalb einen so mannigfaltigen Reiz, weil ihr verschiedener Inhalt erst in solchen ideellen Dialogen mit mehreren Individuen durchgesprochen worden, sie sodann aber in der Komposition selbst, nur an einen Freund und Teilnehmer gerichtet erscheinen. Mehr über die Behandlung des so viel besprochenen Werkleins zu sagen, möchte kaum rätlich sein […]. (*DuW* 628)

Wer die imaginären Gesprächspartner zur Zeit der Entstehung des *Werther* waren, verrät Goethe nicht. Bemerkenswert ist aber der hervorgehobene Gestaltungsschritt vom geistigen Polylog zur schriftlichen Fokussierung auf einen Briefpartner, der im Roman dann Wilhelm heißt.

Zum zweiten spricht Goethe über die aus England kommende Mode der Melancholie, die »sich in den Gemütern deutscher Jünglinge […] entschieden entwickeln« (*DuW* 630) konnte und die der Wirkung des *Werther* günstig war. Diese Betrachtung führt ihn schließlich zu einer Reflexion über den Selbstmord, die im Kontext dieser Studie deshalb Beachtung finden muss, weil der Suizid die existenzielle Lebensentscheidung schlechthin ist. Und es ist bemerkenswert, dass Goethe dem Thema in seiner

Lebensbeschreibung vergleichsweise viel Raum gibt. Goethe zitiert Montesquieu, der »seinen Helden und großen Männern das Recht [erteilt], sich nach Befinden den Tod zu geben, indem er sagt, es müsse doch einem jeden freistehen, den fünften Akt seiner Tragödie da zu schließen, wo es ihm beliebe« (*DuW* 634).[240] Dass das Leben in diesem Zusammenhang als Drama vorgestellt wird, ja als Tragödie, und gerade die grundlegende Entscheidung über das eigene Leben als dramatischer Akt imaginiert wird, unterstreicht einmal mehr die in Goethes Autobiographie zutage tretende, jeglichem Entscheiden inhärente dramatische Dimension. Allerdings, so fährt Goethe fort, gelte das Recht, über das Ende des eigenen Lebens zu entscheiden, nur für Personen, die ein bedeutendes Leben geführt haben und nicht für solche, die am Tatenmangel und überzogenen Ansprüchen an sich selbst leiden. Und er schließt eine ›wohlbedächtige Betrachtung‹ »über die verschiedenen Todesarten, die man wählen könnte« (*DuW* 635), an: in das eigene Schwert fallen, als Krieger dafür zu sorgen, dass man nicht in die Hände der Feinde fällt, ins Wasser gehen, eine Todesart, die Frauen wählen, sich erhängen (gilt als unehrenhaft), Gift nehmen, sich die Adern öffnen. »Alles dieses aber sind äußere Behelfe,« resümiert Goethe, »sind Feinde, mit denen der Mensch gegen sich selbst einen Bund schließt.« Indem der Autobiograph diese existenzielle Reflexion im engen Bezug auf den *Werther* erörtert, wird das Thema im Zwischenbereich von Zeitsituation, literarischem Motiv und eigener Befindlichkeit exponiert. Als Vorbild eines bedeutenden Selbstmörders erscheint der römische Kaiser Marcus Salvius Otho, der sich im Jahr 69 n. Chr. »zum Besten des Reichs« entschließt »die Welt zu verlassen« (*DuW* 635 f.). Otho stieß sich mit eigener Hand den Dolch ins Herz, und Goethe berichtet von sich, dass er, der selbst über »einen kostbaren wohlgeschliffenen Dolch« verfügte, sich prüfte und zu dem Schluss kam, dass er es nicht schaffen würde, sich dessen Spitze in die Brust zu stoßen, und daher »beschloß zu leben« (*DuW* 636). Goethe schreibt weiter: »Um dies aber mit Heiterkeit tun zu können, mußte ich eine dichterische Aufgabe zur Ausführung bringen, wo alles was ich über diesen wichtigen Punkt empfunden, gedacht und gewähnt, zur Sprache kommen sollte. Ich versammlete hierzu die Elemente, die sich schon ein paar Jahre in mir herumtrieben, ich ver-

---

240 Dies bezieht sich auf das zwölfte Kapitel von Montesquieus *Considérations sur les causes de la grandeur et de la décadence des Romains* von 1734 (vgl. *DuW* 1230 [Kommentar]). Trunz weist darauf hin, dass Goethe im Besitz des Werks war, es aber auch in der größer gedruckten Amsterdamer Ausgabe vom 8. bis 17.11.1813 entlieh; außerdem las er Anne Germaine de Staëls *Réflexions sur le suicide*, London 1813 (Goethe, *Dichtung und Wahrheit*, HA, 834 [Kommentar]).

gegenwärtigte mir die Fälle, die mich am meisten gedrängt und geängstigt; aber es wollte sich nichts gestalten: es fehlte mir eine Begebenheit, eine Fabel, in welcher sie sich verkörpern könnten« (*DuW* 638).

Dieser im Rückblick vermutlich stilisierte Produktionsprozess findet nun sein Motiv in der Nachricht vom Tod Karl Wilhelm Ferdinand Jerusalems, der mit Goethe in Leipzig studiert hatte und in Wetzlar Sekretär des Braunschweigischen Gesandten war.[241] Zu den inneren Motiven tritt als ausschlaggebendes Moment ein äußeres. Und tatsächlich sind auch die inneren Motive vielfältig und komplex: Da ist nicht allein die Ähnlichkeit mit der eigenen Situation des unglücklich Verliebtseins, sondern zudem eine weitere »peinliche Lage«, in die Goethe durch den Eintritt in den Laroche'schen Familienkreis geraten ist, wo komplizierte Konstellationen ihn zu einem wenig hilfreichen Ratgeber machen: »es bedurfte eines neuen gewaltsamen Entschlusses, mich auch hiervon zu befreien« (*DuW* 638). So rasch »der Plan zu Werthern gefunden« (*DuW* 636) ist, so wird auch er wie der *Götz* »ohne […] ein Schema des Ganzen« (*DuW* 639) niedergeschrieben. Das Daraufloschreiben wird als unmittelbar aus dem Entschluss resultierende Tat konzeptualisiert, gewissermaßen als Teil des Entscheidensakts, den es nicht nur dokumentiert, sondern zugleich motiviert.

Der *Werther* wird zu einer »Generalbeichte«: »denn ich hatte mich durch diese Komposition, mehr als durch jede andere, aus einem stürmischen Elemente gerettet, auf dem ich durch eigne und fremde Schuld, durch zufällige und gewählte Lebensweise, durch Vorsatz und Übereilung, durch Hartnäckigkeit und Nachgeben, auf die gewaltsamste Art hin und wider getrieben worden« (ebd.). Die Entwicklungen des Lebens sind, so gibt die zitierte Stelle zu bedenken, eine Kombination von Zufall und eigener Wahl, Plan und Unbedachtsamkeit, Widerstand und Nachgeben – da wird die Niederschrift des *Werther* zum ›gewaltsamen Entschluss‹, der das Leben des Autors nicht nur erhält, sondern ihm auch eine Richtung gibt. Es schließen sich Reflexionen über das Verhältnis von Poesie und Wirklichkeit an und das, was an der Geschichte ›wahr‹ gewesen sei, so Goethe, »ließ sich nicht entziffern, indem ich, als ein unbemerkter junger Mensch, mein Wesen zwar nicht heimlich, aber doch im Stillen getrieben hatte« (*DuW* 644). Auch im autobiographischen Bericht lässt er sich nicht in die Karten schauen, und dass die Lotte im Roman eine komposite Figur sei, gebildet aus »den Eigenschaften mehrerer hübschen Kinder […], obgleich die Hauptzüge von der geliebtesten

---

241 Vgl. *DuW* 1218 (Kommentar).

genommen waren«, hält einmal mehr das poetologische Verhältnis von Dichtung und Wahrheit in der Schwebe – zur Unzufriedenheit des forschenden Publikums: »Diese mehreren Lotten aber brachten mir unendliche Qual, weil Jedermann der mich nur ansah, entschieden zu wissen verlangte, wo denn die eigentliche wohnhaft sei?« (*DuW* 645)

Scheidewege

Der Weg als Metapher für das Leben ist ein alter und oft bemühter Topos.[242] Auch für Goethe wurde er aufgrund seiner plakativen Anschaulichkeit in Anspruch genommen. Der Illustrator und Buchkünstler Alphons Wölfle (1884–1951) beispielsweise hat Goethes Leben als »Lebensreise« in Form einer Landkarte visualisiert (Abb. 14).[243]

Goethe selbst verwendet in seiner autobiographischen Selbstkonstruktion immer wieder die Wegmetapher.[244] Und mehrfach gibt es in Goethes autobiographischen Schriften Wegscheiden, die tatsächlich entscheidende Wendepunkte in seinem Leben darstellen. In ihnen wird der Autobiograph gleichsam zum ›Herkules am Scheideweg‹. Während in den bislang betrachteten Entscheidenssituationen das Entscheiden vielfach implizit bleibt bzw. vordringlich in Konstellationen und Interaktionen prozessual fassbar wird, spitzt sich am Scheideweg das Entscheiden zu. Entscheiden wird explizit, weil am Scheideweg tatsächlich eine Entscheidung getroffen werden muss. Und das Entscheiden gestaltet sich am Scheideweg höchst dramatisch, weil entschieden werden *muss*, obwohl, wie Derrida festgehalten hat,[245] entscheiden unmöglich ist. Am Scheideweg ist besondere Entschlusskraft gefordert.

---

242 Vgl. Wilhelms, *My Way.*
243 Vgl. dazu auch Martina Wagner-Egelhaaf, »›Wir Cimmerier.‹ Goethe in Italien«, in: *Räumliche Darstellung kultureller Begegnungen*, hrsg. von Carla Dauven-van Knippenberg, Christian Moser, Rolf Parr, Heidelberg: Synchron, 2015 (Amsterdam German Studies, Bd. 6), 155–173, 156–160.
244 Vgl. *DuW* 143 (diese Studie S. 143), 265 (S. 145), 308 (S. 148), 421 (S. 153), 550 (S. 156), 705 (S. 164), 847 (S. 198), *ItR* 134 (S. 207).
245 Vgl. S. 14.

Italien/Frankfurt

In der Tat bildet der Scheideweg Italien-Frankfurt ein zentrales Muster in Goethes Lebenslauf, hatte Goethe doch bereits als Kind im Frankfurter Elternhaus die »römischen Prospekte« vor Augen, mit denen sein Vater »einen Vorsaal« ausgeschmückt hatte,

> gestochen von einigen geschickten Vorgängern des *Piranese*, die sich auf Architektur und Perspektive wohl verstanden, und deren Nadel sehr deutlich und schätzbar ist. Hier sah ich täglich die Piazza del Popolo, das Coliseo, den Petersplatz, die Peterskirche von außen und innen, die Engelsburg und so manches andere. Diese Gestalten drückten sich tief bei mir ein, und der sonst sehr lakonische Vater hatte wohl manchmal die Gefälligkeit, eine Beschreibung des Gegenstandes vernehmen zu lassen. Seine Vorliebe für die italiänische Sprache und für alles was sich auf jenes Land bezieht, war sehr ausgesprochen. Eine kleine Marmor- und Naturaliensammlung, die er von dorther mitgebracht, zeigte er uns auch manchmal vor, und einen großen Teil seiner Zeit verwendete er auf seine italiänisch verfaßte Reisebeschreibung, deren Abschrift und Redaktion er eigenhändig, heftweise, langsam und genau ausfertigte. (*DuW* 19)

Die italienische Reise, die nach Goethes Rückkehr aus Straßburg und einer Zeit des überaus geselligen Lebens in Frankfurt von den Eltern angeregt wird, ist im Grunde ein Lebensprojekt von Vater Goethe, der in jungen Jahren selbst eine Italienreise gemacht und sie in einer in italienischer Sprache verfassten Reisebeschreibung festgehalten hatte.[246] Als die Brüder Christian und Friedrich Leopold Grafen zu Stolberg im Mai 1775 auf ihrer Reise in die Schweiz durch Frankfurt kommen, fällt rasch der Entschluss, sich ihnen anzuschließen:

> In einer Stadt wie Frankfurt befindet man sich in einer wunderlichen Lage; immer sich kreuzende Fremde deuten nach allen Weltgegenden hin; früher war ich schon bei machem Anlaß mobil geworden und gerade jetzt, im Augenblicke wo es drauf ankam einen Versuch zu machen ob man Lili entbehren könne, wo eine gewisse peinliche Unruhe mich zu allem bestimmten Geschäft unfähig machte, schien mir ein solcher Anlaß, ein solcher Ruf willkommen. Ich entschloß mich, begünstigt

---

246 Vgl. Johann Caspar Goethe, *Reise durch Italien im Jahre 1740. Viaggio per l'Italia*, hrsg. von der Deutsch-Italienischen Vereinigung e. V. Frankfurt am Main, aus dem Italienischen übersetzt und kommentiert von Albert Meier unter Mitarbeit von Heide Hollmer, Illustrationen von Elmar Hillebrand, München: dtv, 1986.

Abb. 14: Alphons Woelfle, Karte von Goethes Lebensreise, 1941.

durch das Zureden meines Vaters, welcher eine Reise nach der Schweitz sehr gerne sah und mir empfahl einen Übergang nach Italien, wie es sich fügen und schicken wollte nicht zu versäumen. (*DuW* 785 f.)

Noch stellt der Vater einen einflussreichen Ratgeber dar, aber auch Freund Merck versucht, mit weniger Erfolg, auf den jungen Mann einzuwirken, indem er ihm abrät, mit den Stolberg-Brüdern zu reisen.

»Dein Bestreben, sagte er, deine unablenkbare Richtung ist, dem Wirklichen eine poetische Gestalt zu geben; die andern suchen das sogenannte Poetische, das Imaginative, zu verwirklichen und das gibt nichts wie dummes Zeug.« (*DuW* 787).

Die »Differenz dieser beiden Handlungsweisen« (*DuW* 787), die sich spiegelverkehrt zueinander verhalten, sieht Goethe im Folgenden bestätigt –

von seinem Vorhaben, sich für die Reise den Brüdern Stolberg und Christian August Graf Haugwitz anzuschließen, lässt er sich gleichwohl nicht abbringen. Ratschläge werden nurmehr insoweit befolgt oder abgelehnt wie sie eigenen Wünschen entsprechen. Allerdings treten doch zunehmend Unvereinbarkeiten zwischen den Reisegefährten auf, so dass Goethe froh ist, dass sich ihm in Zürich Jakob Ludwig Passavent, ein Frankfurter Jugendfreund, anschließt, der sich durch »eine anmutige rasche Entschlossenheit« (*DuW* 798) auszeichnet. Passavent gelingt es, Goethe »um so eher in die Gebirge zu locken, als [er] selbst entschieden geneigt war, in größter Ruhe und auf [s]eine eigne Weise, diese längst ersehnte Wanderung zu vollbringen« (*DuW* 799). Die Reise steht noch ganz im Zeichen der Liebe zu Lili; die auf der Reise bewunderten Naturschönheiten werden überblendet von der Reflexion über das Verhältnis zur ehemaligen Verlobten. Da heißt es etwa:

> Wie mir zu Mute gewesen, deuten folgende Zeilen an, wie sie damals geschrieben noch in einem Gedenkheftchen aufbewahrt sind:
>
> > Wenn ich liebe Lili dich nicht liebte,
> > Welche Wonne gäb' mir dieser Blick!
> > Und doch, wenn ich liebe Lili dich nicht liebte,
> > Wär, was wär mein Glück?
>
> Ausdrucksvoller find ich hier diese kleine Interjektion als wie sie in der Sammlung meiner Gedichte abgedruckt ist. (*DuW* 800 f.)

Dass die zitierten Verse im Kontext von *Dichtung und Wahrheit* selbst den Autor stärker berühren als in der Ausgabe der Gedichte, unterstreicht ihre autobiographische Virulenz. Goethe scheint an einer Wegscheide zu stehen: Lili lieben oder sie nicht lieben. Letzteres stellt indessen nicht wirklich eine Option dar. Gleichwohl wird die Liebesentscheidung in die Landschaft projiziert. Das Landschafts- und Naturerlebnis der Schweizreise, das der Autobiograph tagebuchartig protokolliert, ist so pittoresk wie erhebend. Als die Reisenden in die Tell-Gegend am Vierwaldstätter See kommen, vermerkt Goethe deren empfundene Kulissenhaftigkeit:

> An diesem poetischen Faden [des Tell-Mythos] schlingt man sich billig durch das Labyrinth dieser Felswände, die steil bis in das Wasser hinabreichend uns nichts zu sagen haben. Sie, die unerschütterlichen stehen so ruhig da, wie die Coulissen eines Theaters; Glück oder Unglück Lust oder Trauer ist bloß den Personen zugedacht die heute auf dem Zettel stehen. (*DuW* 805)

Damit scheint er sich im Rückblick selbst als Akteur in einem Theaterstück wahrzunehmen – eine Perspektive des autobiographischen Erzäh-

Abb. 15: Goethe, »Scheide Blick nach Italien vom Gotthard d. 22. Juni 1775«,
Bleistiftzeichnung mit Tuschlavierung.

lers, die nicht die der autobiographischen, nach vorwärts in die Zukunft
blickenden Figur ist:

> Dergleichen Betrachtungen jedoch waren gänzlich außer dem Ge-
> sichtskreis jener Jünglinge, das Kurzvergangene hatten sie aus dem
> Sinne geschlagen und die Zukunft lag so wunderbar unerforschlich vor
> ihnen wie das Gebirg in das sie hineinstrebten. (*DuW* 805 f.)

Am 22. Juni 1775 erreichen Goethe und sein Begleiter Passavent das Hospiz auf dem St. Gotthard, das der das Hospiz betreuende Pater im abend-
lichen Gespräch als »Scheidepunkt« für den »wechselseitige[n] Waren-
Transport zwischen Italien und Deutschland« (*DuW* 809) bezeichnet
(Abb. 15). Am nächsten Morgen ist Goethe früh aufgestanden – und:

> Ich hatte mich an den Fußpfad, der nach Italien hinunterging, nieder-
> gelassen und zeichnete, nach Art der Dilettanten, was nicht zu zeichnen
> war und was noch weniger ein Bild geben konnte: die nächsten Ge-
> birgskuppen, deren Seiten der herabschmelzende Schnee mit weißen
> Furchen und schwarzen Rücken sehen ließ; indessen ist mir durch diese

fruchtlose Bemühung jenes Bild im Gedächtnis unauslöschlich geblieben. (*DuW* 810)[247]

Dass Goethe seinem Bild den Titel »Scheideblick« gibt, im Anschluss an die Bezeichnung des Hospizes als »Scheidepunkt« durch den Pater, unterstreicht die Anschließbarkeit der Szene an das Entscheidensbild von Herkules am Scheideweg. Auch Goethe sitzt hier an einem Scheideweg und es spielt sich im Folgenden eine dramatisch ausgestaltete[248] Entscheidensszene ab:

> Mein Gefährte trat mutig zu mir und begann: »Was sagst Du zu der Erzählung unsres geistlichen Wirts von gestern Abend? Hast Du nicht, wie ich, Lust bekommen Dich von diesem Drachengipfel hinab in jene entzückenden Gegenden zu begeben? Die Wanderung durch diese Schluchten hinab muß herrlich sein und mühelos, und wann sichs dann bei Bellinzona öffnen mag, was würde das für eine Lust sein! Die Inseln des großen Sees sind mir durch die Worte des Paters wieder lebendig in die Seele getreten. Man hat seit Keislers[249] Reisen so viel davon gehört und gesehen, daß ich der Versuchung nicht widerstehen kann. Ist Dir's nicht auch so? fuhr er fort; Du sitzest gerade am rechten Fleck, schon einmal stand ich hier und hatte nicht den Mut hinabzuspringen. Geh voran ohne weiteres, in Airolo wartest Du auf mich, ich komme mit den Boten nach, wenn ich vom guten Pater Abschied genommen und alles berichtigt habe.« (*DuW* 810)

Der Freund Passavent, der von seinem eigenen Versuchtsein spricht, tritt hier Goethe gegenüber in die Rolle des Versuchers – auch im Narrativ von Adam und Eva, auf das bereits mehrfach verwiesen wurde,[250] kommt bekanntlich die Entscheidung, von der verbotenen Frucht zu essen, durch einen Versucher, die Schlange, zustande. Vor dem Hintergrund des Narrativs von Herkules am Scheideweg, in dem es um die Entscheidung zwi-

---

247 Wenn die Datierung korrekt ist wie sie auf der Rückseite der Zeichnung (Abb. 15) vermerkt ist, müssten die Reisenden am 21. Juni im Hospiz eingetroffen sein. Der Text von *Dichtung und Wahrheit* nennt aber den 22. Juni (vgl. *DuW* 807). Die Inkongruenz mag auf einen Fehler, aber auch auf das autobiographische Spiel von ›Dichtung‹ und ›Wahrheit‹ zurückzuführen sein.

248 Vgl. dazu auch FA 15/2, 1050 [Kommentar].

249 Gemeint sind Johann Georg Keyßlers *Neueste Reisen durch Teutschland, Böhmen, Ungarn* von 1729, die Beschreibungen und Kupferstiche der Inseln im Lago Maggiore enthalten (vgl. *DuW* 1284; HA 638f.; MA 1067. [Kommentare]). Goethe erwähnt das Werk bereits in der Beschreibung seiner Kinderjahre als in der Bibliothek seines Vaters befindlich (vgl. *DuW* 34).

250 Vgl. S. 17, 66–69, 71 f., 106.

schen Tugend und Laster geht, wäre der Abstieg nach Italien die Versuchung zum Laster – zur Tugend kann/muss man ja nicht verführt werden. Κακία, das Laster, tritt in der mythologischen Überlieferung selbst als Verführerin auf. Scheint aus der Sicht Passavents Italien die Versuchung zu sein, ist das für Goethe nicht so eindeutig. Tatsächlich lässt er sich nicht ohne Weiteres verführen:

> So ganz aus dem Stegreife ein solches Unternehmen, will mir doch nicht gefallen – »Was soll da viel Bedenken! rief jener, Geld haben wir genug nach Mayland zu kommen, Kredit wird sich finden, mir sind von unsern Messen her dort mehr als ein Handelsfreund bekannt.« Er ward noch dringender. Geh! sagte ich, mach᾿ alles zum Abschied fertig, entschließen wollen wir uns alsdann. (*DuW* 810)

Bemerkenswert ist, dass Goethe die erwartete Reihenfolge ›Entschluss – Handlung‹ umkehrt und erst für die Abreise fertig machen lässt, die Entscheidung, wohin es gehen soll, aber noch aufschiebt. Hier bleibt etwas offen und in der Schwebe – zu denken ist dabei an das Bild von den schwebenden Waagschalen. In eben diesen ›Latenzraum‹ des Entscheidens tritt eine Reflexion, die natürlich eine des retrospektiv schildernden autobiographischen Erzählers ist:

> Mir kommt vor als wenn der Mensch, in solchen Augenblicken, keine Entschiedenheit in sich fühlte, vielmehr von früheren Eindrücken regiert und bestimmt werde. Die Lombardie und Italien lag als ein ganz Fremdes vor mir; Deutschland als ein Bekanntes Liebwertes, voller freundlichen einheimischen Aussichten und, sei es nur gestanden: das was mich so lange ganz umfangen, meine Existenz getragen hatte, blieb auch jetzt das unentbehrlichste Element, aus dessen Grenzen zu treten ich mich nicht getraute. Ein goldnes Herzchen, das ich in schönsten Stunden von ihr [Lili] erhalten hatte, hing noch an demselben Bändchen, an welchem sie es umknüpfte, lieberwarm an meinem Halse. Ich faßte es an und küßte es; mag ein dadurch veranlaßtes Gedicht auch hier eingeschaltet sein: (*DuW* 811)

Die »freundlichen einheimischen Aussichten« mögen für die Weimar-Perspektive stehen, aber es ist auch die andauernde Liebe zu Lili Schönemann, die Goethe zurück in die Heimat zieht, obwohl er sich von Lili bereits aus Vernunftgründen getrennt hat. Im Rückblick reflektiert das autobiographische Ich, dass es am Scheideweg auf dem Gotthard nicht frei entschieden hat, die Entscheidung vielmehr durch die Vergangenheit bestimmt ist. Das ausschlaggebende Moment ist also ein affektives, nur vage umschriebenes. Das eingeschobene, vermutlich 1775/76 nach der Schweizer Reise entstandene, Gedicht, von dem Goethe spricht, wurde

bereits zitiert[251] und stellt eine nachträgliche Reflexion auf die lebensgeschichtliche Bedeutung der Lili-Beziehung dar. Diese ist bereits abgeschlossen (»Angedenken du verklung'ner Freude«), und sie hat das
autobiogaphische Ich maßgeblich geprägt (»Er ist der alte freigeborne
Vogel nicht, / Er hat schon jemand angehört« [DuW 811]). Entscheidenstheoretisch bemerkenswert ist, dass die Entscheidenssituation nachträglich nochmals mittels eines eingeschobenen Gedichts literarisch verarbeitet wird. Die Formulierung »ein dadurch veranlaßtes Gedicht« bezieht
sich offensichlich auf die Situation, dass Goethe in dem Moment, in dem
er das goldene Herzchen von Lili küsst, die Entscheidung trifft, nach
Frankfurt zurückzukehren. Ob das Küssen des Herzchens Folge der Entscheidung ist oder diese hervorruft, lässt sich dabei gerade nicht entscheiden. Dass Goethe die persönliche Entscheidenssituation mit einer
allgemeinen Reflexion über menschliches Entscheiden überschreibt (»Mir
kommt vor als wenn der Mensch, in solchen Augenblicken, keine Entschiedenheit in sich fühlte«), lässt sich immer wieder beobachten und
zeugt von einem anthropologischen Interesse an einer Grundsituation des
menschlichen Lebens, deren Virulenz darin besteht, dass entschieden werden *muss*, wo letztlich nicht entschieden werden kann. Jedenfalls verweist
die dramatisch dargestellte Szene vor der eindrucksvollen Bergkulisse
mit der eingefügten retrospektiven Generalisierung und dem nachträglich eingefügten Gedicht auf die bewegende Kraft eines nicht fassbaren
Entscheidensmoments, der aber gerade deshalb intensive literarische
Bearbeitung erfährt.[252] Der Moment als autobiographisch bedeutsamer
Augenblick und das Moment als bewegendes Motiv spielen einmal mehr
modellhaft ineinander.

Eine Formulierung Hermann Lübbes scheint die Situation genau zu
beschreiben: »Man trifft auf Scheidewege, jedoch weiß man längst, in
welche Richtung zu gehen ist, und wer dennoch die falsche einschlägt,
folgt, wie man weiß, keiner Entscheidung, sondern geht einer Versuchung
nach.«[253]

Goethe muss durchaus Kräfte aufwenden, um der Versuchung zu
widerstehen, die an dieser Stelle auch als Postfiguration der Versuchung
Jesu in der Wüste durch den Teufel[254] modelliert ist (Abb. 16).

Schnell stand ich auf, damit ich von der schroffen Stelle wegkäme und
der mit dem Refftragenden Boten heranstürmende Freund mich in den

251 Vgl. S. 139.
252 Zur Text-Bricolage als Entscheidensindex vgl. Nienhaus, Selbstarchivierung.
253 Lübbe, »Zur Theorie der Entscheidung«, 124.
254 Vgl. Mt 4,1–11; Lk 4,1–13.

Abb. 16: Philips Augustijn Immenraet: Die Versuchung Christi, 1663.

Abgrund nicht mit fortrisse. Auch ich begrüßte den frommen Pater und wendete mich, ohne ein Wort zu verlieren, dem Pfade zu woher wir gekommen waren. Etwas zaudernd folgte mir der Freund und ohngeachet seiner Liebe und Anhänglichkeit an mich blieb er eine Zeit lang eine Strecke zurück, bis uns endlich jener herrliche Wasserfall wieder zusammenbrachte, zusammenhielt und das einmal Beschlossene endlich auch für gut und heilsam gelten sollte. (*DuW* 811 f.)

Offensichtlich wusste Goethe, um nochmals auf Lübbes Formulierung zurückzukommen, dass er zurück nach Frankfurt musste. Die Entscheidung mag in der biographischen Situation intuitiv erfolgt sein; dies legt der Text nahe. Im autobiographischen Rückblick aber wird sie doppelt nachrationalisiert sowie in literarischer und mythischer Überkodierung verarbeitet. Da die Trennung von Lili im Grunde genommen bereits beschlossene Sache ist, bilden an dieser Stelle das Bild der Geliebten und Weimar als die eigentliche Versuchung möglicherweise einen Integumentzusammenhang: Lilis Bild wäre die rhetorische Verhüllung dessen, was Luhmann als das subjektive Moment bezeichnet, das die Entscheidung erst zur Entscheidung macht:[255] Weimar.

255 Vgl. S. 15.

Im 20. und letzten Buch von *Dichtung und Wahrheit* laufen die bis hierhin beschriebenen Entscheidensfäden zusammen und verknüpfen, ja potenzieren sich zu einem hochdramatischen Finale. Insbesondere wird deutlich, wie Berufs- und Partnerwahlentscheidung ineinandergreifen. Nach seiner Einlassung über das Dämonische[256] wendet sich das autobiographische Ich wieder seinem eigenen »kleine[n] Leben« zu, dem »wenigstens mit einem dämonischen Schein bekleidet[e]« Ereignisse bevorstanden (*DuW* 842). Er sei, so berichtet er, »von dem Gipfel des Gotthardt, Italien den Rücken wendend nach Hause gekehrt, weil [er] Lili nicht entbehren konnte« (ebd.). Goethe liebt Lili immer noch und diese Tatsache stellt seine Entscheidung, sich von Lili zu trennen, auf eine harte Probe:

> Ich hatte auf Lili mit Überzeugung Verzicht getan, aber die Liebe machte mir diese Überzeugung verdächtig. Lili hatte in gleichem Sinne von mir Abschied genommen und ich hatte die schöne zerstreuende Reise angetreten; aber sie bewirkte gerade das Umgekehrte. So lange ich abwesend war glaubte ich an die Trennung, glaubte nicht an die Scheidung. Alle Erinnerungen, Hoffnungen und Wünsche hatten ein freies Spiel. Nun kam ich zurück und wie das Wiedersehn der frei und freudig Liebenden ein Himmel ist, so ist das Wiedersehn von zwei nur durch Vernunftgründe getrennten Personen ein unleidliches Fegefeuer, ein Vorhof der Hölle. [...] Ich entschloß mich daher abermals zur Flucht [...]. (*DuW* 842 f.)

Und die Fluchtrichtung lautet: Weimar. Rationale Gründe werden genannt: die mehrfache freundliche Einladung an den Weimarer Fürstenhof, Goethes Anhänglichkeit an den Herzog, seine Verehrung gegenüber der Prinzessin und schließlich der Wunsch, das eigene Fehlverhalten in der ›Herkules-Affäre‹ gegenüber Wieland persönlich wiedergutzumachen. Doch eröffnet sich ein neuer Scheideweg:

> Nun kam aber noch hinzu daß ich, auf welchem Wege es wolle, vor Lili flüchten mußte, es sei nun nach Süden, wo mir die täglichen Erzählungen meines Vaters den herrlichsten Kunst- und Naturhimmel vorbildeten, oder nach Norden, wo mich ein so bedeutender Kreis vorzüglicher Menschen einlud. (*DuW* 843)

Auf dem Weg nach Weimar tut sich ein weiterer Stolperstein auf: Goethe missdeutet eine Handlung der Weimarer Fürstengesellschaft, die auf der

---

256 Vgl. Kapitel »Momentum daimonicum« (S. 170–178).

Rückreise am 12. Oktober 1775 abermals in Frankfurt Halt macht. Wider die mit ihm getroffene Verabredung besteigen die Herrschaften nach einem Besuch bei den ebenfalls in Frankfurt weilenden Meininger Fürsten ihre Kutschen und fahren davon. »Anstatt mich nun gewandt und klug nach der Sache umzutun und irgend einen Aufschluß zu suchen, ging ich, nach meiner entschlossenen Weise, sogleich meinen Weg nach Hause, wo ich meine Eltern beim Nachtische fand« (*DuW* 844). Entschlossenheit scheint hier für eine Art von Blödigkeit[257] oder Halsstarrigkeit und höfischer Gewandtheit entgegen zu stehen. Und Goethes Vater sieht sich in seinen Vorurteilen gegenüber den fürstlichen Personen bestätigt, von denen er annimmt, dass sie seinen Sohn aus ständischem Dünkel heraus foppen und beschämen wollen. Doch kann das Missverständnis aufgeklärt werden und das Weimarer Fürstenpaar bietet an, Goethe durch einen »in Carlsruhe zurückgebliebene[n] Kavalier, welcher einen in Straßburg verfertigten Landauer Wagen erwarte« (*DuW* 844 f.), in Frankfurt abholen und nach Weimar bringen zu lassen. Der »Weg« scheint sich also »angenehm zu ebnen« (*DuW* 845) – allein: der Wagen bleibt aus. Dabei hat sich Goethe bereits von seinen Freunden verabschiedet und möchte in Frankfurt nicht mehr gesehen werden. Er bleibt daher in seinem Zimmer und arbeitet am *Egmont*, den der auf seinen Dichtersohn stolze Vater gerne abgeschlossen gesehen hätte. Dieser fühlt sich indessen durch das Ausbleiben der Weimarer Kutsche in seinem Argwohn gegenüber den Fürsten bestätigt. Goethe schildert seine »innere Agitation«, die als »Gemütsstimmung« in den *Egmont* einfließt; dieser, »von soviel Leidenschaften bewegt [hätte] nicht wohl von einem ganz Leidenschaftslosen [...] geschrieben werden können« (*DuW* 846). Diese Leidenschaft wird durch die »Nähe einer Geliebten, von der [Goethe] zwar [s]ich zu trennen den Vorsatz gefaßt«, erst recht stimuliert. Nächtens schleicht er sich unerkannt an Lilis Fenster und hört sie am Klavier ein Lied singen, dessen Text er selbst verfasst und ihr zugeeignet hatte: »*Ach wie ziehst du mich unwiderstehlich!*« Das Gedicht ist im 17. Buch von *Dichtung und Wahrheit*, in dem Goethe von der beginnenden Liebe zu Lili Schönemann erzählt, abgedruckt (vgl. *DuW* 750). Die Analepse erinnert im Augenblick des endgültigen Abschieds an den Beginn der Liebe und verdichtet die Lili-Geschichte zu einem in hohem Maße bewegten autobiographischen Moment:

Nur der feste Vorsatz mich wegzubegeben, ihr nicht durch meine Gegenwart beschwerlich zu sein, ihr wirklich zu entsagen, und die Vor-

---

257 Vgl. Georg Stanitzek, *Blödigkeit. Beschreibungen des Individuums im 18. Jahrhundert*, Tübingen: Niemeyer, 1989.

stellung, was für ein seltsames Aufsehen mein Wiedererscheinen machen müßte, konnte mich entscheiden die so liebe Nähe zu verlassen. (*DuW* 847)

Die zur Zeit Goethes durchaus mögliche Formulierung des Verbs »entscheiden« mit Akkusativ (»der feste Vorsatz [...] konnte mich entscheiden«)[258] deklariert nicht das Subjekt zum zentralen Akteur der Entscheidung, sondern etwas anderes: den Vorsatz, den es gefasst hat. Auf diese Weise gerät das Entscheiden zum inneren Konflikt, aber auch zur Szene eines inneren Aushandlungsprozesses, der freilich in der Autobiographie externalisiert, literarisch gestaltet und schließlich auch kommuniziert wird.

Nun wittert allerdings Vater Goethe Morgenluft und setzt dem Sohn ein Ultimatum:

> Er stellte mir vor: die Sache sei nun einmal nicht zu ändern, mein Koffer sei gepackt, er wolle mir Geld und Kredit geben nach Italien zu gehen, ich müsse mich aber gleich entschließen aufzubrechen. In einer so wichtigen Sache zweifelnd und zaudernd, ging ich endlich darauf ein, daß wenn zu einer bestimmten Stunde weder Wagen noch Nachricht eingelaufen sei, ich abreisen, und zwar zuerst nach Heidelberg, von dannen aber nicht wieder durch die Schweitz sondern nunmehr durch Graubündten oder Tyrol über die Alpen gehen wolle. (*DuW* 847)[259]

Die Entscheidenstheorie hat den Zeitdruck als konstitutiv für das Entscheiden festgehalten. Der im väterlichen Ultimatum künstlich erzeugte Zeitdruck soll nun auch im Fall Goethes die Entscheidung befördern. Die Schilderung dieser virulenten Entscheidenssituation veranlasst den rückblickenden Autobiographen zu einer grundlegenden Reflexion über menschliches Entscheiden:

> Wunderbare Dinge müssen freilich entstehn, wenn eine planlose Jugend, die sich selbst so leicht mißleitet, noch durch einen leidenschaftlichen Irrtum des Alters auf einen falschen Weg getrieben wird. Doch darum ist es Jugend und Leben überhaupt, daß wir die Strategie gewöhnlich erst einsehn lernen, wenn der Feldzug vorbei ist. Im reinen Geschäftsgang wär' ein solches Zufälliges leicht aufzuklären gewesen, aber wir verschwören uns gar zu gern mit dem Irrtum gegen das Natür-

---

258 Vgl. dazu »entscheiden«, *Der digitale Grimm*, Bd. 3: 596–598: »*man stellte zum acc. der person einen gen. der sache*«; vgl. dazu auch Wagner-Egelhaaf, »Trauerspiel und Autobiographie«, 79.

259 Graubünden gehörte damals noch nicht zur Schweizer Republik (vgl. *DuW* 1297 [Kommentar]).

Sich/Für sich entscheiden. Goethe

lichwahre, so wie wir die Karten mischen eh wir sie herumgeben, damit ja dem Zufall sein Anteil an der Tat nicht verkümmert werde; und so entsteht gerade das Element, worin und worauf das Dämonische so gern wirkt und uns nur desto schlimmer mitspielt, jemehr wir Ahndung von seiner Nähe haben. (*DuW* 847 f.)

Das Adjektiv ›wunderbar‹ steht hier noch in deutlicher semantischer Nähe zu ›wunderlich‹[260] in der Bedeutung von ›sonderbar‹, ›unerklärlich‹. Wenn die Planlosigkeit der Jugend, die Goethe seinem jüngeren alter ego zuschreibt, und der Starrsinn des Alters, der hier auf Vater Goethe gemünzt ist, aufeinandertreffen, kommt es zu merkwürdigen Konstellationen – und auch zu falschen Entscheidungen, wie im Folgenden deutlich wird. Wer im Leben zurückblickt, wie es ein Autobiograph tut, sieht mehr und anderes als derjenige, der aktuell in der (Entscheidens-)Situation steht. »[D]ie Strategie einsehn« mag bedeuten ›zu sehen, was richtig ist‹ bzw. gewesen wäre. Und der ›reine Geschäftsgang‹ steht wohl für die von Leidenschaften und fixen Ideen, ja vom ›Zufälligen‹[261] unverstellte ›Sache an sich‹. Aber der Mensch neigt zum Irrtum und erkennt das »Natürlichwahre« nicht. Der Kartenspielvergleich macht es deutlich, dass der Mensch geradezu mit dem Zufall, also mit dem, was ihm eigentlich von seiner Anlage und Neigung her gerade nicht entspricht, spielt, als wäre eben dieses Unabsehbare für ihn von ganz besonderem Reiz. Die sich anschließende Formulierung ist in der Tat ›merkwürdig‹: ›es entsteht ein Element‹. Was heißt hier ›Element‹? Man würde vielleicht eher von einer ›Konstellation‹ sprechen, auf die das Dämonische einwirken oder zugreifen kann. Tatsächlich ist der semantische Bezug zur Bedingung menschlichen Lebens nicht weit.[262] Die genannten Faktoren (Planlosigkeit der Jugend, leidenschaftlicher Irrtum des Alters, Neigung des Menschen zum Zufall,

---

260 Vgl. »wunderbar«, in: *Der digitale Grimm*, Bd. 30, 1841–1857; ›wunderlich‹, ebd., 1903–1923.

261 Vgl. »Zufall«, in: *Der digitale Grimm*, Bd. 32, 342–347.

262 Das Grimm'sche Wörterbuch führt u. a. den folgenden sprechenden Beleg für »element« an: »2) das, wodurch leben bedingt wird, quo vita continetur, deliciae: wasser ist das element der fische; das ist sein element (sein leben, sein vergnügen); jetzt ist er in seinem elemente (i. s. esse); der hof ist sein wahres element; er war jetzt in seinem element. Stilling 3, 121; zum erstenmal seit langer zeit fand sich Wilhelm wieder in seinem elemente. Göthe [Bd. 3, Sp. 405]« (»element«, in: *Der digitale Grimm*, Bd. 3, 404 f.). Im Goethe-Wörterbuch heißt es zu »Element« in der angeführten Stelle aus *Dichtung und Wahrheit*: *als Lebens- u Wirkungsraum, insbes die von einer Person erzeugte, ihr charakterist zugehörige Sphäre, das einem Ort, einer Zeit, einer Situation eigentüml Milieu; vereinzelt als förderndes Mittel«* (Elke Umbach, »Element«, *Goethe-Wörterbuch*, Bd. 3, 33–37, 37).

menschliche Verkennung des Natürlich-Wahren) bereiten der Einwirkung des Dämonischen den Boden. Die Formulierung »worin und worauf das Dämonische so gern wirkt«, die Unentschiedenheit, wie im Kapitel »Momentum daimonicum« ausgeführt,[263] indiziert eine doppelte Wirksamkeit des Dämonischen: es wirkt ›in‹ und ›auf‹ »das Element«, von dem nicht ganz klar ist, ob es selbst ein Subjektinneres oder ein Äußeres ist, und höchstwahrscheinlich ein unbestimmtes Schweben zwischen beidem darstellt. Da dies in der konkreten autobiographischen Situation jedoch erst vom rückblickenden Autobiographen wahrgenommen werden kann, denn weder der planlose Junge, noch der verbohrte Alte verfügen über die entsprechende Weitsicht, handelt es sich hier im Sinne dieser Studie um ein genuines ›Momentum‹ der Autobiographie, das die folgende dramatische Ausgestaltung erfährt:

Zur »bestimmten Stunde« treffen weder »Wagen noch Nachricht« (*DuW* 897) ein und Goethe muss *nolens volens* los nach Italien. Er verabschiedet sich im verhüllenden Mantel eines nächtlichen Inkognito[264] von seinem Freund Passavent – »an Beredung und Beratung war nicht zu denken« (*DuW* 848) – und bricht am 30. Oktober 1775 in Richtung Süden auf. Er macht Zwischenstation in Heidelberg bei Demoiselle Delf, jener guten Freundin seines Vaters, die als Beraterin und Vermittlerin bereits das Verlöbnis mit Lili in die Wege geleitet hatte. Für die Entscheidung, in Heidelberg einen Zwischenaufenthalt einzulegen, führt der autobiographische Erzähler zwei Gründe an, einen ›verständigen‹, weil die autobiographische Figur gehört hatte, dass die Kutsche aus Carlsruhe über Heidelberg kommen würde, und einen ›leidenschaftlichen‹, weil es ihm gut tut, mit Demoiselle Delf über die zurückliegenden schönen Zeiten mit Lili zu sprechen. Der Reisende will also zurückblicken, aber Demoiselle Delf, die der Erzähler schon früher als tatkräftig eingeführt hat und auch nun als »planvoll« und nichts dem Zufall überlassend beschreibt (vgl. *DuW* 849, 765), hat bereits anderes im Sinn: Sie möchte Goethe an den Hof des Kurfürsten Carl Theodor von der Pfalz vermitteln, der in Mannheim residiert, und sie führt ihn u. a. bei der Familie des Oberforstmeisters von Wrede ein, dessen Tochter Goethe an Friederike erinnert. »Es war gerade die Zeit der Weinlese, das Wetter schön und alle die elsassischen Gefühle lebten in dem schönen Rhein- und Neckartale in mir wieder auf« (*DuW* 848), heißt es im Text. Dass der Erzähler diese Situation als autobiographische reflektiert, verdeutlicht vor dem Hintergrund

---

263 Vgl. S. 175.

264 »Ich beschied ihn daher durch einen Unbekannten Nachts an einen gewissen Platz, wo ich, in meinen Mantel gewickelt, eher eintraf als er« (*DuW* 848).

des von Goethe betonten Resultatcharakters seiner Autobiographie[265] die Bemerkung, damals habe sich noch »kein Resultat des Lebens« in ihm »hervorgetan« (*DuW* 849). Jedenfalls droht Goethe in Heidelberg hängenzubleiben und muss sich regelrecht losreißen:

> mein planloses Wesen konnte sich mit der Planmäßigkeit meiner Freundin nicht ganz vereinigen, ich genoß das Wohlwollen des Augenblicks, Lilis Bild schwebte mir wachend und träumend vor und mischte sich in alles andre, was mir hätte gefallen oder mich zerstreuen können. Nun rief ich mir aber den Ernst meines großen Reiseunternehmens vor die Seele und beschloß, auf eine sanfte und artige Weise mich loszulösen und in einigen Tagen meinen Weg weiter fortzusetzen. (*DuW* 850)

»Bis tief in die Nacht hinein hatte Demoiselle Delf [ihm] ihre Plane [...] im Einzelnen dargestellt«, nämlich nach der Rückkehr von Italien zu sehen, ob »die aufkeimende Neigung der Fräulein von Wrede gewachsen oder erloschen« sei, als – Goethe hat noch nicht lange geschlafen – der Postillion die Nachricht bringt, dass die erwartete Kutsche aus Weimar in Frankfurt eingetroffen sei. Goethe schickt die aufgebrachte Demoiselle Delf, die dringend abrät, der Einladung nach Weimar zu folgen, weg und erbittet sich »eine Viertelstunde Einsamkeit« (*DuW* 850), zur Deliberation gewissermaßen. Er wirft sich vor, sich aus »Unglaube und Ungewißheit [...] übereilt« und »Güte, Gnade, Zutrauen« (*DuW* 850 f.) der Weimarer missachtet zu haben. Wieder steht Goethe am Scheideweg: nach Italien oder nach Weimar?[266] Der Schluss des Buchs und damit von *Dichtung und Wahrheit* insgesamt stellt eine hochdramatisch verdichtete Szene des Entscheidens dar.[267] Er sei daher in voller Länge zitiert:

> So sehr sich auch mein Verstand und Gemüt gleich auf diese Seite [Weimar] neigte, so fehlte es doch meiner neuen Richtung [Italien] auch nicht an einem bedeutenden Gegengewicht. Mein Vater hatte mir einen gar hübschen Reiseplan aufgesetzt und mir eine kleine Bibliothek mitgegeben, durch die ich mich vorbereiten und an Ort und Stelle leiten könnte. In müßigen Stunden hatte ich bisher keine andere Unter-

---

265 Vgl. S. 25.

266 Auch Christoph Michel und Hans-Georg Dewitz, die Herausgeber von Goethes *Italienischer Reise* in der Ausgabe des Deutschen Klassiker Verlags, sprechen im Kontext dieser Szene von einer »›Scheideweg‹-Situation« (vgl. »Goethe und Italien«, in FA 15/2, 1041–1071, 1053).

267 Neumann, *Von Augustinus zu Facebook*, 183 sieht die »Irrationalisierung« der Entscheidung, nach Weimar zu gehen, der Absicht, *Dichtung und Wahrheit* abzurunden, geschuldet.

haltung gehabt, sogar auf meiner letzten kleinen Reise im Wagen nichts anders gedacht. Jene herrlichen Gegenstände, die ich von Jugend auf durch Erzählung und Nachbildung aller Art kennen gelernt, sammelten sich vor meiner Seele und ich kannte nichts Erwünschteres als mich ihnen zu nähern, indem ich mich entschieden von Lili entfernte. Ich hatte mich indes angezogen und ging in der Stube auf und ab. Meine ernste Wirtin trat herein. Was soll ich hoffen? rief sie aus. Meine Beste, sagte ich, reden Sie mir nichts ein, ich bin entschlossen zurückzukehren, die Gründe habe ich selbst bei mir abgewogen, sie zu wiederholen würde nichts fruchten. Der Entschluß am Ende muß gefaßt werden und wer soll ihn fassen als der den er zuletzt angeht? Ich war bewegt, sie auch, und es gab eine heftige Szene, die ich dadurch endigte, daß ich meinem Burschen befahl, Post zu bestellen. Vergebens bat ich meine Wirtin sich zu beruhigen und [...] zu bedenken, daß es nur auf einen Besuch auf eine Aufwartung für kurze Zeit angesehn sei, daß meine italiänische Reise nicht aufgehoben, meine Rückkehr hierher nicht abgeschnitten sei. Sie wollte von nichts wissen und beunruhigte den schon Bewegten noch immer mehr. Der Wagen stand vor der Tür, aufgepackt war, der Postillion ließ das gewöhnliche Zeichen der Ungeduld erschallen, ich riß mich los, sie wollte mich noch nicht fahren lassen, und brachte künstlich genug die Argumente der Gegenwart alle vor, so daß ich endlich leidenschaftlich und begeistert die Worte Egmonts ausrief:

Kind, Kind! nicht weiter! Wie von unsichtbaren Geistern gepeitscht gehen die Sonnenpferde der Zeit mit unsers Schicksals leichtem Wagen durch, und uns bleibt nichts, als mutig gefaßt, die Zügel festzuhalten, und bald rechts, bald links, vom Steine hier, vom Sturze da die Räder abzulenken. Wohin es geht, wer weiß es? Erinnert er sich doch kaum, woher er kam. (*DuW* 851 f.)

Die Passage ist auf bemerkenswerte Weise geprägt von der Metaphorik des Wiegens bzw. des (Ab)Wägens: Verstand und Gemüt neigen sich auf die Seite Weimar, aber mittlerweile stellt auch Italien ein bedeutendes Gegengewicht dar. Die Gründe habe er bei sich selbst abgewogen, äußert Goethe gegenüber Madame Delf. Das Abwägen scheint sich in der körperlichen Bewegung des Auf- und Abgehens darzustellen. Allerdings wird nicht artikuliert, was es ist, das letztlich den Ausschlag gegeben hat, d. h. der Prozess des Abwägens wird nicht vollständig transparent. Sich »entschieden« von Lili entfernen zu wollen, wird mit der Option italienischen Kunstgenusses verbunden, aber auch die Entscheidung für Weimar erfüllt diesen Zweck. Beide, Goethe und Demoiselle Delf, sind »bewegt« und Goethe nutzt die Kraft der Bewegung, seinen »Entschluß« zu fassen. Und dieser Entschluß ist ein »Sich Entscheiden«, in dem Sinne, dass er von demjenigen getroffen wird, den die Entscheidung letztlich betrifft, ein

　　　　　　　Sich/Für sich entscheiden. Goethe

reflexiver, selbstbezüglicher Akt wie ihn strukturell auch die Autobiographie vollführt und darstellt. Äußere Einflüsse werden abgelehnt, wohl auch noch angesichts des zuvor formulierten Gedankens, dass es falsch war, dem Drängen des Vaters, nach Italien zu reisen, nachzugeben. Und Demoiselle Delf steht ihm als Sachwalterin des väterlichen Wunschs, Weimar zu verhindern, in dieser überaus theatralischen ›Szene‹ als Antagonistin gegenüber. Vor dem Hintergrund von Lübbes Diktum, dass erst der Zwang aus der Wahl eine Entscheidung mache und diese nur für eine gewisse Zeit aufgeschoben werden könne, die Entscheidungssituation also befristet sei, ist es bemerkenswert, dass Goethe eben die von Lübbe beschriebene »Zeitlichkeitsstruktur der Entscheidungssituation«[268] künstlich herbeiführt, indem er eine Postkutsche bestellt und, als der Postillion vor dem Haus ungeduldig ins Horn bläst, Demoiselle Delf einfach zur Seite schieben und losstürmen kann. Das »Für und Wider« muss dann gar nicht und kann auch nicht ›völlig durchsichtig‹ gemacht werden.

Mit Luhmann lässt sich diese *Dichtung und Wahrheit* abschließende Entscheidung tatsächlich als Unterentscheidung der ersten Entscheidung, der Entscheidung zur Autobiographie, lesen. Denn hier ereignet sich, was am Beginn des Autobiographieprojekts steht und dieses motiviert: die Herstellung eines Zusammenhangs von Leben und Werk, nach dem die fiktiven Freunde im eingangs zitierten fiktiven und zugleich fiktionalen Brief gefragt haben. Indem Goethe in dieser Kulminationsszene von *Dichtung und Wahrheit* seinen Dramenhelden Egmont zitiert und dessen Worte auf die eigene biographische Entscheidenskonstellation münzt, löst er momenthaft zugespitzt den erbetenen Zusammenhang von Leben und Werk ein. Und es bewahrheitet sich das Luhmann'sche Diktum »Das System muß ›Imagination‹ einsetzen. Anders kommt es nicht zu Entscheidungen.«[269] Imagination meint hier Egmonts Bild von den Sonnenpferden der Zeit und dem Schicksalswagen,[270] das Goethes Abgang

---

268 Lübbe, »Zur Theorie der Entscheidung«, 130. Vgl. dazu auch Schimank, der feststellt, »dass Entscheidungsprobleme durch künstlich gesetzte Zeitknappheit auch verschwinden können« (Schimank, *Entscheidungsgesellschaft*, 165).

269 Luhmann, »Disziplinierung durch Kontingenz«, 1080.

270 Das Zitat lautet im *Egmont* nur geringfügig anders: »Kind, Kind! nicht weiter! Wie von unsichtbaren Geistern gepeitscht gehen die Sonnenpferde der Zeit mit unsers Schicksals leichtem Wagen durch; und uns bleibt nichts als mutig gefaßt, die Zügel zu erhalten, und bald rechts, bald links vom Steine hier, vom Sturze da die Räder wegzulenken. Wohin es geht, wer weiß es? Erinnert er sich kaum, woher er kam.« (FA 5, 489); vgl. dazu Wagner-Egelhaaf, »Trauerspiel und Autobiographie«, 83. Zu Egmonts dialektischem Subjektstatus zwischen Innerlichkeit und Rhetorik vgl. Jane K. Brown, »Egmonts Dämon: Die Erfindung des Subjekts«, in: dies., *Ironie und Objektivität. Aufsätze zu Goethe*, Würzburg, Königshausen & Neumann, 1999, 14–32, insbes. 31.

aus Heidelberg mit der Postkutsche mythisch überhöht, aber auch an den astrologischen Topos zu Beginn von *Dichtung und Wahrheit* rückbindet. Indessen verweist auch die Zeitlichkeitsstruktur der Szene auf ein autobiographisches Momentum: Während Demoiselle Delf die »Argumente der Gegenwart« geltend zu machen versucht – und das sind wohl die neuen, von ihr verfolgten Heidelberger Heirats- und Berufspläne, die sich mit der Italienreise verbünden –, greifen die abschließenden Worte Egmonts weiter in Vergangenheit und Zukunft aus: »Wohin es geht, wer weiß es? Erinnert er sich doch kaum, woher er kam.« Der ›Herkules am Scheideweg‹, seit jeher eine black box des Entscheidens für andere wie wohl auch für sich selbst, wird hier in ein einerseits persönlichkeitsauflösendes, andererseits in ein persönlichkeitstranszendierendes ›Wer/er‹ transponiert. In einem so prekären wie bewegten autobiographischen Moment wird ein ganzer Lebenszusammenhang aufgerufen, der das autobiographische Ich zwischen einem unbestimmten ›wer‹ und einem ebenso unbestimmten ›er‹ oszillieren lässt. Die Figur strebt in die Zukunft und weiß nicht, was sie dort erwartet; im Moment des Entscheidens spielen Erinnerung und Herkommen keine Rolle mehr.[271] Der Erzähler weiß zwar, woher ›er‹ kam – das hat er gerade über viele hundert Seiten hinweg beschrieben – und er weiß auch, wohin es ›ihn‹ geführt hat, aber derjenige der schreibt, ist nicht (mehr) derjenige, der sich gerade für Weimar entschieden hat. Die Entscheidung des Erzählers, mit der zentralen Lebensentscheidung seiner Figur *Dichtung und Wahrheit* enden zu lassen, erweist das Entscheiden einmal mehr und mit Nachdruck als oszillierendes reflexives Momentum der Autobiographie.

Weimar / Italien / Weimar

Nach dem dramatischen Finale von *Dichtung und Wahrheit* könnte das vorliegende Buch an dieser Stelle enden. Aber: Weil die Erzählung mit einer veritablen Scheidewegsituation endet, die tatsächlich entschieden werden muss, wobei die Optionen nicht mehr so klar wie weiland beim alten Herkules mit Tugend und Laster gleichzusetzen sind, stellt sich die Frage, wie es nach dieser zentralen Lebensentscheidung mit dem autobiographischen Entscheiden weitergeht. Es müssen allerdings nur kurze Ausblicke auf weitere Scheidewegkonstellationen in Goethes nachfolgenden autobiographischen Schriften genügen.

---

271 Luhmann hat geltend gemacht, dass, wer vor einer Entscheidung steht, nicht mehr reflektiert, wie es zu dieser Entscheidenssituation gekommen ist (vgl. S. 15 dieser Studie).

In *Dichtung und Wahrheit* verweigert Goethe die vom Vater gewünschte Italienreise zweimal, biegt am Scheideweg Italien/Frankfurt respektive Weimar zweimal in Richtung Norden ab. Auf seiner 1779 gemeinsam mit Carl August unternommenen Reise in die Schweiz kommt es zu einer »zweite[n] ›Kehre‹ auf dem Gotthardpaß«,[272] die Goethe nachträglich in den *Briefen aus der Schweiz* (1796/1808) zu einem entscheidenden autobiographischen Moment stilisiert:

> Hier, ist's beschlossen, wollen wir stille stehen und uns wieder nach dem Vaterlande zuwenden. Ich komme mir sehr wunderbar hier oben vor; wo ich mich vor vier Jahren mit ganz andern Sorgen, Gesinnungen, Planen und Hoffnungen, in einer andern Jahrszeit, einige Tage aufhielt, und mein künftiges Schicksal unvorahndend, durch ein ich weiß nicht was bewegt, Italien den Rücken zukehrte und meiner jetzigen Bestimmung unwissend entgegen ging.[273]

›Beschluss‹, ›Schicksal‹ und ›Bestimmung‹ bilden die Koordinaten dieser Szene: Sein künftiges Schicksal ahnte Goethe damals nicht, doch er war ›bewegt‹. Dass er durch »ein ich weiß nicht was bewegt« gewesen sein will, erstaunt, denn in der sehr viel später ausgearbeiteten Gotthard-Passage aus *Dichtung und Wahrheit* wird ganz klar, wie dargestellt, die noch nicht ausgestandene Liebe zu Lili Schönemann als ›Beweggrund‹ genannt. Dieser Beweggrund scheint in den *Briefen aus der Schweiz* gar keine Rolle zu spielen, und Goethe behauptet, er sei seiner jetzigen ›Bestimmung‹ »unwissend« entgegen gegangen. Nimmt man die Schilderungen beider autobiographischer Texte zusammen, *Dichtung und Wahrheit* und die *Briefe aus der Schweiz*, erscheint in der rückwirkenden literarischen Stilisierung der damalige Moment der Entscheidung als schillernde Verbindung von Nichtwissen und Wissen. Dass Goethe nun wieder an dieser Stelle steht, kommt ihm »wunderbar«[274] vor. Das dreifache Zurückweichen vor Italien hat gewiss auch psychologische Gründe, doch stellt eine ausschließlich psychoanalytische Interpretation eine Verkürzung dar.[275] Für die vor-

---

272 FA 15/2, 1051 (Kommentar).

273 FA 16, 16–88, 84.

274 ›wunderbar‹ im Sinn von ›seltsam‹ oder ›merkwürdig‹ hat dem Grimm'schen Wörterbuch zufolge auch noch eine religiöse, auf das Wirken Gottes bezogene Dimension, ist im 18. Jahrhundert aber auch zu einem Begriff der Poetik geworden (vgl. »wunderbar«, in: *Der digitale Grimm*, Bd. 30, 1843–1852). Das heißt, das Attribut ›wunderbar‹ lässt die Szene zwischen schicksalhaft-vorbestimmt und poetisch geschaffen oszillieren.

275 FA 15/2, 1052 (Kommentar). In einem Brief an Frau von Stein vom 13.11.1779 nennt Goethe als Grund für die Umkehr Rücksicht auf den Herzog und behauptet, Italien reize ihn auch diesmal nicht.

liegende Studie ist entscheidend, dass die Wegscheide zwischen Italien und Deutschland Goethes Lebenslauf mehrfach und damit gewissermaßen als Grundsignatur eingezeichnet ist.

Die italienische Reise (1816/17/29) führt Goethe an die nämliche Wegscheide Italien/Weimar, nur dass diesmal die Entscheidung zugunsten Italiens ausfällt. Damit werden die früheren Entscheidungen gegen Italien im Jahr 1786 einerseits revidiert, andererseits aber auch bestätigt, insofern als der jetzige Aufbruch nach Italien tatsächlich Goethes eigene Entscheidung darstellt, während die früheren, nichtverwirklichten Reisepläne immer die des Vaters waren.

So dramatisch Goethe in *Dichtung und Wahrheit* seinen Aufbruch nach Italien dargestellt hat, so heimlich verlässt er am Beginn der *Italienischen Reise*[276] elf Jahre später den Weimarer Hof, der gerade in Karlsbad Goethes 37. Geburtstag gefeiert hat, in Richtung Italien. Hier gibt es keine dem Schluss von *Dichtung und Wahrheit* vergleichbare Entscheidensszene. Dargestellt wird lediglich der fluchtartige Aufbruch:

Den 3. September 1786.
Früh drei Uhr stahl ich mich aus Carlsbad, weil man mich sonst nicht fortgelassen hätte. Die Gesellschaft die den acht und zwanzigsten August meinen Geburtstag auf eine sehr freundliche Weise feiern mochte, erwarb sich wohl dadurch ein Recht mich fest zu halten; allein hier war nicht länger zu säumen. Ich warf mich, ganz allein, nur einen Mantelsack und Dachsranzen aufpackend, in eine Post-Chaise und gelangte halb acht Uhr nach Zwota, an einem schönen stillen Nebelmorgen.[277]

---

276 Die *Italienische Reise* wird im Folgenden nur noch im Hinblick auf die markantesten Entscheidensszenen in den Blick genommen. Beginn und der Schluss verdienen bezüglich der zentralen Scheidewegfigur Italien/Weimar bevorzugte Aufmerksamkeit.

277 FA 15/1, 11 (im Folgenden mit der Sigle *ItR* zitiert). Michel und Dewitz bemühen sich in ihrem Kommentar zur *Italienischen Reise* um eine differenzierte Rekonstruktion von Goethes Motiven für den Aufbruch nach Italien, die sie in der Tat als krisenhaften, ja dilemmatischen Entschluss fassen (vgl. den Kommentar zur *Italienischen Reise* in FA 15/2, insbes. 1056–1059). Dabei zeichnen sie Goethes lebenslanges Verhältnis zu Italien ebenso nach wie sie auf seine sich nach den ersten Weimarer Jahren einstellende berufliche Unzufriedenheit und auf werkpolitische, von empfundener Stagnation bestimmte Erwägungen zu sprechen kommen. Sie gelangen zu dem Schluss, dass Goethe einem Impuls des Instinkts folgte, diesen aber im Rückblick als überlegt darstellte. Der vorliegenden Studie geht es nicht darum herauszufinden ›wie es wirklich war‹, sondern wie die Entscheidung und das Entscheiden in den autobiographischen Schriften (re)konstruiert und dargestellt werden. In einem Brief an Herder vom 13.12.1786 bezeichnet Goethe seinen Aufbruch als »Salto mortale« (FA 15/2, 1050 [Kommentar]).

Die Entscheidung liegt jenseits des Textes. Klugerweise hat Goethe niemandem Bescheid gesagt, um die einsam getroffene Entscheidung nicht zu gefährden. Wie am Ende von *Dichtung und Wahrheit* (vgl. *DuW* 843) ist die Rede von einer »Flucht [...] vor allen den Unbilden, die [er] unter dem Ein und Funfzigsten Grade erlitten« (*ItR* 21). Im Folgenden protokolliert Goethe vornehmlich topographische und klimatische Verhältnisse. Da sind es lediglich die Flüsse, die diesseits und jenseits von Wasserscheiden in bestimmte Richtungen fließen. Und am 8. September sieht er sich auf dem Brenner »auf der Grenzscheide des Südens und Nordens eingeklemmt« (*ItR* 19).

Erst als Goethe bereits in Venedig ist, werden weitere Gründe für die ›Flucht‹ aus Carlsbad und damit Weimar genannt:

> Hätte ich nicht den Entschluß gefaßt, den ich jetzt ausführe, so wär’ ich rein zu Grunde gegangen: zu einer solchen Reife war die Begierde, diese Gegenstände[278] mit Augen zu sehen, in meinem Gemüt gestiegen. Die historische Kenntnis fördert’ mich nicht, die Dinge standen nur eine Handbreit von mir ab, aber durch eine undurchdringliche Mauer geschieden. Es ist mir wirklich auch jetzt nicht etwa zu Mute, als wenn ich die Sachen zum erstenmal sähe, sondern als ob ich sie wiedersähe. (*ItR* 105 f.)[279]

Und in vergleichbarer Weise äußert sich Goethe bei seiner Ankunft in Rom am 1. November:

> Endlich kann ich den Mund auftun und meine Freunde mit Frohsinn begrüßen. Verziehen sei mir das Geheimnis und die gleichsam unterirdische Reise hierher. Kaum wagte ich mir selbst zu sagen, wohin ich ging, selbst unterwegs fürchtete ich noch und nur unter der Porta del Popolo war ich mir gewiß Rom zu haben.
>
> [...] Nur da ich jedermann mit Leib und Seele in Norden gefesselt, alle Anmutung nach diesen Gegenden verschwunden sah, konnte ich mich entschließen einen langen einsamen Weg zu machen, und den Mittelpunkt zu suchen, nach dem mich ein unwiderstehliches Bedürfnis hinzog. (*ItR* 134)

---

278 Gemeint sind die italienischen Bauwerke.

279 Tatsächlich hatte Goethe bereits im Vorfeld einige Abschiedsbriefe geschrieben; vgl. die Briefe an Charlotte von Stein vom 1.9. und vom 2.9.1786, an das Ehepaar Herder vom 2.9.1786 und an Herzog Carl August vom 2.9.1786 (FA 29, 647–651). In Bezug auf die Beziehung zu Frau von Stein kann auch Goethes »Flucht« aus Weimar als eine »Ent-Scheidung« gelesen werden.

Die Begründung der Entscheidung verbindet sich also mit dem Reisebericht selbst bzw. wird an einzelne Etappen gebunden: Je weiter Goethe nach Italien gelangt, desto sicherer ist er, den seit längerem gefassten Plan tatsächlich auch verwirklichen zu können – und desto selbstbewusster werden die Gründe vorgetragen. Das Entscheiden erfährt im Medium der autobiographischen Erzählung eine Verräumlichung. Es ist also gewissermaßen dem Text eingeschrieben bzw. der Text gestaltet sich als ein nachträgliches Entscheiden im Sinne einer Bekräftigung der Entscheidung. Die späte Entscheidung für Italien findet schließlich die folgende Rechtfertigung:

> Ja ich bin endlich in dieser Hauptstadt der Welt angelangt! Wenn ich sie in guter Begleitung, angeführt von einem recht verständigen Manne, vor funfzehn Jahren gesehn hätte, wollte ich mich glücklich preisen. Sollte ich sie aber allein, mit eignen Augen sehen und besuchen; so ist es gut, daß mir diese Freude so spät zu Teil ward. (*ItR* 134 f.)

Tatsächlich scheint Goethe nun zum richtigen Zeitpunkt am richtigen Ort zu sein und sich der bisherige Lebensverlauf mit all seinen vorausgegangenen, z. T. planlosen Entscheidungen zu bestätigen. Dazu gehört die Entscheidung für Weimar, aber auch die wenngleich verspätete Entscheidung für die Bildungspläne des 1782 verstorbenen Vaters, mit dem Goethe sich nun nachträglich verständigt hat, indem er dessen Wunsch zu seinem eigenen gemacht hat:

> Die Begierde nach Rom zu kommen war so groß, wuchs so sehr mit jedem Augenblicke, daß kein Bleibens mehr war, und ich mich nur drei Stunden in Florenz aufhielt. Nun bin ich hier und ruhig und wie es scheint auf mein ganzes Leben beruhigt. Denn es geht, man darf wohl sagen, ein neues Leben an, wenn man das Ganze mit Augen sieht, das man teilweise in- und auswendig kennt. Alle Träume meiner Jugend seh' ich nun lebendig, die ersten Kupferbilder deren ich mich erinnere, (mein Vater hatte die Prospekte von Rom auf einem Vorsale aufgehängt[280]) seh' ich nun in Wahrheit, und alles was ich in Gemälden und Zeichnungen, Kupfern und Holzschnitten, in Gyps und Kork schon lange gekannt, steht nun beisammen vor mir, wohin ich gehe finde ich eine Bekanntschaft in einer neuen Welt, es ist alles wie ich mir's dachte und alles neu. (*ItR* 135)

Das Scheidewegmodell realisiert sich in Bezug auf die Optionen Weimar und Italien dergestalt, dass sich die Alternativen im Rückblick und hin-

---

280 Vgl. S. 188.

sichtlich des zeitlichen Lebensverlaufs nicht ausschließen, sondern beide verwirklichen lassen. Dass Goethe nach Rom gekommen ist, um hier in der ›Mitte der Welt‹ den eigenen künstlerischen ›Mittelpunkt‹ zu finden, ist von der Forschung vielfach besprochen worden.[281] Am 22. Februar 1787 kommt Goethe in Neapel an. Ob er nach Sizilien weiterreisen soll, ist zunächst zweifelhaft. Am 26. März schreibt er:

> Der Zweifel ob ich reisen oder bleiben sollte, machte einen Teil meines hiesigen Aufenthaltes unruhig, nun da ich entschlossen bin geht es besser. Für meine Sinnesart ist diese Reise heilsam, ja notwendig. Sicilien deutet mir nach Asien und Afrika und auf dem wundersamen Punkte, wohin so viele Radien der Weltgeschichte gerichtet sind, selbst zu stehen ist keine Kleinigkeit. (*ItR* 239)

Der Entschluss beendet eine Zeit der Unruhe. Und offensichtlich muss Goethe sich selbst mit einem Welt- und eigene Lebensgeschichte topologisch verschränkenden Argument von der Richtigkeit der Entscheidung, nach Sizilien weiterzureisen, überzeugen. Da wird, wie es für einen entscheidenden autobiographischen Moment charakteristisch ist, zugleich nach rückwärts und nach vorwärts geblickt; die Vorstellung, selbst »auf dem wundersamen Punkte« zu stehen, scheint schließlich den Ausschlag zu geben.

Einigermaßen kryptisch lautet der Kommentar zum Vorschlag des Fürsten von Waldeck, Goethe möge ihn nach seiner Rückkehr aus Sizilien nach Griechenland und Dalmatien begleiten:

> Der Fürst von Waldeck beunruhigte mich noch beim Abschied, denn er sprach von nichts weniger als daß ich bei meiner Rückkehr mich einrichten sollte mit ihm nach Griechenland und Dalmatien zu gehen. Wenn man sich einmal in die Welt macht und sich mit der Welt einläßt, so mag man sich ja hüten, daß man nicht entrückt oder wohl gar verrückt wird. Zu keiner Sylbe weiter bin ich fähig. (*ItR* 241)

Wieder gebraucht Goethe das Attribut der ›Unruhe‹, das sich möglicherweise auf den Schwebezustand der noch nicht getroffenen Entscheidung bezieht. Mit ›Entrückung‹ und ›Verrückung‹ scheint die Gefahr des Sichverlierens und des Selbstkontrollverlusts angesprochen, kann sich Goethe ein Abweichen von seinen Reiseplänen doch auch kaum leisten. Am 26. März notiert er, in Neapel noch vieles nachholen und am 29. Juni wieder in Rom sein zu müssen (vgl. *ItR* 239).

---

281 Vgl. Wagner-Egelhaaf, »›Wir Cimmerier.‹ Goethe in Italien«; vgl. auch dies., »Goethe spielt Goethe«.

Der Abschied von Rom und von Italien am Ende der *Italienischen Reise* ist nicht im eigentlichen Sinn entscheidensförmig gestaltet. Dass Goethe nach Weimar zurückkehren würde, steht von Anfang an fest, stellt gewissermaßen die Prämisse dar für die Entscheidung, nach Italien zu reisen. In den Eintragungen vom März und vom April 1788 fällt das Wort ›Abschied‹ zunehmend häufiger (vgl. *ItR* 568, 582) und ganz allmählich tritt die Wegscheide Italien/Weimar wieder vor Augen.

Aber doch steht am Ende des Buchs noch eine veritable Entscheidung. Goethe berichtet:»In diesen Tagen jedoch ward ich durch eine ganz eigene Versuchung geprüft, die meine Reise zu verhindern und mich in Rom aufs neue zu fesseln drohte« (*ItR* 590). Der Kunsthändler Rega aus Neapel bietet Goethe eine lebensgroße antike Statue an (Abb. 17), die im Hof eines neapolitanischen Palasts gestanden und die Goethe in Neapel auch schon gesehen hatte. Sie stellt eine Tänzerin oder Muse dar, und Goethe ist sofort hingerissen:»Rega hub [...] ein Brett von der Kiste, die auf dem Verdeck stand, und wir sahen ein allerliebstes Köpfchen, das noch nie vom Rumpf getrennt gewesen, unter freien Haarlocken hervorblickend, und nach und nach aufgedeckt eine lieblich bewegte Gestalt, im anständigsten Gewande, übrigens wenig versehrt und die eine Hand vollkommen gut erhalten« (*ItR* 591). Der Maler Johann Heinrich Meyer ist gleichfalls anwesend und:

> Wir waren beiderseits in einem wahrhaften Kampf begriffen, es schien uns in mancher Betrachtung unrätlich diesen Ankauf zu machen; wir entschlossen uns daher den Fall der guten Frau Angelica [Kauffmann] zu melden, als wohl vermögend zum Ankauf und durch ihre Verbindung zu Restauration und sonstigen Vorkommenheiten hinlänglich geeignet. (*ItR* 591)

Finanzielle Mittel und künstlerische Expertise sind also die Argumente, die in der gemeinsamen Beratung mit dem Freund vom Kauf Abstand nehmen lassen, es jedoch nahelegen, eine alternative Käuferin ins Kalkül zu ziehen. Doch Angelika Kauffmann, die sich eher für Gemälde interessiert, will die Statue nicht erwerben. Die Entscheidung ist also weiter offen:

> Nach dieser ablehnenden Antwort wurden wir nun wieder zu neuer Überlegung aufgeregt; die Gunst des Glückes schien ganz eigen; Meyer betrachtete den Schatz noch einmal und überzeugte sich, daß das Bildwerk nach seinen Gesamtzeichen wohl als Griechische Arbeit anzuerkennen sei und zwar geraume Zeit vor Augustus hinauf, vielleicht bis an Hiero II geordnet werden könnte.
>
> Den Kredit hatte ich wohl dieses bedeutende Kunstwerk anzuschaffen, Rega schien sogar auf Stückzahlung eingehen zu wollen, und es war

Abb. 17: Ballerina di Goethe, 1. Jahrhundert.

ein Augenblick wo wir uns schon im Besitz des Bildnisses und solches in unserm großen Saal wohlbeleuchtet aufgestellt zu sehen glaubten. (*ItR* 592)

Neben die sachlich-rationalen Beweggründe treten nun aber auch emotionale – und im eigentlichen Sinn autobiographische:

Wie aber denn doch zwischen einer leidenschaftlichen Liebesneigung und einem abzuschließenden Heiratskontrakt noch manche Gedanken sich einzudringen pflegen, so war es auch hier, und wir durften ohne Rat und Zustimmung unsrer edlen Kunstverwandten, des Herrn Zucchi und seiner wohlmeinenden Gattin, eine solche Verbindung nicht unternehmen, denn eine Verbindung war es im ideell-pygmalionischen Sinne, und ich läugne nicht, daß der Gedanke dieses Wesen zu besitzen, bei mir tiefe Wurzel gefaßt hatte. Ja, als ein Beweis wie sehr ich mir hierin schmeichelte, mag das Bekenntnis gelten, daß ich dieses Ereignis als einen Wink höherer Dämonen ansah, die mich in Rom festzuhalten und alle Gründe die mich zum Entschluß der Abreise vermocht, auf das tätigste niederzuschlagen gedächten. (*ItR* 592)

Es kommen verschiedene Argumente zusammen: Der Gegensatz von ›Liebesneigung‹ und ›Heiratskontrakt‹ ruft Goethes jugendliche Entscheidungen, nicht zu heiraten, insbesondere die Trennung von Lili Schönemann, auf. Hier wie dort hört Goethe auf den Rat von Experten; hier sind es Kunstsachverständige, damals war es die ›Familienexpertin‹ Cornelia. Wenn sich Goethe hier als Pygmalion bezeichnet, ist sein Künstlertum angesprochen und, wie am Ende von *Dichtung und Wahrheit*, ein dämonisches Prinzip, das ihn damals nach Weimar trieb, aber potenziell die Kraft hat, ihn nun in Rom festzuhalten. Indessen muss zwischen dem Dämonischen und Dämonen[282] unterschieden werden: Doch im Folgenden treten wieder rationale Erwägungen in den Vordergrund und leiten diesen gemeinschaftlichen Entscheidensprozess:

Glücklicherweise waren wir schon in den Jahren, wo die Vernunft dem Verstand in solchen Fällen zu Hülfe zu kommen pflegt, und so mußte denn Kunstneigung, Besitzeslust und was ihnen sonst beistand, Dialektik und Aberglaube, vor den guten Gesinnungen weichen, welche die edle Freundin Angelica, mit Sinn und Wohlwollen an uns zu wenden die Geneigtheit hatte. Bei ihren Vorstellungen traten daher aufs klarste die sämtlichen Schwierigkeiten und Bedenklichkeiten an den Tag, die sich einem solchen Unternehmen entgegen stellten. Ruhige bisher den Kunst- und Altertumstudien sich widmende Männer griffen auf einmal in den Kunsthandel ein und erregten die Eifersucht der zu solchem Geschäft herkömmlich Berechtigten. Die Schwierigkeiten der Restauration seien mannichfaltig, und es frage sich, inwiefern man dabei werde billig und redlich bedient werden. Wenn ferner bei der Absendung auch alles in möglichster Ordnung gehe, so könnten doch wegen

---

282 Dämonen, so führt Hiebel aus, sind bei Goethe »meistenteils hindernde, feindliche oder gar böse Mächte«, während er das Dämonische als »Schicksalsgewalt« fasst (Hiebel, *Goethe*, 21. 32). Vgl. auch das *Goethe-Wörterbuch* zu »Dämon«: »Urheber unberechenbarer äußerer, der persönl u eth Zuständigkeit entzogener Vorfälle; gelegentl in ihrer Korrespondenz zur inneren Verfassung; häufig bei zufälligen alltägl, meist störenden Anlässen, öfter in iron Ton; mehrf mit Attr wie leidig, wohlwollend sowie charakterisiert durch Verben wie sich einmischen, dazwischentreten, hindern, hin und wieder führen, Streiche spielen, Gesichter schneiden, Pfoten im Spiel haben« (*Goethe-Wörterbuch*, 2. Bd.,1056 f., 1056). Unter den Beispielen erwähnt das *Goethe-Wörterbuch* auch das »Kaufangebot für eine antike Statue« in der *Italienischen Reise*.

der Erlaubnis der Ausfuhr eines solchen Kunstwerkes am Schluß noch Hindernisse entstehen und was alsdann noch wegen der Überfahrt und des Anlandens und Ankommens zu Hause alles noch für Widerwärtigkeiten zu befürchten seien. Über solche Betrachtungen, hieß es, gehe der Handelsmann hinaus, sowohl Mühe als Gefahr setze sich in einem großen Ganzen ins Gleichgewicht, dagegen sei ein einzelnes Unternehmen dieser Art auf jede Weise bedenklich. (*ItR* 592 f.)

Die Sache ist also riskant – besonders in wirtschaftlicher Hinsicht. Goethe stellt hier Kunstliebhabertum und dessen ökonomische (Kehr-)Seite deutlich vor Augen. Ein professioneller Kunsthändler könnte, so wird am Ende der Passage deutlich, eine solche Entscheidung leichter treffen als ein Einzelner, insofern als die Risikofaktoren ›Mühe‹ und ›Gefahr‹ hier leichter ausgeglichen werden können. Das ist nun aber beim kunstliebenden Einzelnen nicht der Fall – und so muss das Abwägen von Pro und Contra schließlich zu einer negativen Entscheidung führen.

Durch solche Vorstellungen wurde denn nach und nach Begierde, Wunsch und Vorsatz gemildert, geschwächt, doch niemals ganz ausgelöscht, besonders da sie endlich zu großen Ehren gelangte; denn sie steht gegenwärtig im Museo Pio-Clementino in einem kleinen angebauten aber mit dem Museum in Verbindung stehenden Cabinet, wo im Fußboden die wunderschönen Mosaiken von Masken und Laubgewinden eingesetzt sind. (*ItR* 593)[283]

Die Vernunftgründe obsiegen – aber ganz ist das Gefühl, eventuell das Bewusstsein einer verpassten Chance nicht ausgelöscht.

Unmittelbar an den ›Abschied‹ von der Statue schließt sich der freundschaftlich-gemessene Abschiedsbesuch von der »anmutigen Mayländerin« (*ItR* 593) an, die Goethe 1787 in Castel Gandolfo näher kennengelernt und sich in sie verliebt hatte.[284] Zu einer Liebesbeziehung kam es indessen nicht, weil Goethe sich »auf der Stelle zusammen[nahm]« (*ItR* 457) und obwohl eine bereits bestehende Verbindung Maddalena Riggis zerbrach.

---

283 Die Statue war während der Ausstellung »Wunder Roms. Im Blick des Nordens von der Antike bis zur Gegenwart« im Paderborner Diözesanmuseum zu sehen (31.3.–13.8.2017) (https://dioezesanmuseum-paderborn.de/archiv/wunder-roms/) (28.7.2019).

284 Vgl. *ItR* 453: »Aber leider! indessen ich mich so auszureden suchte, empfand ich auf die wundersame Weise, daß meine Neigung für die Mailänderin sich schon entschieden hatte, blitzschnell und eindringlich genug, wie es einem müßigen Herzen zu gehen pflegt, das in selbstgefälligem ruhigem Zutrauen nichts befürchtet, nichts wünscht, und das nun auf einmal dem Wünschenswertesten unmittelbar nahe kommt.«

So verbindet sich das Ende von Goethes Zeit in Italien mit einer Entscheidung gegen den Erwerb eines Kunstwerks, das im Rückblick vielleicht auch für Italien steht, in seiner wiederhergestellten Ganzheit in jedem Fall für etwas, das Goethe in Italien zurück und hinter sich lässt. Den allerletzten Auftritt in Rom überlässt Goethe freilich sich selbst, wenn er schildert, wie er bei Vollmond durch das nächtliche Rom wandert und sich mit dem Zitat aus der 3. Elegie des 1. Buchs von Ovids *Tristitia*[285] verabschiedet. Ruft der Autobiograph am Ende von *Dichtung und Wahrheit* den Sonnenwagen der Zeit auf, ist es nun das »Rossegespann« (*ItR* 597) der Luna, das beschworen wird und die *Italienische Reise* dem astrologischen Rahmen einfügt, der bereits *Dichtung und Wahrheit* kennzeichnet. Stehen Sonne und Mond für den Wechsel der Zeiten, bezeichnet der Ovidische Schluss ein autobiographisches Moment ganz besonderer Art:

> Und wie sollte mir gerade in solchen Augenblicken Ovids Elegie nicht ins Gedächtnis zurückkehren, der, auch verbannt, in einer Mondennacht Rom verlassen sollte. Cum repeto noctem! seine Rückerinnerung, weit hinten am schwarzen Meere, im trauer- und jammervollen Zustande, kam mir nicht aus dem Sinn, ich wiederholte das Gedicht, das mir teilweise genau im Gedächtnis hervorstieg, aber mich wirklich an eigner Produktion irre werden ließ und hinderte; die auch später unternommen, niemals zu Stande kommen konnte. (*ItR* 596)[286]

Die durch den rückblickenden autobiographischen Erzähler auf Lateinisch und Deutsch eingerückten Ovidischen Verse, mit denen das Buch schließt, unterlegen Ovids Worte der autobiographischen Figur. Mit dem römischen Dichterkollegen blickt diese auf den aktuellen Moment des Abschieds, der, so präsentisch er dargeboten wird, im (Mond-)Licht des

---

285 Zur autobiographischen Struktur der *Tristitia* vgl. Melanie Möller, »Ovid, Tristitia«, in: *Handbook of Autobiography/Autofiction*, ed. Martina Wagner-Egelhaaf, 3 vols., Berlin/Boston: de Gruyter, 2019, vol. 3, *Exemplary Texts*, 1328–1341.

286 Vgl. die im Folgenden zitierten Verse Ovids: »Wandlet von jener Nacht mir das traurige Bild vor die Seele, / Welche die letzte für mich ward in der Römischen Stadt, / Wiederhol' ich die Nacht, wo des Teuren soviel mir zurückblieb<,> / /Gleitet vom Auge mir noch jetzt eine Träne herab. / Und schon ruhten bereits die Stimmen der Menschen und Hunde,/ Luna sie lenkt' in der Höh' nächtliches Rossegespann. Zu ihr schaut' ich hinan, sah dann capitolische Tempel, / Welchen umsonst so nah' unsere Laren gegrenzt. – // Cum subit illius tristissima noctis imago, / Quae mihi supremum tempus in Urbe fuit; / Cum repeto noctem, quâ tot mihi cara reliqui; / Labitur ex oculis nunc quoque gutta meis. / Iamque quiescebant voces hominumque canumque: / Lunaque nocturnos alta regebat equos. / Hanc ego suspiciens, et ab hac Capitolia cernens, / Quae nostro frustra juncta fuêre Lari. –« (*ItR* 597).

Gedichts ebenso wie in der autobiographischen Kollationierung, ein immer schon vergangener ist, gleichwohl im Rückblick des Autobiographen die Weimarer Klassik einläutet.

Frankfurt / Weimar

Eine weitere signifikante Scheidewegszene findet sich in der *Campagne in Frankreich 1792* (1822). Auf dem Rückzug nach dem unglücklich verlaufenen Feldzug nach der Kanonade von Valmy[287] erreicht Goethe in Trier am 29. Oktober ein Brief seiner Mutter, der wohl bereits geraume Zeit früher an ihn abgegangen war. Der Brief berichtet vom Tod seines Onkels Textor, des Frankfurter Schöffen und Ratsherrn. Dessen Ratsherrenposition hatte verhindert, dass Goethe zu Lebzeiten seines Onkels in den Frankfurter Rat gewählt werden konnte:[288]

> Meine Mutter hatte den Auftrag erhalten bei mir anzufragen: ob ich die Stelle eines Ratsherrn annehmen würde, wenn mir, unter die Losenden gewählt, die goldene Kugel zufiele? Vielleicht konnte eine solche Anfrage in keinem seltsamern Augenblicke anlangen als in dem gegenwärtigen; ich war betroffen, in mich selbst zurück gewiesen; tausend Bilder stiegen vor mir auf und ließen mich nicht zu Gedanken kommen. Wie aber ein Kranker oder Gefangener sich wohl im Augenblicke an einem erzählten Märchen zerstreut, so war auch ich in andere Sphären und Jahre versetzt. (*CiF* 494)

Die Anfrage trifft Goethe nun unvorbereitet im Innersten und führt zu einer tiefgehenden Reflexion seiner Lebenswahloptionen, verbildlicht in der goldenen Loskugel. In *Dichtung und Wahrheit* war bereits die Rede vom Verfahren der Kugelung für die Wahl der Frankfurter Ratsherren und auch davon, dass »die entscheidende goldne Kugel« (*DuW* 47) für

---

287 Bekannt geworden und oft zitiert ist Goethes Diktum, mit dem er angeblich die Truppen aufmunterte und die Situation auf einen bedeutungsvollen Moment brachte: »Wir hatten, eben als es Nacht werden wollte, zufällig einen Kreis geschlossen in dessen Mitte nicht einmal wie gewöhnlich ein Feuer konnte angezündet werden, die meisten schwiegen, einige sprachen, und es fehlte doch eigentlich einem jeden Besinnung und Urteil. Endlich rief man mich auf, was ich dazu denke? Denn ich hatte die Schar gewöhnlich mit kurzen Sprüchen erheitert und erquickt; diesmal sagte ich: von hier und heute geht eine neue Epoche der Weltgeschichte aus, und ihr könnt sagen, ihr seid dabei gewesen« (FA 16, 436 [im Folgenden im fortlaufenden Text mit der Sigle *CiF* zitiert]).

288 Zu Johann Jost Textor vgl. auch S. 168.

Goethes Großvater Johann Wolfgang Textor gezogen worden war. Auch wird erzählt, dass Goethes Vater der Stadt Frankfurt angeboten hatte, ein Amt anzunehmen, wenn es ihm »ohne Ballotage« (*DuW* 83)[289] übergeben würde. Dass im Zusammenhang der großväterlichen Wahl von des Groß-vaters Gabe der Weissagung die Rede ist – er hatte seine Wahl vorher-gesagt – verleiht dem erzählten Kugelungsverfahren etwas Märchenhaftes. In der oben zitierten Passage fühlt sich Goethe gleichermaßen in ein ›er-zähltes Märchen‹ versetzt. Tatsächlich weckt das Bild der ›goldenen Kugel‹ Märchenassoziationen und lässt auch an die Achatkugeln denken, von denen in Goethes Knabenmärchen die Rede ist (vgl. *DuW* 69). Dort wie in der gegenwärtigen Situation wird eine Paradiesgartenszene evoziert:

> Ich befand mich in meines Großvaters Garten,[290] wo die reich mit Pfir-sichen gesegneten Spaliere des Enkels Appetit gar lüstern ansprachen und nur die angedrohte Verweisung aus diesem Paradiese, nur die Hoff-nung die reifste rotbäckigste Frucht aus des wohltätigen Ahnherrn eigner Hand zu erhalten, solche Begierde bis zum endlichen Termin einigermaßen beschwichtigen konnte. (*CiF* 494 f.)

Stellt die biblische Paradieserzählung die Urszene menschlichen Ent-scheidens dar, und zwar im Zeichen der Versuchung, die auch in Goethes Knabenmärchen »Der neue Paris« virulent wird, ohne dass es hier zu klaren Entscheidenskonstellationen käme, ist die Entscheidenssituation, in die sich Goethe nun in Trier gestellt sieht, sehr klar, und sie erfordert eine eindeutige Entscheidung: zurück ins Frankfurter ›Paradies‹ oder weiter auf dem Weg nach Weimar?

> Sodann erblickt' ich den ehrwürdigen Altvater um seine Rosen beschäf-tigt, wie er, gegen die Dornen, mit altertümlichen Handschuhen, als Tribut überreicht von Zoll-befreiten Städten, sich vorsichtig verwahrte dem edlen Laertes gleich, nur nicht wie dieser sehnsüchtig und kum-mervoll. Dann erblickt' ich ihn im Ornat als Schultheiß, mit der goldnen Kette, auf dem Thronsessel unter des Kaisers Bildnis; sodann leider im halben Bewußtsein einige Jahre auf dem Krankenstuhle, und endlich im Sarge. (*CiF* 495)

Erschien der Großvater zunächst als Herr im Paradies in einer Gottvater-position, nimmt er rasch menschliche Dimensionen an so wie sich auch

---

289 Vgl. auch S. 75 dieser Studie.
290 Zu Johann Wolfgang Textor und seiner eminent wichtigen Rolle für Goethes Lebenslaufkonstruktion vgl. diese Studie S. 59 f., 73–75, 105, 168; vgl. auch die Gartenszene mit dem Großvater in *Dichtung und Wahrheit*, 45 f.

Sich/Für sich entscheiden. Goethe

das großväterliche Gartenparadies durch das Vorkommen von Dornen auszeichnet – von der Welt Adams und Evas nach der Vertreibung aus dem Paradies ganz zu schweigen. Als Mensch steht er eine Zeitlang in Amt und Würden, um dann aber in Krankheit und schließlich, wie alle Menschen, im Sarg zu enden. Goethe erinnert sich nicht nur an den Großvater, sondern auch an den Onkel, der nun, wie einst sein Vater, ebenfalls im Sarg liegt:

> Bei meiner letzten Durchreise durch Frankfurth hatte ich meinen Oheim im Besitz des Hauses, Hofes und Gartens gefunden, der als wackrer Sohn, dem Vater gleich, die höheren Stufen freistädtischer Verfassung erstieg. Hier im traulichen Familienkreis, in dem unveränderten alt bekannten Lokal, riefen sich jene Knaben-Erinnerungen lebhaft hervor und traten mir nun neukräftig vor die Augen. (*CiF* 495)

Bemerkenswerterweise steht die Erinnerung am Beginn der Entscheidensphase; und die Erinnerungen haben »sich« offenbar selbst hervorgerufen und sind nicht vom autobiographischen Ich heraufbeschworen worden. Doch erscheint es als signifikant, dass die Erinnerung den Lebenslauf des Großvaters vergegenwärtigt, in dessen Schema offensichtlich auch der Onkel hineinversetzt wird – und potenziell der Autobiograph selbst im Falle, dass er das Frankfurter Angebot annehmen würde. Das Schlussbild des Sargs dürfte dabei nicht eben einladend gewirkt haben. – Den Erinnerungen tritt eine weitere zur Seite:

> Sodann gesellten sich zu ihnen andere jugendliche Vorstellungen, die ich nicht verschweigen darf. Welcher Reichstädtische Bürger wird leugnen daß er, früher oder später, den Ratsherrn, Schöff und Burgermeister im Auge gehabt und, seinem Talent gemäß, nach diesen vielleicht auch nach minderen Stellen emsig und vorsichtig gestrebt: denn der süße Gedanke, an irgend einem Regimente Teil zu nehmen erwacht gar bald in der Brust eines jeden Republikaners, lebhafter und stolzer schon in der Seele des Knaben. (*CiF* 495)

Es scheint also bürgerliches Machtstreben zu sein, das Streben nach Beteiligung an republikanischer Macht, das der Weimarer Ratsherr hier in ein negativ-kritisches Licht stellt, ja geradezu als kindlichen Knabentraum darstellt. Und schließlich wird ein weiteres, drastisches Argument gegen die Frankfurter Option aufgebaut:

> Diesen freundlichen Kinderträumen konnt' ich mich jedoch nicht lange hingeben, nur allzuschnell aufgeschreckt besah ich mir die ahnungsvolle Lokalität die mich umfaßte, die traurigen Umgebungen die mich beengten und zugleich die Aussicht nach der Vaterstadt getrübt ja verfinstert. Mainz in französischen Händen, Frankfurt bedroht,

wo nicht schon eingenommen, der Weg dort hin versperrt und innerhalb jener Mauern, Straßen, Plätze, Wohnungen, Jugendfreunde, Blut-
verwandte vielleicht schon von demselben Unglück ergriffen daran ich
Logwy und Verdun so grausam hatte leiden sehen; wer hätte gewagt
sich in solchen Zustand zu stürzen! (*CiF* 495 f.)

Wenn nun auch die Kriegssituation aufgeboten wird, um den Weg nach
Frankfurt im doppelten Wortsinn als »versperrt« erscheinen zu lassen,
wird der autobiographische Bericht einmal mehr zur Rechtfertigung und
die Entscheidung eher zur Kommunikation und nicht zum Wahlakt eines
Individuums.[291] Und diese kommunikative Auseinandersetzung nimmt
folgenden Fortgang:

> Aber auch in der glücklichsten Zeit jenes ehrwürdigen Staats-Körpers
> wäre mir nicht möglich gewesen auf diesen Antrag einzugehen; die
> Gründe waren nicht schwer auszusprechen. Seit zwölf Jahren[292] genoß
> ich eines seltenen Glückes, des Vertrauens wie der Nachsicht des Her-
> zogs von Weimar. Dieser von der Natur höchst begünstigte, glücklich
> ausgebildete Fürst ließ sich meine wohlgemeinten, oft unzulänglichen
> Dienste gefallen und gab mir Gelegenheit mich zu entwickeln, welches
> unter keiner andern vaterländischen Bedingung möglich gewesen wäre;
> meine Dankbarkeit war ohne Grenzen so wie die Anhänglichkeit an
> die hohen Frauen Gemahlin und Mutter, an die heranwachsende Fa-
> milie, an ein Land, dem ich doch auch manches geleistet hatte. Und
> mußte ich nicht zugleich jenes Zirkels neuerworbener höchstgebildeter
> Freunde gedenken, auch so manches andern häuslich Lieben und Gu-
> ten was sich aus meinen treubeharrlichen Zuständen entwickelt hatte.
> Diese bei solcher Gelegenheit abermals erregten Bilder und Gefühle
> erheiterten mich auf einmal in dem betrübtesten Augenblick: denn
> man ist schon halb gerettet wenn man, aus traurigster Lage im fremden
> Land, einen hoffnungsvollen Blick in die gesicherte Heimat zu tun
> aufgeregt wird; so genießen wir diesseits auf Erden was uns jenseits
> der Sphären zugesagt ist. (*CiF* 496)

Kurz gesagt: Es sind freundschaftliche Bindungen an die herzogliche
Familie in Weimar und den dortigen Kreis und – Goethe hat eine neue
Heimat und wie er es formuliert, bereits das Paradies auf Erden gefunden.
Im betrübtesten »Augenblick« nach der verlorenen Schlacht blickt der
autobiographische Erzähler zurück auf die Weimarer Jahre und lässt die

---

291 Ortmann, »Eine Phänomenologie des Entscheidens«, 142.
292 Müller weist darauf hin, dass es siebzehn Jahre sind, seit Goethe in Weimar ist
   (vgl. FA 16, 955 [Kommentar]).

autobiographische Figur zugleich nach vorne schauen. Das bewegende, ja das ausschlaggebende Moment in diesem Augenblick ist ein Gefühlsmoment, aber es muss doch noch ein wenig nachrationalisiert werden:

> In solchem Sinne begann ich den Brief an meine Mutter, und wenn sich diese Beweggründe zunächst auf mein Gefühl, auf persönliches Behagen, individuellen Vorteil zu beziehen schienen, so hatt' ich noch andere hinzuzufügen die auch das Wohl meiner Vaterstadt berücksichtigten und meine dortigen Gönner überzeugen konnten.
> Denn wie sollt ich mich in dem ganz eigentümlichen Kreise tätig wirksam erzeigen, wozu man vielleicht mehr als zu jedem andern treulich herangebildet sein muß. Ich hatte mich seit soviel Jahren zu Geschäften meinen Fähigkeiten angemessen gewöhnt, und zwar solchen, die zu städtischen Bedürfnissen und Zwecken kaum verlangt werden möchten. Ja ich durfte hinzufügen: daß wenn eigentlich nur Bürger in den Rat aufgenommen werden sollten, ich nunmehr jenem Zustand so entfremdet sei um mich völlig als einen Auswärtigen zu betrachten. (*CiF* 496 f.)

Da fragt man sich doch, ob es einem Goethe nicht möglich gewesen sein sollte, sich rasch in neue Verhältnisse zu fügen. Wie auch immer: die Mutter scheint sich mit diesem Stapel an Argumenten, mit dem sich der Schreiber offensichtlich selbst zu überzeugen versucht, zufrieden gegeben zu haben. Und zu spät ist es ohnehin: »Dies alles gab ich meiner Mutter dankbar zu erkennen, welche sich auch wohl nichts anderes erwartete. Freilich mag dieser Brief spät genug zu ihr gelangt zu sein« (*CiF* 497 f.). Auch wenn durch die Verspätung der Kommunikation der Zeitdruck, unter dem die Entscheidung gestanden hätte, gemildert ist, arbeitet der Faktor Zeit, gerade durch den umständebedingten Aufschub, der negativen Entscheidung, in jedem Fall aber ihrer Kommunikation zu. Also: zurück – und endgültig – nach Weimar.

Decisio. Schluss

Am Schluss gilt es Schlüsse zu ziehen. Dabei sind für das vorliegende Buch vordringlich zwei Fragen zu beantworten. Erstens: Was kann die Entscheidensforschung von einer Untersuchung der Entscheidensszenen in Goethes autobiographischen Schriften lernen? Zweitens: Was bringt die Fokussierung auf das Entscheiden für die Autobiographieforschung und speziell für die Erforschung von Goethes Autobiographie?

Für Lebensentscheidungen hat sich bislang insbesondere die sozialwissenschaftliche Entscheidensforschung interessiert.[1] Die Analyse von *Dichtung und Wahrheit* sowie der Blick auf Goethes weitere autobiographische Schriften haben gezeigt, dass Lebensentscheidungen, wie etwa die Berufsentscheidung, die Partnerwahlentscheidung, die Religionsentscheidung oder Reiseentscheidungen, nicht isoliert auftreten, so dass sie als einzelne typologisch untersucht werden könnten. Lebensentscheidungen sind verflochten und greifen ineinander. Indem sie in den zurückliegenden Kapiteln in ihre ›Stränge‹ auseinandergelegt wurden, war es möglich, den in Entscheidungen ausschlaggebenden Momenten näher zu kommen. Da die Stränge im Lebenszusammenhang jedoch zusammenwirken, stellt die isolierte Betrachtung immer eine künstliche Fokussierung dar. Letztlich ist von komplexen Wirkzusammenhängen auszugehen. Dabei muss man sich vor Augen halten, dass im Medium der Autobiographie Lebensentscheidungen immer Erzählungen von Lebensentscheidungen sind. Dies ist freilich kein Sonderfall, insofern als jede Lebensentscheidung, die reflektiert, über die gesprochen wird, eine rückblickend erzählte ist. Dass Entscheidungen nur nachträglich erfasst werden können, ist eine Grundeinsicht der Entscheidenstheorie, die in der Autobiographie ihren paradigmatischen Fall findet.

Das Beispiel Goethe hat die Berufsentscheidung[2] als die zentrale Lebensentscheidung vorgeführt. Vermutlich lässt sich diese Aussage verallgemeinern, denn der Beruf bestimmt die soziale Stellung des modernen

---

1 Vgl. etwa Schütz/Luckmann, *Strukturen der Lebenswelt*, 512–516; Schimank, *Entscheidungsgesellschaft*, 23.
2 Zur Berufsentscheidung vgl. auch Schimank, *Entscheidungsgesellschaft*, 175.

Subjekts und damit auch dessen Selbstwahrnehmung. Und in *Dichtung und Wahrheit* wird deutlich, dass die Berufsentscheidung nicht *einmal* und für alle Zeiten getroffen wird, sondern dass sie Goethes ganzes Leben durchzieht. Zwar spricht Goethe bereits am Ende des 4. Buchs davon, dass ihm vorschwebte, »etwas Außerordentliches hervorzubringen«, er aber keine klare Vorstellung davon hatte, was dies sein könnte, dieses ihm aber »am reizendsten in der Gestalt des Lorbeerkranzes erschien, der den Dichter zu zieren geflochten ist« (*DuW* 180). Dieser Wunschvorstellung, die freilich vom rückblickenden Erzähler formuliert ist, stehen zunächst die väterlichen Pläne und das für einen Angehörigen des bürgerlichen Stands – wenn er sich nicht für die Theologie, Medizin oder den Kaufmannsstand entscheidet – fast selbstverständliche Jurastudium entgegen. Die Wünsche von Vater und Sohn konfligieren umso mehr, als der Vater zwar rasch die dichterische Begabung des Sohns erkennt und fördert, ihn aber unter keinen Umständen im Fürstendienst sehen möchte. Doch Goethe will seine Fähigkeiten auch in den Dienst der Welt stellen, zumal die Muse, wie er in *Dichtung und Wahrheit* darlegt, nicht ununterbrochen tätig ist. Der Sohn muss sich also ersteinmal gegen die beträchtlichen Widerstände des Vaters durchsetzen, bevor er sich auf den Weg nach Weimar machen kann. Der Staatsdienst am Weimarer Hof als Geheimer Legationsrat mit Sitz im Conseil und vielfachen Verantwortlichkeiten macht Goethe auf Dauer alleine auch nicht glücklich: das öffentliche Amt und die literarische Tätigkeit lassen sich nicht ohne Weiteres in Einklang bringen. Nach zehn Jahren muss die berufliche Laufbahn nochmals adjustiert und in Italien nach neuen Quellen künstlerischer Kreativität gesucht werden, bevor sich dann schließlich 1793 auf der Rückreise vom verlorenen französischen Feldzug abermals die Frage nach der beruflichen Zukunft und damit der gesamten Lebensform stellt und Goethe sich für die Fortsetzung der Tätigkeit am Weimarer Hof und gegen eine Frankfurter Ratsherrenposition entscheidet. Eng verquickt mit diesem langen beruflichen Entscheidensweg sind, wie die Analyse gezeigt hat, andere Entscheidungen: Liebesentscheidungen, Reiseentscheidungen, religiöse Entscheidungen. Gewiss ist Goethes Berufsweg kein typischer – allerdings auch kein gänzlich untypischer. Die Frage, ob Neigung und Begabung zur Grundlage des Berufs gemacht werden können oder nicht besser ein Brotberuf die größere Sicherheit bietet, stellt sich auch bei anderen Schriftstellern. Zu nennen sind hier z.B. Paul Heyse,[3] Theodor Fontane oder auch Friedrich Dürrenmatt.[4] Typisch für die Moderne dürfte sein, dass, wo der Be-

---

3 Zu Heyse vgl. auch Nienhaus, Selbstarchivierung.
4 Zu Fontane und Dürrenmatt vgl. Wilhelms, *My Way*, 199 f., 262 f.

Decisio. Schluss

rufsweg nicht mehr durch das Herkommen festgelegt ist, die Familie mitentscheidet, welcher Weg gegangen wird, und dass es dabei zu Konflikten kommt. In dem Maße, in dem Goethes autobiographischer Rückblick als Prozess einer Entfaltung der eigenen Anlagen und Fähigkeiten beschrieben ist, stellt sich gerade die Berufsentscheidung als ein sozialer Prozess dar, der sich über Jahre hinweg erstreckt, von gesellschaftlichen Rahmenbedingungen und Begegnungen, aber auch von Zufällen abhängig ist. Wenn gesagt wurde, dass sich die Moderne als Entscheidungsgesellschaft wahrnimmt,[5] fällt auf, wie wenig Entscheidensprozesse in der autobiographischen Erzählung als solche adressiert werden, wie es die Entscheidensforscherin gerne hätte. Dies mag damit zusammenhängen, dass sich das Entscheiden als ein »strömendes Geschehen«[6] seiner selbst nicht oder nur wenig bewusst ist. Erst am Ende von *Dichtung und Wahrheit*, wo es um eine mehrfach gerahmte *decisio*, um einen doppelten Schnitt, die Trennung von Lili und den Vollzug der Entscheidung für Weimar, geht, tritt das Entscheiden mit deutlicher Emphase an die Textoberfläche: im 19. Buch, als sich Goethe, frisch getrennt von Lili, aber noch nicht endgültig entschieden, auf dem St. Gotthard entschließt, nicht nach Italien weiterzureisen, sondern nach Frankfurt zurückzukehren, und dann im 20. Buch mit dem dramatischen Aufbruch nach Weimar. Das autobiogaphische Entscheiden verdichtet sich in der Klimax des Abschlusses von *Dichtung und Wahrheit*, wo der bislang geschilderte Weg sein Ziel erreicht hat.

Deutlich wurde auch, dass und in welcher Weise autobiographisches Entscheiden als gegendert erscheint. Frauen sind, wie die Beispiele von Goethes Schwester Cornelia, aber auch der Frankfurter Verlobten und später Verlassenen Lili Schönemann zeigen, in ihren Entscheidensspielräumen sehr viel eingeschränkter. An einen ›Beruf‹ kann die bürgerliche Frau des 19. Jahrhunderts selbstredend nicht denken. Die zentrale Entscheidung in ihrem Leben ist die Eheentscheidung; und eben hier war sowohl bei Cornelia Goethe als auch bei Lili Schönemann zu sehen, wie wenig die Entscheidung in der Hand der Frau liegt und wie sehr hier andere, vornehmlich Männer, das Sagen haben. Als Ratgeberinnen für die Entscheidungen des männlichen Ichs sind sie allerdings sehr gefragt. Neben die Schwester und die Mutter tritt im Falle Goethes auch noch das Fräulein von Klettenberg, aber etwa auch die Rollen-Ehefrau im gesellschaftlichen Partnerspiel. Frauen sind, so könnte man etwas zugespitzt zusammenfassen, Medien der männlichen Entscheidenskraft.

---

5 Vgl. Hoffmann-Rehnitz/Krischer/Pohlig, »Entscheiden als Problem der Geschichtswissenschaft«, 252, 264.
6 Ortmann, »Eine Phänomenologie des Entscheidens«, [121].

Eine kulturwissenschaftliche Entscheidenstheorie kann von einer auto-biographischen Entscheidensanalyse lernen, dass Entscheiden rückgebun-den ist an historische Vorstellungen von Personalität, Individualität und Subjektivität. Zudem ist signifikant, dass bei Goethe vielfach von ›Ent-schlüssen‹ die Rede ist, die den Moment des Entscheidens eher übersprin-gen, ihn aber auch zugleich als erfolgt bezeichnen. Der Entschluss ist in-dessen nur *ein* Moment im Entscheidensprozess, der oder das Moment, an dem das Entscheiden zumindest sprachlich bewusst wird. Der schein-bar rationale Entschluss ruht auf einem Kraftmoment auf, das sich gerade dem Überspringen eines Hiatus verdankt. Genau darin liegt jedoch, dem Momentum daimonicum vergleichbar, seine konstruktive Funktion, die, wie das Bild von Zettel und Einschlag zu denken gibt, ein neues Gewebe im Lebensmuster erzeugt. Wo kein ausschlaggebendes Moment zu fassen ist, springt der Entschluss für es ein und erzeugt dramatisch-theatrale Sze-nen des Entscheidens, in denen das autobiographische Ich die Hauptrolle spielt. Die Dramatik kommt nicht zuletzt dadurch zustande, dass Re-gisseur und Akteur, autobiographischer Erzähler und autobiographische Figur, unterschiedlichen Zeitregimes verpflichtet sind, Rückblick und Zukunftsorientierung, die in der Darstellung kollidieren, aber auch zu kollabieren drohen. Die Tatsache, dass insbesondere in *Dichtung und Wahrheit* auch noch vormoderne Entscheidenspraktiken wie das Los, das nicht zufällig in der Spätmoderne wieder erneute demokratische Legiti-mierung erfährt, das Orakel oder aber das Entscheidensmoment des Fluchs aufgerufen werden, bildet einen irrationalen Unterstrom moder-nen Entscheidensbewusstseins.

Die Fokussierung auf das Entscheiden in autobiographischen Texten lenkt die Aufmerksamkeit auf die Frage, ob und in welcher Weise ein autobiographisches Subjekt als entscheidungsmächtig im Hinblick auf das eigene Leben erscheint. Wenn Goethe programmatisch davon spricht, dass die Autobiographie »den Menschen in seinen Zeitverhältnissen« (*DuW* 13) und im Wechselverhältnis mit diesen darstelle, leistet die Be-obachtung von Entscheidensprozessen eine Konkretion in der Analyse des Interaktionsverhältnisses von Welt und Individuum. Sie beleuchtet Schnittstellen der autobiographischen Lebenslaufkonstitution und damit wegweisende Momente für das weitere Leben. Dazu gehören die Beschrei-bung von Modi des Entscheidens, wie Diskussion und Deliberation, der Entschluss, der im Text zum Ereignis, ja zum Akt wird, sowie die szeni-sche Darstellung. Rahmungen und Umrahmungen des Entscheidens, wie sie etwa zwischen Liebes- und Berufsentscheidung stattfinden, Narrative des Entscheidens wie die Herkules- und Parismythen oder Figurationen des Paradieses konfigurieren die Goethe'sche Entscheidensbiographie, denn gerade Einschnitte, Brüche und Veränderungen im Leben lassen sich kaum ohne Entscheiden fassen. Uwe Schimank hat darauf hingewiesen, dass das »für Entscheidungen konstitutive Abwägen von Alternativen« bedeutet, »den größeren situativen Kontext, in dem das Handeln steht und der bei den anderen Handlungsformen [etwa bei Routinen] gerade ausgeblendet wird, ins Blickfeld zu nehmen.«[7] Zum größeren situativen Kontext gehören die Rollen und Auftritte der Mitspieler und Mitspielerinnen. Im Fall von Goethe sind das Familienangehörige, die vor und hinter den Kulissen agieren, insbesondere Vater und Schwester, Freunde, Lehrer, literarische Vorbilder, aber auch literarische Figuren. Zum situativen Kontext gehören nicht zuletzt Medien und Objekte des Entscheidens wie Äpfel, goldene Kugeln, geworfene Messer, aber etwa auch eine römische Statue, die schließlich doch in Italien zurückbleiben muss und damit zum Symbol der Erkenntnis wird, dass jede Entscheidung etwas hinter sich lässt: »Durch solche [vernünftigen] Vorstellungen wurde denn nach und nach Begierde, Wunsch und Vorsatz gemildert, geschwächt, doch niemals ganz ausgelöscht« (*ItR* 593).

Wenn gesagt wurde, dass Lebensentscheidungen erst im erzählenden Rückblick entstehen, heißt das nicht, dass im gelebten Leben nicht entschieden wurde. Lebens- und Entscheidenserzählungen sind Teil des Lebens und des Entscheidens. Das hinter dem autobiographischen Text liegende Entscheiden ist der literaturwissenschaftlichen Analyse nicht zugänglich. Doch mögen die konstruktiven ›Brüche‹ im Text, seine Schichtungen, Perspektiv-, Modus- und Genrewechsel sowie herangezogene Bilder und Symbole auf bewegende lebensgeschichtliche Krisenmomente zurückverweisen, die auf der ›Bühne des Texts‹ ein Re-enactment erfahren. Im Rückblick wird deutlich, dass der autobiographische Erzähler die kritischen persönlichen Momente des Entscheidens in verallgemeinernde Aussagen überführt und damit über die Untersuchung hinweg eine ›Anthropologie des Entscheidens‹ formuliert. Hier seien nur drei exemplarische Maximen rekapituliert: »Der Mensch mag seine höhere Bestimmung auf Erden oder im Himmel, in der Gegenwart oder in der Zukunft suchen, so bleibt er deshalb doch innerlich einem ewigen Schwanken, von außen einer immer störenden Einwirkung ausgesetzt, bis er ein für allemal den Entschluß faßt, zu erklären, das Rechte sei das was ihm gemäß ist.«[8] (*DuW* 506) – »Mir kommt vor als wenn der Mensch, in solchen Augenblicken, keine Entschiedenheit in sich fühlte, vielmehr von früheren Eindrücken regiert und bestimmt werde.«[9] (*DuW* 811) – »Wunderbare Dinge

---

7 Vgl. Schimank, *Entscheidungsgesellschaft*, 70.
8 Vgl. S. 121 dieser Studie.
9 Vgl. S. 193 dieser Studie.

müssen freilich entstehn, wenn eine planlose Jugend, die sich selbst so leicht mißleitet, noch durch einen leidenschaftlichen Irrtum des Alters auf einen falschen Weg getrieben wird. Doch darum ist es Jugend und Leben überhaupt, daß wir die Strategie gewöhnlich erst einsehn lernen, wenn der Feldzug vorbei ist.«[10] (*DuW* 847)

Goethes Anthropologie des Entscheidens trägt der Einsicht Rechnung, dass Entscheiden im Grunde ein Ding der Unmöglichkeit ist, dass es aber Lebenssituationen gibt, in denen gleichwohl entschieden werden muss. Dabei geht es darum, sich die getroffenen Entscheidungen zu eigen zu machen, nicht zuletzt in der autobiographischen Lebenslaufkonstruktion.

Dichtung und Wahrheit kann, so besehen, auch als eine Erzählung des Gewinns von Handlungs- und Entscheidensspielräumen gelesen werden. Goethes Autobiographie zeichnet einen Prozess, der vom die Lebensniederschrift selbst motivierenden impliziten Entscheiden, über die Entscheidensunfähigkeit im »Neuen Paris« und Entscheidensbeobachtungen sowie die Absetzung von vorgegebenen Optionen zu einer zunehmenden Bündelung und Explizierung der am Ende dramatisch ausgestalteten zentralen Lebensentscheidung führt. Tradierte Entscheidensnarrative werden dynamisiert wie etwa das mythologische Narrativ von ›Herkules am Scheideweg‹, indem vorgegebene Optionen in Frage gestellt und aus ihrer Betrachtung neue Wege und bisweilen unkonventionelle Verbindungen gefunden werden. Auch da, wo das autobiographische Ich an Wegkreuzungen kommt und es sich tatsächlich zwischen zwei alternativen Wegen entscheiden muss, vollführt ein an den Herkules der Tat gemahnendes autobiographisches, Rückblick und Vorausschau verbindendes Entschlussmoment einen das Lebensmuster profilierenden Einschlag. Tatsächlich lässt sich das Muster von Goethes ›Lebenstext« als Gewebe von Entschiedenheit, wo es bemerkenswerterweise nichts mehr zu entscheiden gibt, und Entschluss, der sich über Vorentschiedenes hinwegsetzt, beschreiben. Wie gerade das fulminante Finale von *Dichtung und Wahrheit* vor Augen führt, geht es darum – und vielleicht macht eben dies die moderne Entscheidenskultur aus – mit der Unverfügbarkeit des Entscheidensmoments gestaltend umzugehen und aus einem über den Augenblick hinausweisenden Momentum Handlungs- und Gestaltungsspielraum zu gewinnen.

---

10 Vgl. S. 198 f. dieser Studie. – Weitere Beispiele *DuW* 512 (S. 122), 603 f. (S. 129), 522 (S. 151), *CiF* 496 (S. 218).

Literaturverzeichnis

Arnim, Bettine von: *Goethes Briefwechsel mit einem Kinde*, hrsg. von Waldemar Oehlke, Frankfurt a. M.: Insel, 1984.

Bachtin, Michail: *Chronotopos*, Berlin: Suhrkamp, 2008.

Baehr-Oliva, Antonius: »Die Aufwertung des Paris-Urteils in barocken Musikdramen«, in: *Mythen und Narrative des Entscheidens*, hrsg. von Wagner-Egelhaaf/Quast/Basu, 93–111.

Balhorn, R., M. Kochsiek: »2. Grundlagen der Massebestimmung«, in: *Handbuch des Wägens*, hrsg. von Kochsiek, 39–64.

»Balkenwaage«, https://de.wikipedia.org/wiki / Balkenwaage (30.1.2020).

Barta, Dominik: *Autobiografieren. Erkenntnistheoretische Analyse einer literarischen Tätigkeit*, Paderborn: Fink 2015.

Basedow, Johann Bernhard: *Elementarwerk*, mit den Kupfertafeln Chodowieckis u. a., Kritische Bearbeitung in drei Bänden, mit Einleitungen, Anmerkungen und Anhängen, mit ungedruckten Briefen, Porträts, Faksimiles und verschiedenen Registern hrsg. von Theodor Fritzsch, Hildesheim: Olms, 1972.

Benjamin, Walter: »Goethes Wahlverwandtschaften«, in: ders., *Gesammelte Schriften*, unter Mitwirkung von Theodor W. Adorno und Gershom Scholem hrsg. von Rolf Tiedemann und Hermann Schweppenhäuser, Frankfurt a. M.: Suhrkamp, 1991, Bd. I.1: *Abhandlungen*, 123–201, Bd. I.3, 811– 867.

Blod, Gabriele: *»Lebensmärchen«. Goethes Dichtung und Wahrheit als poetischer und poetologischer Text*, Würzburg: Königshausen & Neumann, 2003.

Blumenberg, Hans: *Arbeit am Mythos*, Frankfurt a. Main: Suhrkamp, 2006.

Breuer, Ulrich: *Bekenntnis. Diskurs – Gattung – Werk*, Frankfurt a. M. u. a.: Lang, 2000.

Brown, Jane K.: »Egmonts Dämon: Die Erfindung des Subjekts«, in: dies., *Ironie und Objektivität. Aufsätze zu Goethe*, Würzburg, Königshausen & Neumann, 1999, 14–32.

– »Building Bridges: Goethe's Fairy-Tale Aesthetics«, *Goethe Yearbook* 23 (2016), 1–17.

Chatman, Seymour: *Story and Discourse. Narrative Structure in Fiction and Film*, Ithaca/London: Cornell University Press, 1989.

Conradi, Tobias: Florian Hoof und Rolf F. Nohr, »Medien der Entscheidung – Einleitung«, in: *Medien der Entscheidung*, hrsg. von dens., Münster: Lit Verlag, 2016, 7–22.

Der kleine Pauly. Enzyklopädie der Antike, hrsg. von Hubert Cancik und Helmut Schneider, Bd. 9, Stuttgart/Weimar: Metzler, 2000, 334–336.

Derrida, Jacques: *Gesetzeskraft. Der »mystische Grund der Autorität«*, aus dem Französischen von Alexander García Düttmann, Frankfurt a. M.: Suhrkamp, 1991.

Deutsches Wörterbuch von Jacob und Wilhelm Grimm, 16 Bde. in 32 Teilbänden, München: dtv, 1984. Online-Version.

Dilthey, Wilhelm: *Der Aufbau der geschichtlichen Welt in den Geisteswissenschaften*, Einleitung von Manfred Riedel, Frankfurt a. M.: Suhrkamp, 1970.

Doubrovsky, Serge: »Nah am Text«, *Kultur & Gespenster: Autofiktion*, 7 (2008), 123–133.

Duden. Das Herkunftswörterbuch. Etymologie der deutschen Sprache, hrsg. von der Dudenredaktion auf der Grundlage der neuen amtlichen Rechtschreibregeln, Duden Bd. 7, Mannheim/Leipzig/Wien/Zürich: Dudenverlag, ⁵2014.

Duden Redewendungen. Wörterbuch der deutschen Idiomatik, Duden Bd. 2, hrsg. von der Dudenredaktion, Berlin: Dudenverlag, ⁴2012.

Eckermann, Johann Peter: *Gespräche mit Goethe in den letzten Jahren seines Lebens*, hrsg. von Christoph Michel unter Mitwirkung von Hans Grüters, in: Johann Wolfgang Goethe, *Sämtliche Werke. Briefe, Tagebücher und Gespräche*, 40 Bde. (in 45), hrsg. von Friedmar Apel u.a., Frankfurt a. M./Berlin: Deutscher Klassiker Verlag, 1985–2013, Bd. 39, Frankfurt a. M. 1999.

Eissler, Kurt R.: *Goethe. Eine psychoanalytische Studie 1775–1786*, in Verbindung mit Wolfram Mauser und Johannes Cremerius hrsg. von Rüdiger Scholz, 2 Bde., Bd. 1, aus dem Amerikanischen übers. von Peter Fischer, Bd. 2, aus dem Amerikanischen übers. von Rüdiger Scholz, Frankfurt a. M.: Stroemfeld/Roter Stern, 1983 und 1985.

Enenkel, Karl A. E.: *Die Erfindung des Menschen. Die Autobiographik des frühneuzeitlichen Humanismus von Petrarca bis Lipsius*, Berlin: de Gruyter, 2008.

Entscheiden. Das Magazin zur Ausstellung. Essays und Expertengespräche, Interviews und Reportagen, Bildstrecken und Infographiken, Tipps und Tricks, hrsg. von Arts & Sciences in Kooperation mit Stapferhaus Lenzburg, Heidelberg: Arts & Sciences, 2014.

Esser, Hartmut: »Die Rationalität des Alltagshandelns. Eine Rekonstruktion der Handlungstheorie von Alfred Schütz«, in: *Zeitschrift für Soziologie* 20/6 (1991), 430–445.

Fielding, Penny: »›No Such Thing as Action‹: William Godwin, the Decision, and the Secret«, *Novel. A Forum on Fiction* 42/3 (2009), 380–386 (DOI 10.1215/00295132-2009-031).

Foucault, Michel: *Sexualität und Wahrheit*, Bd. 3: *Die Sorge um sich*, Frankfurt a. M.: Suhrkamp, 1986.

– »Qu'est-ce qu'un auteur?« in: ders., *Dits et écrits*, t.1: *1954–1975*, édition établie sous la direction de Daniel Defert et François Ewald avec la collaboration de Jacques Lagrange, Paris: Gallimard, 2001, 817–849.

Friedrich, Lars, Eva Geulen, Kirk Wetters: »Einleitung«, in: *Das Dämonische. Schicksale einer Kategorie der Zweideutigkeit*, hrsg. von dens., Paderborn: Fink, 2014, 9–23.

Genette, Gérard: *Paratexte. Das Buch vom Beiwerk des Buches*, mit einem Vorwort von Harald Weinrich, aus dem Französischen von Dieter Hornig, Frankfurt/New York: Campus Verlag, 1989.

– *Die Erzählung*, 3., durchgesehene und korrigierte Auflage, übers. von Andreas Knop, mit einem Nachwort von Jochen Vogt, überprüft und berichtigt von Isabel Kranz, Paderborn: Fink, 2010.

Geulen, Eva: »Plädoyer für Entscheidungsverweigerung«, in: *Urteilen/Entscheiden*, hrsg. von Cornelia Vismann und Thomas Weitin, München: Fink, 2006, 51–55.

– *Aus dem Leben der Form. Goethes Morphologie und die Nager*, Berlin: August Verlag, 2016.

Goethe, Johann Caspar: *Reise durch Italien im Jahre 1740. Viaggio per l'Italia*, hrsg. von der Deutsch-Italienischen Vereinigung e.V. Frankfurt am Main, aus dem Italienischen übersetzt und kommentiert von Albert Meier unter Mitarbeit von Heide Hollmer, Illustrationen von Elmar Hillebrand, München: dtv, 1986.

Goethe, Johann Wolfgang: *Aus meinem Leben. Dichtung und Wahrheit*, in: *Werke. Hamburger Ausgabe in 14 Bänden*, Bd. 9: *Autobiographische Schriften I*, textkritisch durchgesehen von Lieselotte Blumenthal, kommentiert von Erich Trunz, München: dtv, 1981 [Hamburger Ausgabe] (HA).

Goethe, Johann Wolfgang: *Aus meinem Leben. Dichtung und Wahrheit*, hrsg. von Peter Sprengel, in: Johann Wolfgang Goethe, *Sämtliche Werke nach Epochen seines Schaffens*, Münchner Ausgabe, hrsg. von Karl Richter in Zusammenarbeit mit Herbert G. Göpfert, Norbert Miller und Gerhard Sauder, München: Hanser, 1985 [Münchner Ausgabe] (MA).

Goethe, Johann Wolfgang: *Sämtliche Werke. Briefe, Tagebücher und Gespräche*, 40 Bde. (in 45), hrsg. von Friedmar Apel u.a., Frankfurt a.M./Berlin: Deutscher Klassiker Verlag, 1985–2013 [Frankfurter Ausgabe] (FA).

– Bd. 1: *Gedichte 1756–1799*, hrsg. von Karl Eibl, Frankfurt a.M. 1987.

– Bd. 3/1 und 3/2: *West-östlicher Divan*, hrsg. von Hendrik Birus, Frankfurt a.M. 2010.

– Bd. 4: *Dramen 1765–1775*, unter Mitarbeit von Peter Huber hrsg. von Dieter Borchmeyer, Frankfurt a.M. 1985.

– Bd. 5: *Dramen 1776–1790*, unter Mitarbeit von Peter Huber hrsg. von Dieter Borchmeyer, Frankfurt a.M. 1988.

– Bd. 10: *Wilhelm Meisters Wanderjahre*, hrsg. von Gerhard Neumann und Hans-Georg Dewitz, Bd. 10, Frankfurt a. M. 1989.
– Bd. 14: *Aus meinem Leben. Dichtung und Wahrheit*, hrsg. von Klaus-Detlef Müller, Frankfurt a. M. 1986.
– Bd. 15/1 und 15/2: *Italienische Reise*, hrsg. von Christoph Michel und Hans-Georg Dewitz, Frankfurt a. M. 1993.
– Bd. 16: *Campagne in Frankreich. Belagerung von Mainz. Reiseschriften*, hrsg. von Klaus-Detlef Müller, Frankfurt a. M. 1994.
– Bd. 17: *Tag- und Jahreshefte*, hrsg. von Irmtraut Schmid, Frankfurt a. M. 1994.
– Bd. 20: *Ästhetische Schriften 1816–1820. Über Kunst und Altertum I–II*, hrsg. von Hendrik Birus, Frankfurt a. M. 1999.
– Bd. 29: *Das erste Weimarer Jahrzehnt. Briefe, Tagebücher und Gespräche vom 7. November 1775 bis 2. September 1786*, hrsg. von Hartmut Reinhardt, Frankfurt a. M. 1997.
– Bd. 33: *Napoleonische Zeit. Briefe, Tagebücher und Gespräche vom 10. Mai 1805 bis 6. Juni 1816, Teil I: Von Schillers Tod bis 1811*, hrsg. von Rose Unterberger, Frankfurt a. M. 1993.
– Bd. 38: *Die letzten Jahre. Briefe, Tagebücher und Gespräche von 1823 bis zu Goethes Tod, Teil II: Vom Dornburger Aufenthalt 1828 bis zum Tode*, hrsg. von Horst Fleig, Frankfurt a. M. 1993.
Goethe-Wörterbuch, hrsg. von der Akademie der Wissenschaften der DDR, der Akademie der Wissenschaften in Göttingen und der Heidelberger Akademie der Wissenschaften, Stuttgart/Berlin/Köln, Mainz: Verlag W. Kohlhammer, 2. Bd.: B – einweisen, 1989; Bd. 3: einwenden – Gesäusel, 1994.
Goldmann, Stefan: *Christoph Wilhelm Hufeland im Goethekreis. Eine psychoanalytische Studie zur Autobiographie und ihrer Topik*, Stuttgart: Metzler, 1993.
– »Topos und Erinnerung. Rahmenbedingungen der Autobiographie«, in: *Der ganze Mensch. Anthropologie und Literatur im 18. Jahrhundert*, hrsg. von Hans Jürgen Schings, Stuttgart/Weimar: Metzler, 1994, 660–675.
Graff, Paul: *Geschichte der Auflösung der alten gottesdienstlichen Formen in der evangelischen Kirche Deutschlands*, 2 Bde., Waltrop: Hartmut Spenner, 1994 (Nachdruck der 2. vermehrten und verbesserten Auflage von 1937).
Gross, Peter: *Die Multioptionsgesellschaft*, Frankfurt a. M.: Suhrkamp, 1994.
Grünbart, Michael: »Das Paris-Urteil im griechischen Mittelalter«, in: *Mythen und Narrative des Entscheidens*, hrsg. von Wagner-Egelhaaf/Quast/Basu, 73–92.

Gundolf, Friedrich: *Goethe*, Darmstadt: Wissenschaftliche Buchgesellschaft, 1963 (zuerst 1916).

Habermas, Jürgen: *Strukturwandel der Öffentlichkeit. Untersuchungen zu einer Kategorie der bürgerlichen Gesellschaft*, mit einem Vorwort zur Neuauflage 1990, Frankfurt a. M.: Suhrkamp, 1990.

Händler, Ernst-Wilhelm: »Bitte ein Roman über Banker. Macht und Geld sind elementare menschliche Triebfedern. Warum werden sie in der deutschen Gegenwartsliteratur ausgeblendet? Ein Gespräch mit dem Schriftsteller Ernst-Wilhelm Händler«, *Die Zeit* 65/44 (2010), 51.

Hallbauer, Friedrich Andreas: *Anweisung zur verbesserten Teutschen Oratorie*, Jena 1725 (Nachdruck Kronberg 1974).

Haraway, Donna: »Situiertes Wissen«, in: dies., *Die Neuerfindung der Natur. Primaten, Cyborgs und Frauen.* Frankfurt a. M./New York 1995: Campus, 73–97.

Harbach, Andrea: *Die Wahl des Lebens in der antiken Literatur*, Heidelberg: Winter, 2010.

Hiebel, Friedrich: *Goethe. Die Erhöhung des Menschen – Perspektiven einer morphologischen Lebensschau*, Bern/München: Francke Verlag, 1961.

Historisches Wörterbuch der Rhetorik, hrsg. von Gerd Ueding, Bd. 3: Eup–Hör, Tübingen: Niemeyer, 1996, Bd. 4: Hu–K, 1998.

Hoffmann-Rehnitz, Philip, André Krischer, Matthias Pohlig: »Entscheiden als Problem der Geschichtswissenschaft«, *Zeitschrift für Historische Forschung* 45 (2018), 217–281.

Hoffmann-Rehnitz, Philip, Ulrich Pfister, Michael Quante, Tim Rojek: »Diesseits von methodologischem Individualismus und Mentalismus: Auf dem Wege zu einer geistes- und kulturwissenschaftlichen Konzeption des Entscheidens. Reflexionen der Dialektik einer interdisziplinären Problemkonstellation«, *Zeitschrift für angewandte Philosophie* 1 (2019), 133–152.

Holdenried, Michaela: *Autobiographie*, Stuttgart: Reclam 2000.

Homer: *Ilias*, neue Übertragung von Wolfgang Schadewaldt, Frankfurt a. M.: Insel, 1975.

Honold, Alexander: »»Entscheide Du‹. Kleists Komödie der Dezision«, *Deutsche Vierteljahrsschrift für Literaturwissenschaft und Geistesgeschichte* 87/4 (2013), 502–532.

– »Das Gottesurteil und sein Publikum: Kleists dramatischer Dezisionismus in ›Der Zweikampf‹«, in: *Kleist. Vom Schreiben in der Moderne*, hrsg. von Dieter Heimböckel, Bielefeld: Aisthesis, 2013, 95–126.

Jacob, Katharina: *Linguistik des Entscheidens. Eine kommunikative Praxis in funktionalpragmatischer und diskurslinguistischer Perspektive*, Berlin/Boston: de Gruyter, 2017.

Jakobson, Roman: »Linguistik und Poetik [1960]«, in: ders., *Poetik. Ausgewählte Aufsätze 1921–1971*, hrsg. von Elmar Holenstein und Tarcisius Schelbert, Frankfurt a. M.: Suhrkamp, ³1993, 83–121.

Kahnemann, Daniel: *Schnelles Denken, langsames Denken*, aus dem amerikanischen Englisch von Thorsten Schmidt, Hamburg: Siedler, 2011.

Kausch, Karl-Heinz: »Goethes ›Knabenmärchen‹ ›Der neue Paris‹ – oder ›Biographica und Aesthetica‹«, *Jahrbuch der deutschen Schillergesellschaft* 24 (1980), 102–122.

Keller, Gottfried: *Der grüne Heinrich*, Zweite Fassung, hrsg. von Peter Villwock, Frankfurt a. M.: Deutscher Klassiker Verlag, 1996.

Keupp, Jan: »Unentwegtes Entscheiden? Buridans Esel als zoon politikon der Wissenschaft«, in: *Mythen und Narrative des Entscheidens*, hrsg. von Wagner-Egelhaaf/Quast/Basu, 155–170.

Kierkegaard, Søren: *Die Tagebücher*, in zwei Bänden ausgewählt und übersetzt von Theodor Haecker, Innsbruck: Brenner Verlag, 1923, Bd. 1: 1834–1848.

Kimmich, Dorothee: »Herakles. Heldenposen und Narrenpossen. Stationen eines Männermythos«, in: *Wann ist der Mann ein Mann? Zur Geschichte der Männlichkeit*, hrsg. von Walter Erhart und Britta Herrmann, Stuttgart: Metzler, 1997.

Kleist, Heinrich von: »Amphitryon«, in: ders., *Dramen 1802–1807*, unter Mitwirkung von Hans Rudolf Barth hrsg. von Ilse-Marie Barth und Hinrich C. Seeba, Frankfurt a. M.: Deutscher Klassiker Verlag, 1991, 377–461, 858–990.

Klopstock, Friedrich Gottlieb: *Oden*, Bd. 1: Text, hrsg. von Horst Gronemeyer und Klaus Hurlebusch, Berlin/New York: de Gruyter, 2010.

Kluge. Etymologisches Wörterbuch der deutschen Sprache, bearb. von Elmar Seebold, Berlin/Boston: de Gruyter, ²⁵2011.

Kochsiek, Manfred (Hrsg.): *Handbuch des Wägens*, 2. bearb. und erw. Auflage, Braunschweig/Wiebaden: Friedr. Vieweg & Sohn, 1989.

Koschorke, Albrecht: »Codes und Narrative. Überlegungen zur Poetik der funktionalen Differenzierung«, in: *Grenzen der Germanistik. Rephilologisierung oder Erweiterung*, hrsg. von Walter Erhart, DFG-Symposion 2003, Stuttgart/Weimar: Metzler, 2004, 174–185.

Koselleck, Reinhart: »Krise«, in: *Geschichtliche Grundbegriffe. Historisches Lexikon zur politisch-sozialen Sprache in Deutschland*, hrsg. von Otto Brunner, Werner Conze und Reinhart Koselleck, Bd. 3, Stuttgart: Klett-Cotta, 1982, 617–650.

Kreuzer, Ingrid: »Strukturprinzipien in Goethes Märchen«, in: *Jahrbuch der deutschen Schillergesellschaft* 21 (1977), 216–246.

Krischer, André: »Das Problem des Entscheidens in systematischer und historischer Perspektive«, in: *Herstellung und Darstellung von Entschei-*

dungen. *Verfahren, Verwalten und Verhandeln in der Vormoderne, Zeitschrift für historische Forschung*, Beiheft 44, hrsg. von Barbara Stollberg-Rilinger und André Krischer, Berlin: Duncker & Humblot, 2010, [35]–64.

Krockow, Christian Graf von: *Die Entscheidung. Eine Untersuchung über Ernst Jünger, Carl Schmitt, Martin Heidegger*, Stuttgart: Ferdinand Enke Verlag, 1958.

Kronauer, Brigitte: »Ein Augenzwinkern des Jenseits. Die Zweideutigkeiten der Literatur«, in: *Zweideutigkeit. Essays und Skizzen*, hrsg. von ders., Stuttgart: Klett-Cotta, 2002, 309–318.

Lacan, Jacques: »Das Spiegelstadium als Bildner der Ichfunktion, wie sie uns in der psychoanalytischen Erfahrung erscheint« (1948), in: Ders.: *Schriften I*, Weinheim/Berlin: Quadriga-Verlag, 1986, 61–70.

Lavater, Johann Caspar: *Physiognomische Fragmente, zur Beförderung der Menschenkenntniß und Menschenliebe*, Zweyter Versuch, Leipzig/Winterthur: Weidemanns Erben und Reich, Heinrich Steiner und Compagnie, 1776.

Lejeune, Philippe: *Der autobiographische Pakt*, aus dem Französischen von Wolfram Bayer und Dieter Hornig, Frankfurt a. M.: Suhrkamp, 1994.

Levý, Jiří: »Translation as a Decision Process«, in: *To Honor Roman Jakobson. Essays on the Occasion of his Seventieth Birthday, 11 October 1966*, vol. 2, The Hague/Paris: Mouton, 1967, 1171–1182.

Lübbe, Hermann: »Zur Theorie der Entscheidung«, in: *Collegium Philosophicum. Studien Joachim Ritter zum 60. Geburtstag*, hrsg. von Ernst-Wolfgang Böckenförde u. a., Basel/Stuttgart: Schwabe & Co., 1965, 118–140.

Luhmann, Niklas: *Soziologische Aufklärung 3. Soziales System, Gesellschaft, Organisation*, Opladen: Westdeutscher Verlag, 1981.

– *Legitimation durch Verfahren*, Frankfurt a. M.: Suhrkamp, ³1993.

– »Die Paradoxie des Entscheidens«, *Verwaltungs-Archiv* 84/3 (1993), 287–310.

– *Liebe als Passion. Zur Codierung von Intimität*, Frankfurt a. M.: Suhrkamp, ¹⁴1994.

– »Disziplinierung durch Kontingenz. Zu einer Theorie des politischen Entscheidens«, in: *Differenz und Integration. Die Zukunft moderner Gesellschaften. Verhandlungen des 28. Kongresses der Deutschen Gesellschaft für Soziologie in Dresden 1996*, hrsg. von Stefan Hradil und Karl-Siegbert Rehberg, Frankfurt a. M.: VS Verlag für Sozialwissenschaften, 1997, 1075–1987.

– *Die Politik der Gesellschaft*, hrsg. von André Kieserling, Frankfurt a. M.: Suhrkamp, 2000.

‒ *Die Religion der Gesellschaft*, Frankfurt a. M.: Suhrkamp, 2000.

Lyotard, Jean-François: *Das postmoderne Wissen*, hrsg. von Peter Engelmann, Wien: Passagen, ⁷2012.

Martus, Steffen: *Werkpolitik. Zur Literaturgeschichte kritischer Kommunikation vom 17. bis ins 20. Jahrhundert*, Berlin/New York: de Gruyter, 2007.

Metzler Lexikon Antike, hrsg. von Kai Brodersen und Bernhard Zimmermann, Stuttgart/Weimar: Metzler, ²2006.

Des Minnesangs Frühling, unter Benutzung der Ausgaben von Karl Lachmann und Moritz Haupt, Friedrich Vogt und Carl von Kraus bearb. von Hugo Moser und Helmut Tervooren, 1. Texte, Stuttgart: S. Hirzel, ³⁸1988.

Möller, Melanie: »Ovid, Tristitia«, in: *Handbook of Autobiography/Autofiction*, ed. Martina Wagner-Egelhaaf, 3 vols., Berlin/Boston: de Gruyter, 2019, vol. 3: *Exemplary Texts*, 1328–1341.

Mörike, Eduard: *Werke und Briefe*, Historisch-kritische Gesamtausgabe im Auftrag des Ministeriums für Wissenschaft, Forschung und Kunst Baden-Württemberg und in Zusammenarbeit mit dem Schiller-Nationalmuseum Marbach a. N. hrsg. von Hubert Arbogast u. a., Bd. 1: *Gedichte*, Ausgabe von 1867, erster Teil: Text, hrsg. von Hans-Henrik Krummacher, Stuttgart: Klett-Cotta, 2003.

Moser, Christian: »Kontingenz und Anschaulichkeit. Zur Funktion anekdotischen Erzählens in lebensgeschichtlichen Texten (Plutarch und Rousseau)«, in: *Show, don't tell. Konzepte und Strategien anschaulichen Erzählens*, hrsg. von Tilmann Köppe und Rüdiger Singer, Bielefeld: Aisthesis, 2018, 57–82.

Müller-Funk, Wolfgang: *Die Kultur und ihre Narrative. Eine Einführung*, Wien/New York: Springer 2002.

Neumann, Bernd: *Identität und Rollenzwang. Zur Theorie der Autobiographie*, Frankfurt a. M.: Athenäum 1970 (Neuauflage unter dem Titel *Von Augustinus zu Facebook. Zur Geschichte und Theorie der Autobiographie*, Würzburg: Königshausen & Neumann, 2013).

Nicholls, Angus: *Goethe's Concept of the Daemonic. After the Ancients*, Rochester: Camden House, 2006.

Nienhaus, Sarah: Selbstarchivierung. Praxis und Theorie autobiographischen Entscheidens 1845–1933, Diss. Münster 2020.

Oesterle, Kurt: »Der Mythos läßt sich nicht zähmen. Gustav Schwabs ›Sagen des klassischen Altertums‹: ein schwäbischer Beitrag zur deutschen Bildungsgeschichte«, in: ders., *Heimatsplitter im Weltgebäude. Essays zur deutschen Literatur 1992–2017*, o. O., o. J., http://www.kurt-oesterle.de/pdf/Kurt_Oesterle-Heimatsplitter_im_Weltgebaeude.pdf, 68–73 (2.1.2020).

Ortmann, Günther: »Eine Phänomenologie des Entscheidens, organisationstheoretisch genutzt und ergänzt«, in: *Kommunikativer Konstruktivismus. Theoretische und empirische Arbeiten zu einem neuen wissenssoziologischen Ansatz*, hrsg. von Reiner Keller, Hubert Knoblauch und Jo Reichertz, Wiesbaden: Springer, 2013, 121–149.

Panofsky, Erwin: *Hercules am Scheidewege und andere antike Bildstoffe in der neueren Kunst*, Berlin/Leipzig: B. G. Teubner, 1930.

Petersdorff, Dirk von: *»Und lieben, Götter, welch ein Glück«. Glaube und Liebe in Goethes Gedichten*, Göttingen: Wallstein, 2019.

Quante, Michael, Tim Rojek: »Entscheidungen als Vollzug und im Bericht. Innen- und Außenansichten praktischer Vernunft«, in: *Kulturen des Entscheidens. Narrative – Praktiken – Ressourcen*, hrsg. von Ulrich Pfister, Göttingen: Vandenhoeck & Ruprecht, 2019, 37–51.

Rippl, Gabriele: »Life and Work«, in: *Handbook of Autobiography/Autofiction*, 3 vols., ed. Martina Wagner-Egelhaaf, Berlin/Boston: de Gruyter, 2019, vol. 1: *Theory and Concepts*, 327–335.

Rocks, Carolin: *Heldentaten. Heldenträume. Zur Analytik des Politischen im Drama um 1800 (Goethe – Schiller – Kleist)*, Berlin/Boston: de Gruyter, 2020 (im Druck).

Rocks, Carolin, Martina Wagner-Egelhaaf: »Entscheiden oder nicht entscheiden. Zu einer Ästhetik des Dezisionismus in der Literatur«, in: *Entscheidungen. Geistes- und sozialwissenschaftliche Beiträge zu Theorie und Praxis*, hrsg. von Armin Glatzmeier und Hendrik Hilgert, Wiesbaden: Springer, 2015, 115–142.

Rohde, Carsten: *Spiegeln und Schweben. Goethes autobiographisches Schreiben*, Göttingen: Wallstein, 2006.

Rüggemeier, Anne: *Die relationale Autobiographie. Ein Beitrag zur Theorie, Poetik und Gattungsgeschichte eines neuen Genres in der englischsprachigen Erzählliteratur*, Trier: WTV, 2014.

Rushdie, Salman: *Joseph Anton. A Memoir*, London: Jonathan Cape, 2012.

Sintomer, Yves: *Das demokratische Experiment. Geschichte des Losverfahrens in der Politik von Athen bis heute*, Wiesbaden: VS-Verlag, 2016.

Schadewaldt, Wolfgang: »Goethes Knabenmärchen ›Der neue Paris‹. Eine Deutung«, in: ders., *Goethestudien. Natur und Altertum*, Zürich/Stuttgart: Artemis, 1963, 263–282.

Schiller, Friedrich: *Schillers Werke. Nationalausgabe. Briefwechsel*, 43 Bde., hrsg. von Norbert Oellers und Frithjof Stock, Bd. 29: *Schillers Briefe 1.1.1796–31.10.1798*, Weimar: Böhlau, 1977.

Schimank, Uwe: *Die Entscheidungsgesellschaft. Komplexität und Rationalität der Moderne*, Wiesbaden: VS Verlag für Sozialwissenschaften, 2005.

Schlegel, Friedrich: »Fragmente, mit Beiträgen von August Wilhelm Schlegel, Friedrich Schleiermacher und Friedrich von Hardenberg (Novalis)«, in: *Athenaeum. Eine Zeitschrift von August Wilhelm Schlegel und Friedrich Schlegel,* Ersten Bandes Zweytes Stück. Berlin: Vieweg 1798, 3–146 (Digitale Edition von Jochen A. Bär, Vechta 2014) (Quellen zur Literatur- und Kunstreflexion des 18. und 19. Jahrhunderts, Reihe A, Nr. 60.) (http://www.zbk-online.de/texte/A0060.htm) (30.1.2020).

Schmitt, Arbogast: »Wesenszüge der griechischen Tragödie. Schicksal, Schuld, Tragik«, in: *Tragödie. Idee und Transformation,* hrsg. von Hellmut Flashar, Stuttgart/Leipzig: B. G. Teubner, 1997, 5–49 (Reprint Berlin/Boston: de Gruyter, 2015).

– »Freiheit und Subjektivität in der griechischen Tragödie?«, in: *Geschichte und Vorgeschichte der modernen Subjektivität,* hrsg. von Reto Luzius Fetz, Roland Hagenbüchle und Peter Schulz, Bd. 1, Berlin/New York: de Gruyter, 1998, 91–118.

Schmitt, Arnaud: *The Phenomenology of Autobiography. Making It Real,* New York/London: Routledge, 2017.

Schnocks, Johannes: »Das hörende Herz des Königs Salomo. 1 Kön 3 als hintergründiges Narrativ des Entscheidens«, in: *Mythen und Narrative des Entscheidens,* hrsg. von Wagner-Egelhaaf/Quast/Basu, 206–222.

Schubert, Martin: *François de Théas Comte de Thoranc. Goethes Königslieutenant. Dichtung und Wahrheit. Drittes Buch,* München: Bruckmann, 1896.

Schütz, Alfred, Thomas Luckmann: *Strukturen der Lebenswelt,* Konstanz: UTB, 2003.

Schwab, Gustav: *Die schönsten Sagen des klassischen Altertums,* Gesamtausgabe in drei Teilen, Stuttgart: Reclam, 1986.

Sikora, Michael: »Der Sinn des Verfahrens. Soziologische Deutungsangebote«, in: *Herstellung und Darstellung von Entscheidungen,* hrsg. von Stollberg-Rilinger/Krischer, 25–51.

Šklovskij, Viktor: »Die Kunst als Verfahren«, in: *Russischer Formalismus. Texte zur allgemeinen Literaturtheorie und zur Theorie der Prosa,* hrsg. von Jurij Striedter, München: Fink, ⁵1994, 3–35.

Stanitzek, Georg: *Blödigkeit. Beschreibungen des Individuums im 18. Jahrhundert,* Tübingen: Niemeyer, 1989.

Stollberg-Rilinger, Barbara: *Das Heilige Römische Reich deutscher Nation,* München: C. H. Beck, ⁴2009.

– *Cultures of Decision Making,* The 2015 Annual Lecture, London: German Historical Institute London, 2016.

Trapp, W[olfgang].: »1. Von den Anfängen der Massebestimmung zur elektromechanischen Waage«, in: *Handbuch des Wägens,* hrsg. von Kochsiek, 1–38.

Vieweg, Richard: *Aus der Kulturgeschichte der Waage,* Balingen: Bizerba-Werke, 1966.

Vismann, Cornelia: »Das Drama des Entscheidens«, in: *Urteilen/Entscheiden*, hrsg. von Cornelia Vismann und Thomas Weitin, München: Fink, 2006, 91–100

Vita Caroli Quarti. Die Autobiographie Karls IV. Einführung, Übersetzung und Kommentar von Eugen Hillenbrand, Stuttgart: Fleischhauer & Spohn, 1979.

Vogl, Joseph: *Über das Zaudern*, Zürich/Berlin: diaphanes, ²2008.

Vorländer, Karl: »Goethes Verhältnis zu Kant in seiner historischen Entwicklung«, *Kant-Studien* 1 (1897), 60–99.

Voßkamp, Wilhelm: »Gattungen«, in: *Literaturwissenschaft. Ein Grundkurs*, hrsg. von Helmut Brackert, Jörn Stückrath, Reinbek b. Hamburg: Rowohlt, ⁸2004, 253–269.

Wagner-Egelhaaf, Martina: *Autobiographie*, Stuttgart/Weimar: Metzler ²2005.

– »Einleitung: Was ist Auto(r)fiktion«, in: *Auto(r)fiktion: Literarische Verfahren der Selbstkonstruktion*, hrsg. von ders., Bielefeld: Aisthesis, 2013, 7–21.

– »›Wir Cimmerier.‹ Goethe in Italien«, in: *Räumliche Darstellung kultureller Begegnungen*, hrsg. von Carla Dauven-van Knippenberg, Christian Moser, Rolf Parr, Heidelberg: Synchron, 2015 (Amsterdam German Studies, Bd. 6), 155–173.

– »Goethe spielt Goethe«, in: *Sich selbst aufs Spiel setzen. Spiel als Technik und Medium von Subjektivierung*, hrsg. von Christian Moser und Regine Strätling, Paderborn: Fink, 2016, 101–118.

– *Autobiographieforschung. Alte Fragen – neue Perspektiven*, Nordrhein-Westfälische Akademie der Wissenschaften und der Künste, Geisteswissenschaften Vorträge G 452, Paderborn: Ferdinand Schöningh, 2017.

– »›Du hast dich gegen Gott entschieden.‹ Literarische Figurationen religiösen Entscheidens (Augustinus und Goethe)«, in: *Religion und Entscheiden*, hrsg. von Wolfram Drews, Ulrich Pfister und Martina Wagner-Egelhaaf, Würzburg: Ergon, 2018, 99–118.

– »Trauerspiel und Autobiographie. Handeln und Entscheiden bei Goethe«, in: *Kulturen des Entscheidens. Institutionen, Ressourcen, Praktiken, Reflexionen*, hrsg. von Ulrich Pfister, Göttingen: Vandenhoeck & Ruprecht, 2019, 71–89.

– »Kreidekreise des Entscheidens. Brecht & Co.«, in: *Mythen und Narrative des Entscheidens*, hrsg. von Wagner-Egelhaaf/Quast/Basu, 223–242.

– »The Alibis of the Autobiographer. The Case of Goethe«, in: *Competing Perspectives. Figures of Image Control*, hrsg. von Günter Blamberger und Dietrich Boschung, Paderborn: Fink, 2019, 193–214.

– »Herakles – (k)ein Entscheider?«, in: *Semantiken und Narrative des Entscheidens*, hrsg. von Matthias Pohlig, Philip Hofmann-Rehnitz, Tim

Rojek und Susanne Spreckelmeier, Göttingen: Vandenhoeck & Ruprecht, 2020 (im Druck).

Wagner-Egelhaaf, Martina, Bruno Quast, Helene Basu (Hrsg.): *Mythen und Narrative des Entscheidens*, Göttingen: Vandenhoeck & Ruprecht, 2019.

– »Einleitung«, in: *Mythen und Narrative des Entscheidens*, hrsg. von Wagner-Egelhaaf/Quast/Basu, [7]-20.

Wetters, Kirk: *Demonic History. From Goethe to the Present*, Evanston: Illinois, 2014.

Wieland, Christoph Martin: »Die Wahl des Herkules. Ein lyrisches Drama. In Musik gesetzt von Anton Schweitzer und am 17ten Geburtstage des damahligen Herrn Erbprinzen von Sachsen-Weimar und Eisenach auf dem Hoftheater zu Weimar im Jahre 1773 aufgeführt«, in: ders., *Sämmtliche Werke*, hrsg. von der Hamburger Stiftung zur Förderung von Wissenschaft und Kultur in Zusammenarbeit mit dem »Wieland Archiv«, Biberach/Riß, und Dr. Hans Radspieler, Neu-Ulm, VIII, Bd. 26: *Singspiele und Abhandlungen*, Hamburg: Greno, 1984, 155–186.

Wilhelms, Kerstin: *My Way. Der Chronotopos des Lebenswegs in der Autobiographie (Moritz, Fontane, Dürrenmatt und Facebook)*, Heidelberg: Winter, 2017.

Woodmansee, Martha: »Der Autor-Effekt. Zur Wiederherstellung von Kollektivität«, in: *Texte zur Theorie der Autorschaft*, hrsg. und kommentiert von Fotis Jannidis, Gerhard Lauer, Matias Martinez und Simone Winko, Stuttgart: Reclam, 2007, 298–314.

Xenophon: *Erinnerungen an Sokrates*, Griechisch-deutsch hrsg. von Peter Jaerisch, München: Artemis 1987.

Zimmermann, Bernhard: »Entscheidungen im griechischen Mythos«, in: *Mythen und Narrative des Entscheidens*, hrsg. von Wagner-Egelhaaf/Quast/Basu, 63–72.

Zipfel, Frank: »Autofiktion. Zwischen den Grenzen von Faktualität, Fiktionalität und Literarität?«, in: *Grenzen der Literatur. Zu Begriff und Phänomen des Literarischen*, hrsg. von Simone Winko, Fotis Jannidis und Gerhard Lauer, Berlin/New York: de Gruyter, 2009, 284–314.

Abbildungsverzeichnis

Abb. 1 (S. 31): Die Vernunft. Aus: Johann Bernhard Basedow, *Elementarwerk*, Bd. 1, 154 f. (Tab. XXVI). – Online abrufbar unter https://commons.wikimedia.org/wiki/Elementarwerk,_Kupfersammlung#/media/File: Chodowiecki_Basedow_Tafel_26_c.jpg (1. 2. 2020).

Abb. 2 (S. 33): Kleine Balkenwaage. Landesmuseum Württemberg; Außenstelle Museum für Volkskultur in Württemberg, Waldenbuch. – Online abrufbar unter https://commons.wikimedia.org/wiki/File: Samenwaage.jpg (1.2.2020).

Abb. 3 (S. 34): Kairos mit Waage. Kirche Santa Maria Assunta, Torcello.

Abb. 4 (S. 35): Kairos, Gott des rechten Augenblicks. Museum von Antichità, Torino. © Decorar con arte.

Abb. 5 (S. 37): Paul Troger: Deckenfresko mit einer Darstellung von Herkules und der Kardinaltugend der Gerechtigkeit, letztere mit Waage. Foto: Baumgartner, Graz. © Stiftsbibliothek Melk.

Abb. 6 (S. 37): Annibale Carracci: Herkules am Scheideweg. Museo Capodimonte, Napoli.– Online abrufbar unter https://de.wikipedia. org/wiki/Datei:Annibale_Carracci,_Hercules_at_the_Crossroads,_ brighter.jpg (1.2.2020).

Abb. 7 (S. 41): Paul Beckmann: Der breite und der schmale Weg. Bild nach Charlotte Reihlen – Online abrufbar unter https://upload. wikimedia.org/wikipedia/commons/thumb/b/b2/Der_breite_und_der_ schmale_Weg_2008.jpg/1716px-Der_breite_und_der_schmale_Weg_2008. jpg (1.2. 2020).

Abb. 8 (S. 63): Sandro Botticelli: Das Urteil des Paris. Tempera auf Leinwand. Cini Foundation, Venezia. – Online abrufbar unter http://www. gargantini.net/mario/planckos.PDF; http://www.kunstkopie.at/kunst/ sandro_botticelli/urteil.jpg; https://commons.wikimedia.org/w/index. php?curid=8472813 (1. 2. 2020).

Abb. 9 (S. 71): Lucas Cranach der Ältere: Adam und Eva im Paradies. Gemäldegalerie Berlin. – Online abrufbar unter https://upload.wikimedia. org/wikipedia/commons/ a/a2/Lucas_Cranach_d.%C3%84._-_Adam_ und_Eva_im_Paradies_%281531%2C_Gem%C3%A4ldegalerie%2C_ Berlin%29.jpg.

Abb. 10 (S. 91): Friedrich Leopold Graf zu Stollberg. Tafel aus Lavaters Physiognomischen Fragmenten. Herzog August Bibliothek Wolfenbüttel, Signatur M: Vc4° 3:2.

Abb. 11 (S. 158): Sir Henry Raeburn: Reverend Robert Walker Skating on Duddingston Loch. Öl auf Leinwand (74 x 61 cm). Photo: Antonia Reeve. © National Galleries of Scotland, Edinburgh.

Abb. 12 (S. 161): Angelika Kauffmann: Self-portrait hesitating between the Arts of Music and Painting. Öl auf Leinwand (147 x 216 cm), The St. Oswald Collection, Nostell Riory. © National Trust Images.

Abb. 13 (S. 167): Herkules-Statue nach Entwürfen von Giovanni Francesco Guerniero unter Landgraf Karl von Hessen-Kassel im Bergpark Wilhelmshöhe in Kassel. © Foto: Ralf Roletschek.

Abb. 14 (S. 189): Alphons Woelfle: Karte von Goethes Lebensreise. Digitalisat der UB Heidelberg.

Abb. 15 (S. 191): Johann Wolfgang Goethe: Scheide Blick nach Italien vom Gotthard d. 22. Juni 1775 (Titel als eigenhändiger Bleistiftvermerk auf der Rückseite des Blattes). Klassik Stiftung Weimar, Inv.-Nr. GGz/0094. © Foto: akg-images.

Abb. 16 (S. 195): Philips Augustijn Immenraet: Die Versuchung Christi. Öl auf Kupfer. Muzeum Kolekcji im. Jana Pawla II, Warszawa.

Abb. 17 (S. 211): Ballerina di Goethe. Museo Clementino, Vatikan. © Vatikanische Museen.

Umschlagabbildungen:

Johann Heinrich Lips: Goethe. Kupferstich und Radierung. – Online abrufbar unter https://de.wikipedia.org/wiki/Johann_Heinrich_Lips#/media/Datei:Zentralbibliothek_Zürich_-_Johann_Wolfgang_Goethe_-_000003125.jpg (7.4.2020).

Johann Ulrich Müller: Waaguhr mit Zünglein. Holzschnitt. Quelle: Deutsche Fotothek. – Online abrufbar unter: https://upload.wikimedia.org/wikipedia/commons/8/89/Fotothek_df_tg_0004292_Naturwissenschaft_%5E_Mechanik_%5E_Uhr_%5E_Waage.jpg (7.4.2020).